THE PRINCIPLES OF JOURNALISM

新闻传播专业“十三五”规划教材

新闻学概论

（第2版）

刘建明等 著

中国传媒大学出版社
·北京·

作者分工

刘建明（清华大学新闻与传播学院教授、博导）

撰写第五、六、八、十三章，修改、补充全书其余各章；设计全书体例，拟定全书各章节题目。

胡　钰（清华大学新闻与传播学院教授、博导）

撰写第七、十二章，对第一、十章和《第2版说明》进行修改和补充。

栾轶玫（中国人民大学新闻学院教授）

撰写第一、二章。

纪忠慧（国际关系学院文化与传播系教授）

撰写第三、四章

高金萍（北京语言大学人文学院新闻传播系教授）

撰写第九、十章。

郎劲松（中国传媒大学新闻与传播学部教授、博导）

撰写第十一章。

第 2 版说明

《新闻学概论》第 1 版自 2007 年 3 月出版以来，已销售约 40000 册，曾作为北京大学、清华大学、国际关系学院和北京语言大学等 60 多所高校的教材，28 所高校及科研机构还将其指定为考硕或考博参考书，其知识点和论断被业界和学界引用 900 余次。

近年来，传统媒体与新媒体不断融合，新闻源发生了结构性变化，新闻形式和采编手段不断创新。网络新闻的独特优势和变异，使海量信息和良莠混杂的消息每天闯入人们的视野，许多人的新闻审视及判断陷入紊乱。为提高新闻报道质量和影响力，快速挖掘新闻真相，媒体亟须探索和掌握新闻报道的新法则。

在新媒体环境下，“内容为王”更加重要，“受众为王”和“理性为王”也跃居前位。新闻媒体承担寻求共识、凝聚众意的历史重任，但对意识形态的曲解和思想浮躁，却阻碍一些新闻人完成这一重任。重视事实的底蕴，消弭教条化口号，追求以民为本和人类命运共同体的价值观，已成为推进新闻学研究刻不容缓的议题。新闻无疑是民主的工具，充溢着社会民主的活力，重视民意的表达不仅融入新闻业的血脉，也构筑了新闻学研究的重要功力。

今天多数的新闻理论教材，仍拘泥于三四十年前的新闻理念，深受美国《报刊的四种理论》和传播学框架的影响，许多知识和论断已经过时。关于新闻本身的理论，诸如新闻媒介观、新闻构成、新闻大数据、新闻文本的智能生成、新闻形态、新闻价值、新闻报道、新闻传播、新闻的二度功能、新闻制度、新闻生产等议题都缺乏系统、有深度的研究。本书依据近十年来的新闻工作实践，归纳出最新的知识与基础理论，力求达到对新闻活动的真理性、前沿性和科学性的认识。

科学之外的“真理”是通过臆想和宣传鼓吹的，不是客观实践的反映，因而总是对自相矛盾的论断闪烁其词。科学与功利主义无关,与感觉和愿望更不是一码事。本书不想把新闻事业的唯我主义与战斗哲学作为阐释主线,而是追索和谐社会中新闻报道的足迹,探索媒介反映现实、推动社会进步的知识与原理。

任何领域的进步与发展,都取决于基础理论的创新,新闻理论尤其应冲出陈旧的框子,阐释新视阈的壮阔图景。毫无疑问,新的理论不是源于过去的观念,更不是来自愤世嫉俗,而是探索新的社会实践的结晶。这正是本书的努力方向。

本书第1版为了本科生考研应试的需要,尽量囊括全国同类教材有价值的论题,有些章节的内容不免有些庞杂。第2版重新梳理了第1版的基本知识和基础理论,精简了知识类型,增加了大量的新原理和新观点,努力建构概念体系、述语体系和学术体系。为提高新闻的判断力,也为写作新闻学论文提供理论思维,书中把演绎论证作为著述的重要任务之一。如同第1版一样,行文中把重要概念排成黑体,并在前后行文中作出简要的解释;每章最后附有"练习与思考",以提示知识要点和理论旨要。

本书备有课件,可向出版社编辑索要(1091104926@qq.com)。

刘建明

2017年7月30日于清华大学

〔刘建明,清华大学新闻与传播学院教授、博士生导师、北京大学新闻学研究会特聘导师。曾任清华大学教授提名小组成员、中国新闻教育学会理事、教育部新闻学教学指导委员会委员,享受国务院特殊津贴。1977年任丹东市广播电台记者,1982－1986年任丹东市广播电视局局长、总编辑兼局党组书记。其间曾在中国人民大学新闻系获法学(新闻学)硕士和博士学位。1987年起,先后任国际关系学院国际新闻系主任,清华大学中文系副主任,北京政协第八、九届政协委员,北京政协学委会副主任,《北京观察》杂志社编委会副主任。曾任中国人民大学新闻学院、北京广播学院、复旦大学新闻与传播学院、武汉大学新闻与传播学院、中央民族大学、中国农业大学等多所高校新闻与传播学院或研究机构的兼职教授或研究员。至2016年6月,共出版专著、合著37本,主编《宣传舆论学大辞典》《应用写作大百科》两部辞书,发表有关新闻学、传播学、当代中国研究、政治学、社会学、经济学论文590余篇,有多篇论文获奖。〕

目 录

第一章 新闻及其媒介的演变 /1

第一节 新闻媒介的人体延伸 /1

第二节 现代新闻媒介的机械复制 /5

第三节 当代媒介的融合与重构 /8

第四节 当代新闻媒介的智能化 /14

第五节 当代新闻媒介观的变革 /19

第二章 新闻的构成与内涵 /25

第一节 新闻事实与新闻要素 /25

第二节 新闻的内涵与范式 /31

第三节 新闻的意蕴、意义与框架 /34

第三章 真实是新闻的生命 /42

第一节 新闻真实与新闻失实 /42

第二节 单一事件的新闻真实 /46

第三节 新闻报道的整体真实 /50

第四节 新闻真实的庄严守护 /53

第四章 新闻的形态与特征 /58

第一节 叙事形态及原真具象特征 /58

第二节 多维空间形态与客观性特征 /60

第三节 时间形态与时律特征 /64

第四节 寓意形态与涵化特征 /67

第五章　传统新闻价值与现代新闻价值　/71
第一节　传统新闻价值说　/71
第二节　现代新闻价值理论　/77
第三节　新闻价值的判断与选择　/84

第六章　新闻报道与报道方式　/87
第一节　新闻报道的规范和环节　/87
第二节　新闻报道的方式　/91
第三节　新闻报道的主要规律　/97

第七章　新闻传播与社会效果　/102
第一节　新闻传播方式与要素　/102
第二节　新闻传播的四种模式　/105
第三节　新闻传播中的受众　/108
第四节　新闻传播的社会效果　/111
第五节　新闻传播的主要规律　/115

第八章　新闻的二度功能　/120
第一节　新闻的显度功能　/120
第二节　新闻的深度功能　/124
第三节　新闻功能实现的中介　/128

第九章　新闻自由与媒体的社会责任　/132
第一节　新闻自由思想的发展　/132
第二节　新闻自由的价值与属性　/138
第三节　当代媒介的社会责任　/144

第十章 新闻专业主义与新闻操守 /150

第一节 新闻专业主义的精神追求 /150

第二节 新闻专业主义的职业规范 /154

第三节 新闻专业主义的实现途径 /157

第十一章 新闻传播的法理 /161

第一节 新闻记者的法治理念 /161

第二节 新闻违法与报道禁限 /167

第三节 保护公民的精神权益 /172

第十二章 新闻制度与新闻管理 /178

第一节 当代新闻制度与新闻政策 /178

第二节 西方的媒介体制与新闻管理 /182

第三节 我国党媒的体制、使命与管理 /188

第四节 我国党媒工作的理论指南 /194

第五节 我国党媒的报道方针 /197

第十三章 新闻生产与媒介经济 /201

第一节 新闻媒介的精神生产 /201

第二节 新闻市场与媒体盈利的途径 /205

第三节 媒介竞争与品牌、资本运营 /208

第一章　新闻及其媒介的演变

新闻附着在物质载体上才能传播并被人们受阅，物质载体制约新闻的形式与时效，以特定的传播方式构成**新闻媒介**。在远古时代，传播新闻是人类的重要活动，历经近百万年的演变，新闻媒介才从人身载体延伸到电力装置，发展到报纸、广播、电视和今天的网络，形成庞大的新闻机构，表现出人类认识世界的强烈愿望和创造力。

第一节　新闻媒介的人体延伸

原始新闻在“完全形成的人”①的前后阶段出现，作为原始人沟通的手段，开辟了人类历史的起点。类人猿的劳动缓慢地孵化出语言，古朴的口语用于交际，互告信息带有新闻的意义。距今约 300 万年至 20 万年前，在全球各地出现了“血缘家族”，口语与手势交流不断凝聚更大的群落，最终孕育了人类社会。

一、原始新闻的产生

先民在劳动中不断发现新事物、新情况，认识的东西日益增多，传播新闻也越来越频繁。人类群居伴随交往，为原始新闻的产生提供了动力，也成为初级社会的纽带。防御野兽，采摘果实和狩猎，每天都遇到新变故，互相传告新发现或惊扰不安，成为那个时代源源不断的新闻。

口语是人类最先使用的表意符号，由类人猿的惊叫和呼唤一步步发展为多音节的

---

① 恩格斯把生活在树上的古猿称为“攀树的猿群”，把从猿到人过渡期间的动物称为“正在形成中的人”，而把能够制造工具的人称为“完全形成的人”。恩格斯，劳动在从猿到人转变过程中的作用[M]/马克思，恩格斯，马克思恩格斯选集，第 3 卷，北京：人民出版社，1995：509.

言语,同手势语一起形成人类最早的**意媒**。作为表达意愿的符号,意媒是意识传播的非物质载体,包括有声语言和无声语言(手势、图示、文字和物象语言等)。先民对奇特的环境与危险不断产生知晓欲和呼告欲,用有声或无声语言交换新闻,内容越来越丰富。知晓欲充满获取新闻的强烈愿望,源自了解外界事物的迫切感。当野兽袭击或自然灾害来临时,许多人急切地想告诉大家,这种呼告欲转化为人类原始的责任感。知晓欲和呼告欲作为传播消息的心理互应,体现出人类生存的本能,形成最初的社会意识。

20世纪40年代,西方报刊理论家通常认为,人的欲望特别是好奇心,是新闻产生的首要原因,后来又有人提出新闻产生于"自卫本能"。这类唯心主义观点都把新闻的起源归结为人的主观心理,无视人的生存和劳动实践这一根本原因。无论好奇心还是自卫,都是在生活和劳动中产生的,因此它们不是新闻的源泉,新闻的真正源泉是人的劳动及生存需要。为了适应或征服生存环境,提高整体生存能力,迫使人类急切地需要了解和商讨外界事务,他们才有了新闻欲。

二、原始新闻媒介的进化

记录和传播原始新闻的介质,简称**质媒**,分为**人身载体**和**身外载体**。任何新闻媒介都是**意媒**和**质媒**的统一,意媒承载意念,表达人的认知,而质媒却是传播意媒的物质载体,二者融汇在一起构成新闻媒介。最原始的新闻媒介是人身、"手势语"和口语的融合,由手、嘴这两个人体器官构成。后来发展到身外载体,包括实物媒介、声光媒介、图示媒介。这些**原始新闻媒介**的进化大体经历四个阶段。

(一)人体媒介阶段

距今约350万年至20万年,原始社会组织称为"游群",由血缘家庭构成,通常有男女20至45人一起活动。[①] 游群的交往大都在他们视力和听力范围之内,用手势和简单的口语就可沟通,身体成为天然的载体。人类视力和听力能够到达的地方,称为**感官空间**,借助手势和嘴巴进行面对面的直接交流,是远古新闻媒介的原始形态。

(二)闻讯媒介阶段

10万年前,原始游群逐步进入规模更大的母系氏族社会,几个家族共居,群体

① 〔德〕亨利希·库诺夫.马克思的历史、社会和国家学说[M].上海:上海人民出版社,1979:84.

最多时为四五百人。随人类活动空间的扩大,相距甚远或障碍物阻隔,用口语、手势传播新闻已无法听到和看到,出现了实物、烟火和击鼓新闻,统称新闻的**闻讯媒介**。这时,讯息不再由身体某个部位发出,延伸的空间较远,有的已超出视力范围。但它仅有简单、朦胧的意指,只能传递事物的有无、是否发生或存在什么这类简单的信息。

(三)初级符号媒介阶段

距今1万年前后,人类进入父系氏族社会,开始定居,不同血缘家庭结成大的部落,出现了农耕生产和原始社会管理。人类活动的范围进一步扩大,有时要去百里或数百里以外的地方打猎或征战,用烟火、鼓声等自然介质传播讯息已经失效,开始使用图示。这类新闻图画刻写在岩壁、树木或泥土上,具有符号指代的意义,构成**图示媒介**,又称**初级符号媒介**

公元前五六千年,中国、埃及、中东两河流域和希腊出现了图画文字,由较为复杂的一幅或一组图画表达信息。图画文字中的图形再现某一事物的形象,表意很不稳定,仅是一种象形符号。距今5000多年前我国的炎帝、黄帝时代,出现了图画新闻,传说神农氏因嘉禾而作"穗书",黄帝见卿云而作"云书",祝诵观鸟而作"古文",[①]都以模拟实物的图画向民众讲述耕种收获、天气变化和豢养家禽之类的新鲜事。约公元前2300年前,我国泰安大汶口有的陶器上的图画,记录了陶器的制作和用途,对第一次得到这种陶器的人来说,是多么重要的新闻!

(四)文字与手抄媒介阶段

真正意义上的文字是从图示媒介发展来的。随着人的思维和语言的进步,图示渐渐分解为一个个固定的笔画,形成文字。古人把信息抄写在甲骨、木头、石板、竹简、泥板或草纸上,既能随身携带送至远方,又可委托某人转交需要知道信息的人,手抄新闻开始流行。相传黄帝时代的史官仓颉整理、统一了当时流传在黄河流域的各种象形文字,黄帝推算天文,分出年月,由一个名叫大挠的臣子制定了天干地支,用来计算年月日。黄帝又规划了各方的土地,划野分州,给各个方域起了名字,为原始新闻纪录事件提供了时间和地点的称谓。

---

① 参见陈彬龢.中国文字与书法[M].武汉:武汉市古籍书店复印,1982:2.

公元前1300年左右的中东腓尼基人参照埃及的象形文字，创造出由22个辅音字母拼写的文字，表意开始向拼音进化，文字脱离具体的物象，促进了人类抽象思维的发展。现代欧洲的拼音文字大都起源于腓尼基字母。字母文字有助于人们思考事务的理性层面，为原始新闻增添了概念化内容。

文字可以详细记录事物，不仅可以描述信息，还可用来陈述复杂的思想，对事物进行分析，是人类创造的**高级符号媒介**。有了文字和甲骨、竹简、泥板等介质，一条信息可抄写多件，扩大了新闻传播范围。到奴隶社会末期，文字及手抄新闻媒介用于国家管理，同图示媒介相比，极大方便了人类的交流与社会控制。

原始新闻媒介之所以发生上述演变，而且演进的时间一次比一次短，是人类创造力不断提高、活动空间不断扩大的结果。在旧石器时代的几百万年中，人类活动只在群体内和村落周围进行，口语与手势新闻足以满足人类口传、目视和耳闻的需要。在父系氏族社会，活动范围逐渐扩大，眼观与耳闻不能接收来自遥远距离的信息，新闻媒介才由人体向使用图画和文字扩展。这佐证了麦克卢汉的名言——媒介是人体的延伸。

三、手抄新闻媒介的意义

手抄新闻媒介主要应用于奴隶社会和封建社会的初、中期，贯通漫长的古代社会。作为大范围的交际手段，文字新闻传播得更远，接受者能够长久保存，人类获得和积累知识成为可能。

手抄新闻在奴隶制和封建制时代盛行，是国家统治与治理的手段。中国秦汉时期发布皇帝谕旨、政令、臣僚奏议等通报，唐代的“开元杂报”和“敦煌邸报”、公元前59年的罗马“每日纪闻”和16世纪意大利的手抄新闻，都已载入人类的新闻史册。手抄新闻和国家通告向社会成员发布各种指令，灌输某种信仰，把他们凝聚为一个整体。文字创造了民族国家。①

文字新闻掀开媒介的文明史，让媒介有了生命力。媒介上的文字不仅告诉人们客观事物，也激发人们对外界的思考，审视和判断人类社会面对的问题。人们通常认为，人类经历了四次传播革命，即印刷、广播、电视和网络，而把延续数千年的文字或手抄新闻排除在外，是不恰当的。作为人类历史上**第一次传播革命**的不朽成果——文字与手抄媒介的出现，对人类文明和后来创立更先进的信息媒介发挥了奠基作用。

---

① 埃里克·麦克卢汉，弗兰克·秦格龙.麦克卢汉精粹[M].南京：南京大学出版社，2000：437.

第二节　现代新闻媒介的机械复制

现代社会起始于资本主义萌芽时期，[①]工商业经济和科学技术的发展，使新闻媒介从人力抄写发展到机械复制，发生了**第二次传播革命**。印刷报纸代替原始的手抄报纸，是现代新闻媒介的第一个成果。先进生产力——手工和电力印刷机的发明和应用，推动了信息复制技术的发展，满足了人类对信息的广泛需求。

一、报纸的印张复制

使用机械记录和复制新闻，是资本主义生产力和生产关系的产物。我国宋代大量出现了能工巧匠，煮盐、冶铁、陶瓷、纺织、刺绣、漆器等手工业生产遍布城镇，资本主义开始萌芽。毕昇在雕版印刷的基础上发明了活字印刷，推动了信息与知识传播。有的学者认为，宋代的邸报和小报有的已经印刷发行，但没有实物证实。有据可查的中国印刷新闻纸是明朝万历八年四月二十二日（1580 年 5 月 5 日）的《急选报》，属于不定期雕版印刷新闻书。明崇祯十一年（1638）出现了活版（木活字）印刷的报纸（邸报）。[②]

西方的印刷新闻是 1450 年德国人约翰·谷登堡（John Gutenberg）发明金属活字印刷术 40 年后出现的。1493 年，罗马一个富商从西班牙雇来一个印刷工，每隔几天就印一些稀奇古怪的消息在街上出售，成为最早的不定期印刷小报。16 世纪初，英国人托马斯·阿彻（Thomas Archer）购进一台手摇印刷机，一小时可印 700 张新闻纸，向住在乡间的贵族兜售。阿彻在每张小报的开头加上“Coranto"的字样，传播到荷兰、德国、法国等地，这就是“克兰特新闻”的由来。欧洲各地同时还出现一些印刷的小册子，称为“故事”或“新闻书”（newsbooks），最有名的是 1605 年英国印刷商巴特（Nathaniel Butter）发行的《约克郡谋杀案》。

由于英法皇室对印刷品的严格管制，一些印刷报纸的人纷纷来到阿姆斯特丹，荷兰成为“科兰特新闻”的主要印刷地。1602 年，这里诞生了东印度公司和新型证券交易所，1609 年出现兑换银行。阿姆斯特丹商人为扩展市场，到处搜集信息，各种印刷小报在这里发展起来。欧洲“第一张具有现代意义的报纸出现在 1609 年，是约翰·卡

---

① 我国学者通常把 1840 年以后称为近代社会，1949 年以后称为现代社会。在西方，文艺复兴开启了现代社会的历程，以工业化为主导的社会称为现代社会。

② 参见顾炎武. 顾亭林诗文集：卷三[M]. 中华书局，1959：51.

罗勒斯在斯特拉斯堡和奥格斯堡出版的每周一期的《通告——报道或新闻报》(*Aviso—Relation Zeitung*)”,每期发行52份。[①] 1621年英国的《每周新闻》正式创刊。到1645年,至少有8种不同的周刊和双周刊在阿姆斯特丹发售。

1650年德国人蒂莫特里茨创办了世界上第一份印刷日报——德国《最快新闻》(*Einkommende Zeitung*),但它只发行3个月就停刊了。西方现代报纸诞生的真正标志,是1785年元旦由约翰·沃尔特创办的《每日环球纪事报》(*The Daily Universal Register*),1788年1月1日更名为《泰晤士报》。

高效的机械复制是现代新闻媒介的特质,具有“创新社会”的鲜明特征:第一,机械印刷的报纸,以散张活页发行,定期、定时出版(至少一周出版一次),广泛、及时、快速地反映社会动向,给社会注入了活力;第二,报纸一般有两个或两个以上版面和众多栏目,集纳若干不同事件依次编排,成为社会重要变动的议程表;第三,报纸上每条新闻都有独立的标题,明白无误地写明新闻的来源和发生的时间、地点,文字不多,适合大众阅读,促进了社会交流与整合;第四,报纸的巨大复制量是手抄新闻无法比拟的,一期报纸少者发行一两千份,多者发行数万份,新消息、新思想立刻传遍四面八方,在全社会点燃变革的火种。

机械复制使报纸由小众媒介变为大众媒介,大众化报纸走上历史舞台,作为民众的启蒙工具和教科书,印刷报纸成为人类第二次传播革命的主力。从18世纪末起,报纸的高度普及,推动了公民的觉醒,为资产阶级和无产阶级革命酿造广泛的舆论,最终导致封建专制制度的崩溃和共和制度的建立。所以,报纸的复制具有民主和革命的性质,使现代社会不停变革。正如麦克卢汉所说,报纸使我们能够每天截取全球的一块横切面,使之转移到报纸的版面上。此时,我们已经在脑中形成一个熔炉,这是宇宙人即世界公民的熔炉。报纸的版式本身对人的思想情感所产生的影响,比人们对地球上任何媒体所发表的言论,都更加具有革命的意义。[②]

二、印刷媒介的品种扩张

报纸以刊载短小的新闻和时事评论见长,但也有致命的弱点:一是文字内容过于直白短小,有分析深度的评论较少;二是报纸都以当日或最近几日发生的事件为报道

---

① Encyclopedia Italiana,V. 17,1950:184—185.

② 弗兰克·麦克卢汉,弗兰克·秦格龙.麦克卢汉精粹[M].南京:南京大学出版社,2000:456.

内容，时效一过便没有任何价值，因此报纸被称为易碎品；三是许多报社集中数百或近千人才能完成一份报纸的生产和发行，成本高，不利于竞争。

报纸的上述缺陷在 17 世纪就已显露出来，有的创办几年就出现亏损，不得不停办。新闻期刊和通讯社则补其短板，利用机械印刷的优势，成为印刷媒介的新品种登上历史舞台。

新闻期刊包括月刊、旬刊和周刊三种，每期版式基本相同，装订成册，是记录、分析时事内容的重要印刷媒介。新闻期刊同报纸的区别不仅表现在形式上，而且主要表现在内容及其价值上。现代第一本新闻期刊，是英国人爱德华·卡沃（Edouard. Cave）于 1731 年创办的《上等社会人》（又译《绅士杂志》）月刊[①]，每期 42 页，从新闻、生活、文学、杂谈到时事政治，内容十分广泛。我国境内最早出现的现代意义的中文期刊是英国传教士马礼逊（Robert Morrison，1782—1834）于 1815 年（清嘉庆二十年）8 月 5 日创办于马来亚的《察世俗每月统记传》（*Chinese Monthly Magazine*）。

新闻期刊在某种程度上扩展了报纸的新闻深度，多登载深度新闻、调查报道、评论和知识小品，新闻品种更加多样化，在特定读者中产生影响。新闻期刊向来以“厚度成就深度”，抓住人们最关心的现实问题提供幕后真相，在剖析社会重大事件方面卓有成效。

现代报业在工业革命后发展迅速，报刊数量越来越多，报刊对新闻的需求量大增。各家报刊单靠自己的力量搜集各地新闻既不经济也不可能，专门搜集和供应新闻的机构——通讯社随之产生。19 世纪 20 年代美国人塞缪尔·莫尔斯发明了电报，不久商用电报线路和海底电缆铺设完毕，扫除了快速传递新闻稿的障碍，为创办通讯社创造了条件。哈瓦斯通讯社（Agence Havas）于 1835 年创立于法国巴黎。通讯社不是印刷媒体，而是为媒体提供新闻的供应商，后来它本身也经营报刊。在今天，许多国家的通讯社都成为集报刊、广播电视与网络为一体的新闻集团。

目前世界上共有各类通讯社上千家，较有影响的是五大新闻通讯社——美国的美联社、法国的法新社、英国的路透社、美国的合众国际社和中国的新华社。自 20 世纪 80 年代以来，在大型新闻集团、电视与网络的冲击下，通讯社的作用明显降低，许多小通讯社纷纷倒闭。

---

① G. 威尔. 日报期刊史[M]. 上海：上海商务印书馆，1941：71.

三、广播电视的视听复制

20世纪20年代无线电技术的成功应用，培育了现代新闻媒介的新秀——广播电视，使人对外部环境的认识有更丰富、更具象的感受，进一步催发了人类意识。麦克卢汉说："电力媒介是电报、广播、电影、电话、电脑和电视。它们全都使我们的一种功能的感知得到延伸……它们使我们的整个中枢神经系统提高和外化，因此使我们的社会和心理生存的一切侧面都发生转化。"①复制印张的报刊不是对世界的复制，而是对报刊本身的复制，广播电视则是利用电信号对世界声貌的复制，把人类的顺风耳和千里眼变为现实，因此它们分别代表人类的**第三次**和**第四次传播革命**。

广播电视作为听觉和视觉的现代媒介，经过多个环节的形态转换，把声音和影像从狭窄的空间解放出来，赋予新闻最强的生命力。这两个电力新闻媒介全方位延伸了人类的视觉和听觉，使那些不识字、低文化水准的大众进入认知世界的大潮。

广播电视让公众置身于社会事务的场域，放大了人类感官的范围，激发了公众参与公共事务的热情，是一种全感官的传播革命。在印刷媒介时代，人类的传受体验仅停留在"文字"层面，必须正确领会和判断，才能把握社会事务。广播电视把新闻扩展到"听觉""视觉"和"视听合一"的具象体验，受众由先前的单一感官的"低度"参与，进入多种感官的"高度"参与，更容易知晓和理解各种事物。

第三节　当代媒介的融合与重构

新闻媒介自古就有不断向外延伸的本性，冲破压抑人类分享信息和表达思想的障碍，人类知晓外界的强烈愿望不断实现。当电力媒介发展到微型计算机（台式机、笔记本电脑和智能手机）和数字传输阶段，亿万个计算机连成网络，普通民众远距离直接交流成为可能，出现了融合一切媒介的**网络媒体**。

一、新媒体与新业态

互联网被称为**新媒体**，即第五媒体，是第五次传播革命的伟大成果。利用数字技

---

① 弗兰克·麦克卢汉，弗兰克·秦格龙.麦克卢汉精粹[M].南京：南京大学出版社，2000：370.

术、网络技术，借助电脑、手机等终端向用户提供新闻和各种信息，使由美国国防部1969年创办的阿帕计算机网（Arpanet）发展到今天的全球互联网，活跃用户在2016年已突破了34.2亿人。电力媒介从投入使用到拥有5000万用户所需时间，广播用了38年，电视用了13年，有线电视用了10年，而互联网仅仅用了3年。

互联网使用文字、声音和视频等多种手段，构成多维交互、全链接、易复制、高时效、信息量超常的媒介，把报刊、广播电视等所有传统媒体融合在一起，发挥交流新闻、思想观点和各种信息，进行通信检索、客户服务等多种作用。它从单纯的信息渠道很快变成商业运营模式，成为一种生产与生活方式，渗透到人类社会的各个方面。

互联网改变了新闻业态，有可能成为自由的、个人的和公共信息的枢纽，实现全视角的人际传播、组织传播和大众传播，融合了印刷（打印机功能）、电影、广播电视和万物相联等功能。网络传播实现了点对面和点对点的信息交流，普通人成为新闻报道者，新闻的容量、灵活性、即时性、永恒性和交互性剧增，开辟了一条直接与受众无限沟通的渠道。每个人都可以建立一个网址并发布自己的新闻和言论，出现了**自媒体**和**社交媒体**。

互联网已发展到三个领域——人际领域、广播电视领域和文献领域，从四个方面正在改变新闻业：一是不可阻挡地极大增加了新闻的容量和表现手段，进入大数据探寻真理的时代；二是记者的工作方式发生了变化，他们不再使用纸和笔，到实地采访已远远不够，他们还要在网上娴熟地搜集和分析数据，聚合和加工全球信息实现了智能化；三是新闻媒体内部和新闻业的结构正在经历重大转变，新闻源来得更容易、渠道更多，媒体经营已虚拟化，但却实现了广告投放的精准化；四是新媒介使新闻机构、记者与他们的受众、消息源、竞争者、广告主及政府之间的关系发生了变化，相互依存性更加松散，它的高度导览性（navigable）、全景性和信息互动，快速有效地协调各种社会关系；五是传统新闻媒体融入网络，使渠道、平台、内容、经营与管理统一协调，媒体融合打造出全媒体，出现了使用多种传播手段的新闻机构。

在互联网统摄下，合作创意、资源共享得以实现，新闻报道方式正在发生深刻变革。如无人机新闻让记者有了更开阔、灵活的拍摄视角，获得更好的报道效果；虚拟现实技术给用户创建了逼真的世界，更生动地还原事件，让受众获得“亲临现场”的浸入式体验。传统的报社以单一的报纸为载体，即使报社的网站也是以报纸出版的节奏为步调，而在全媒体条件下，一家新闻媒体可以拥有报纸、杂志、网站、手机报、微博、微信、客户端、电子屏等多种终端，使各种媒介深度融合。正如人民日报社推出的“中央厨房”模式,新闻报道实现了一体策划、一次采集、多种生成、多元传播、全天滚动和全球覆盖。

网络数字化极大提高了生产力,“互联网+”正在改造和创新传统产业,出现了新的经济模式。网络新闻不单是感知世界的渠道,还是开发新产品、新技术市场,培育新兴产业的信源。网络媒介之所以如此功效巨大,一是数字技术应用的结果,二是人类扩大知情权的结果,三是媒体人利用网络释放主导权与创造力的结果。

二、去不掉的网络“中心化”

一提到网络,人们首先想到的是“去中心化”这个特点。实际上,网络仍然摆脱不掉中心。互联网具有凝聚零散个体的能力,有效地将规模大、差异性更大的现代社会整合起来,由去中心化过渡到新的中心化,与传统媒体相比是两种不同的力量。

“中心化”与“去中心化”看起来似乎有天壤之别,一个强调向心趋势,另一个强调离心趋势。事实上,在复杂以及不断变动的社会中,这两种力量往往同时运作,其中一种力量作为另一种力量的补充,使主流思想或主流舆论在杂音中不断得到校正与更新。在网络上,信息入口缺少把关,个人表达似无栅栏,各种对立意见和信息流往往挑战“主流意见”,使信息供应和选择不再掌握在资讯供应者手里。公众的意见一旦在网上形成主流舆论,完全可能导致原有的思想中心归附于大众的思想。

乍看起来,网络的“**去中心化**”是网络新闻、网络舆论的突出特征,没有一个信息流和意见流处于中心地位。过去的重大新闻都来自传统的主流媒体,甚至只来自一家核心媒体,其他媒体没有报道权,只能照抄照转。这种新闻媒体的中心化在中外新闻报道中早就存在,只是程度和范围不同而已。

从广播到互联网,一步步体现出新闻“从集中走向分散”的过程,不断消解“中心文化”的影响力。网络伴随Web2.0的应用,信息与意见的数量暴增,主流媒体一统天下的时代似乎消失。网民有了自己的媒体,大家一起涌进来,随之出现信息无序的“去中心化”的乱局。消息源的多元化、新闻内容的多元化和思想的多元化,有时使众多媒体远离国家及其主流媒体的声音,网络新闻的权威性和主流舆论不再属于权威媒体,而是由新闻的权威事实和道出事实真相的权威意见来确立。这意味着,网络的“中心化”仍然会出现,但不是哪家预定的媒体,而是有影响力的新闻、意见及其发出者。

把“去中心化”理解为网络无须什么中心,也无须形成主流舆论,是极其简单、幼稚的想法。有这种认识,就会放弃参与网络新闻的责任,把生活中卑微的琐事、污浊淫秽事件发到网上，把网络推向垃圾信息的泥坑。对某个社会问题，最初在网上出现的信息和意见的多元化呈现出“无中心”的征兆，但这却是辨别和发现真理的必要前提。究其本质，所谓网络的“去中心化”不仅仅是信息与意见的多元化，而是不同声音的比较、选择，逐渐压倒和消弭非理性声音的过渡阶段，最终使某种有影响力的观点显露真身，产生新的“思想中心”或“舆论中心”。这其实是网络的“再中心化”过程。

三、信息社会与新闻大数据

如果说手抄媒介是农业社会的新闻媒介，机械复制媒介是工业社会的新闻媒介，那么互联网则是信息社会的新闻媒介。**信息社会**与以前两种社会的根本区别在于，信息技术达到高度的自动化、瞬时化和智能化，使信息成为比物质和能源更为重要的资源，构成生产和生活领域最积极的因素，推动人类社会进入应用大数据技术的历史阶段。

整个社会生活已离不开信息技术，把一切信息搜索出来，变成人们认识世界和从事生产活动的手段，标志人类真正进入信息社会。信息经常被解释为“消息、新知识、新情报或事物变动的最新情况”[①]。从这个意义上讲，可以把新闻称为信息。但在新闻学领域，严格说，**信息**只是消息中的单位，是构成新闻的成分，任何新闻都是由若干信息构成的[②]。

在信息社会，人类的传播行为构成生活的绝大部分内容，人的手指在键盘上不断点击，完成大量物质生产过程。手指生产随时随地收集和产生大量信息，孕育经济政治和社会生活的重要规则。网上的每个信息都可视为一个数据，即一个见微而知著的因子，无数这样的因子的相互联系、相互印证，让传媒人发现和分析事件有了充分的依据，称为**新闻大数据技术**。

“大数据”(Big data)不是大量数据的概念，更不是数据新闻的概念，一则新闻即使使用一万个数据，也只能是数据新闻，而不是新闻的大数据技术。“数据”(Data)原指“事实”“资料”，对某件事的描述或记录，作为新闻资源，它同信息密不可分。搜索、整合巨量数据，对事件做出新闻判断和真相判断，探知社会的是非和真伪，是新闻大数据技术的特殊功能。

---

① 参见王雨田. 控制论信息论系统科学与哲学[M]. 北京：中国人民大学出版社，1987：281.

② 参见杨春时等. 系统论、信息论、控制论浅说[M]. 北京：中国广播电视出版社，1987：92.

根据信息策划师和多媒体记者米尔科·劳伦兹(Mirko Lorenz)的研究,数据驱动新闻主要是一个流程,包括深入挖掘数据,通过搜集、过滤、提纯和组构,把它变为可视化的叙事,然后把它提供给受众。① 数据记者亨克·范·伊斯(Van Ess Henk)认为,数据驱动新闻使记者在数据中寻找新的角度或完整的事实,把一些隐蔽的社会事件或社会问题揭示出来。② 把数据转化为新闻事件分为以下六个步骤:一是发现事件,在Web上搜索数据;二是净化、过滤数据,转化为可视化;三是制作为静态或动态的视觉图像;四是写作新闻,讲述新闻事件;五是将新闻输入设备,报道出去;六是跟踪传播效果,了解受众收视和反馈的数据。

大数据技术不是万能的,不能解决一切问题。数据是有类别的,它真实与否,对全社会是否有利,哪种意见是绝大多数人拥护、赞成的,赞成的人是哪个阶层,等等,数据本身存在一定的模糊性。正确认识事物的是非利害,遵循人文精神是更为重要的前提。缺少这个前提,大数据不仅毫无用处,而且能为散布谬论提供支持。新闻媒体不但不能简单地把大数据当作宝库,而且要冷静审视数据的两面性,抛弃有害和无用的信息。正如迈尔恩伯格在《删除:数字时代遗忘的美德》一书中所说:"大数据的取舍之道,就是把有意义的留下来,把无意义的去掉。只有理解了在大数据中需要的是什么,以及如何判断这种需要,才能举一反三地明白到底为什么要去掉那些不需要的。"③

四、媒体融合的个人终端

人们经常提及"**媒体**"这一概念,严格说这是指信息收集、编排和发出信息的机构,包括工作组织、传播设施及信息介质。手机绝不是像报纸、广播、电视和网络那样的媒体,难以承载大众媒体的意义。作为个人发布和接受新闻的自携器件,手机只能借助短信和微信向朋友圈传播,在目前来看,它不是什么第五媒体,而是各种媒体融合的个人终端。

以智能手机、平板手机和平板电脑为主的移动智能终端,作为高度普及的个人配置,已成为当代公众获取新闻的常用"器件"。占据移动新闻终端的制高点,围绕移动终端打造有品质的新闻,是新闻变革的重要目标。

---

① Lorenz, M. "Data driven journalism: What is there to learn?" Edited conference documentation, based on presentations of participants, Amsterdam, 24 August 2010.

② Van Ess, Henk. "Gory details of data driven journalism", *Wikipedia*, *The free encyclopedia*, 2012.

③ Viktor Mayer－Schonberger, *Delete: The Virtue of Forgetting in the Digital Age*, Princeton University Press, p. 198, 2011。

手机使用者遍及每个角落，民众用手机发布新闻，信源广，没有制作周期，快捷、实时、辐射范围大，可能引起全社会的亢奋。2015 年 8 月 12 日深夜，天津滨海新区危险品仓库发生爆炸(173 条生命被夺走，1.7 万户居民房屋受损)后几秒钟，周围的居民立刻把这一消息用手机传播到海内外的朋友圈，在短短十几分钟被天南海北所知晓，大众媒体只能等到第二天才报道。手机产生了无法抗拒的倒逼力量，使大众媒体的迟疑陷入尴尬。

手机产生的新闻传播格局，给人们心理及文化带来嬗变。依据巴赫金的狂欢理论，手机新闻充满颠覆性、宣泄性、游戏性和无等级性，为大众文化提供了大型的"狂欢广场"，频繁激发民众群声聚议、同气相求的心理。未来的手机既是支配万物的遥控器和严谨的管家，也可能是唠叨的妻子，还可能是忠实的朋友，集多种角色于一身。这种电子器件的人际传播，最终同互联网无缝联通，每个人成为浩瀚信息中的一双眼睛。

40 多年前，马歇尔・麦克卢汉在《理解媒介——论人的延伸》一书中提出："真正有意义、有价值的讯息不是各个时代的传播内容，而是这个时代所使用的传播工具的性质，它所开创的可能性带来社会变革。"麦克卢汉的这一观点曾被认为是荒诞不经的，备受冷落，然而在手机媒介的众声喧哗中，却印证了麦氏电光石火般的智慧。

五、网络媒介的全球规约

互联网已经融入全部社会生活，深刻改变了人类的一切活动，成为人类命运的纽带。这一**全球化媒介**是对环球媒介(主要指广播)的超越，轻易越过了信息主权的国界，把远在天涯的不同民族、多种思想和制度拉到咫尺对话，造成种种新的不适应与冲突。这就需要在难以限制的新闻跨国流动中，制定新的媒介规约。

全球化媒介重塑了世界生活，扩大了人们的视野，促成人类行为的全球规范。种种迹象表明，互联网最终能把不同国家人民的政治追求真实地表达出来，少数人的声音再也无法控制这个世界，排斥、限制不同声音有悖人类命运共同体的基本理念。这就需要普及下列媒介规约和思维：

第一，网络新闻要坚持网络民主原则，让人民的正义声音得以自由伸张。互联网规模宏大，内容不断更新，人类最敏感的消息传播得最快、最广泛。在网络村庄里不断出现人类的新发现和世界的新生活，也不断爆发民众的集会和声讨，使人类联合起来抵制专制主义和霸权主义，奋起维护民主和人类正义。在"印刷资本主义"风靡之时，正义声音就已走出贵族的城堡,进入平民中;在网络媒体时代,专制与霸权控制多数大众或弱小国家已不可能。互联网遵循“民主、开放、平等、法治和参与”的规约,让普通民众的意志得以自由表达,社会权利和秩序能够“互联互通共享共治”。

第二,坚决防止传播对人类有害的信息和新闻。全球化处于不断变动中,各种客体、图像和话语千姿百态、优劣共生,在不同地区、不同国家,产生了诸如谣言动乱、干涉别国内政、宗教冲突、恐怖主义及无良治理等方面的许多问题。互联网对上述现象作出深刻的分析,使穷国和富国都尽到责任和义务,弘扬先进文化,谴责和遏制残暴行为和腐朽文化的传播。

第三,网络新闻要表达人民的理想和信仰,给各国人民自主选择正确的思想和制度提供保障。世界各国的意识形态在相当长的历史时期不可能一致,甚至存在多种对立,错误的意识形态害怕对立意识形态的挑战,因为它得不到人民的赞同与支持,是一种脱离实际的虚构与欺骗。在“构建和平、安全、开放、合作的网络空间”的前提下,保障网上不同意识形态的自由流通,是认识和确立正确意识形态的前提。

第四,各国密切合作,切实维护信息主权和网络安全。互联网对国家主权、安全和发展利益提出新的挑战,每一个国家的信息主权不应受到干扰和侵犯,各国都有权维护自己的信息安全。国际社会要本着相互尊重和相互信任的原则,建立多边、民主、透明的国际互联网治理体系。

第五,各国要依法治网,维护网络秩序。网络空间与现实社会一样,既要提倡表达自由,也要遵守言论秩序。自由是秩序的目的,秩序是自由的保障。既要充分尊重网民交流思想、表达意愿的权利,也要构建良好的网络环境,保障广大网民的合法权益。不允许任何人利用网络新闻破坏国家利益,攻击他人,参与或支持窃取商业秘密、散布谣言、恐怖、动乱和淫秽信息。一切网络违法犯罪行为,都应根据法律和相关国际公约予以禁止和打击。

第四节　当代新闻媒介的智能化

《新闻学前沿》一书曾指出:未来“全能电脑相当于人的大脑功能,人类的思索、分析、创作和设计都由电脑完成。”①到2006年全能电脑首先在美国完成了一篇新闻写

① 刘建明.新闻学前沿[M].北京:清华大学出版社,2005:371.

作，这是由新闻思维器智能生成的。**新闻思维器**又称**新闻机器人**（Robot Journalism）、**机器人记者**（robo－journalist）、**自动化写手**（automated Writing）或**自动化新闻**（Automated journalism），[①]是指用编稿软件和电子器件采集事件资料，进行智能加工，自动生成新闻文本和报道方式。互联网的发展已经由网络化、大数据应用迅速演进到信息生成的智能化，新闻思维器成为媒介吐纳信息的自动化工具。

一、新闻智能生成的科技应用

新闻思维器不仅应用于新闻写作，在整个新闻报道中都能大显身手，因为它有广泛的设计和谋划功能，但在目前它主要承担财经与体育新闻写作，也能对稿件内容的差错进行核查，并进行初步的稿件编排。2006 年汤姆森路透社用全能电脑在 0.3 秒就写出一篇公司财务新闻，[②]2011 年美国 Narrative 公司用 Narrative Science 在 30 秒左右撰写了一篇消息。2012 年《华盛顿邮报》用机器人 "truth teller"（吐真者）核实新闻的准确性，记录新闻中的文字和语音，与"打假"数据库对比，发现错误内容就会发出警报。在 2013 年美国众议院辩论时，多数党领袖声称给富人加税将损失 70 万个就业岗位，一些政客多次强调这一数字。"吐真者"立刻在数据库中检索到《华盛顿邮报》事实核查人格莱·凯思乐的反驳文章，以有力的事实推翻了政客们反对给富人加税的言论。

2014 年 3 月，新闻思维器已经投入报道"实战"。美国时间 3 月 17 日早上 6 时 25 分，洛杉矶发生地震，《洛杉矶时报》在地震发生 3 分钟后在其网站上发布了第一条新闻，其他媒体都没有如此快速地报道这次突发事件。这条新闻就是由新闻思维器写的。《洛杉矶时报》的这条消息来自美国地质勘探局的地震通报，该报思维器 Ken Schwencke 在地震当天早上，根据收集到的地震信息，几秒之内就把新闻稿写好了。

2014 年 5 月英国《卫报》的每一期，都用"机器人"率先报道热点新闻，将社交网络上最受关注的新闻和观点进行统计分析，随即筛选内容、编辑排版和印刷，最后生成一份报纸。《卫报》记者说，面对这样的报纸，感觉整个时代都变了。与此同时英国路透社推出名为"Open Calais"的全能电脑，使用这种思维器写作时，记者敲下单词就能筛

---

① Van Dalen, A., 2012. *The algorithms behind the headlines: How machine－written news redefines the core skills of human journalists*. Journalism Practice, 6(5－6), pp. 648－658.

② Momus,(2006)*Robots Wrote This Available*, http://archive.wired.com/culture/lifestyle/commentary/imomus/2006/08/07

选出新闻的关键词和重要内容。[①]

从2014年7月起美联社用新闻机器人Wordsmith写作公司财务新闻。当公司一发布财务数据,Wordsmith在自动搜索后,基于美联社预先编辑好的写作结构,几秒钟内生成一篇150—300个单词的新闻快讯。这套系统每季度能生产近4000篇财务新闻,此前该社每季度人工只能写出400篇此类新闻。

思维器新闻写作在我国媒体也开始应用。2015年9月10日,腾讯财经利用新闻思维器Dreamwriter发布了《8月CPI同比上涨2.0% 创12月新高》的新闻稿,该网站编制了有特殊风格的新闻写作与报道程序,一分钟内将重要资讯送达用户。一个月后,腾讯财经又推出3篇风格各异、个性化突出的财经新闻。[②]。2015年11月7日,新华社推出写作机器人"快笔小新",写作体育、财经和证券新闻的中英文稿件。百度思维器Writing—bots写作的稿件包括社会、财经、娱乐等15大类,每个机器写稿平台都拥有各自的技术团队。"今日头条"的思维器"张小明"在2016年里约奥运会期间对接奥组委的数据库,与电视直播几乎同时发布新闻,6天共生成200多篇简讯和资讯。

新闻写作由人与人工智能共同完成,思维器是主角,记者编辑是发号施令的指挥员,信息技术的飞跃已经深刻改变传媒业的面貌。资金是否雄厚、如何调配人力资源以及全能电脑技术的先进程度,是不同国家、不同地区或不同媒体使用新闻智能工具的重要条件。最近5年新闻媒介应用智能工具会有不同的进展,但在10余年后,智能工具将在存活下来的媒体中广泛应用。

新闻的智能化降低了媒体的运营成本,提高了新闻报道的速度和准确性,新闻业将展开新一轮、以智能技术为核心的激烈竞争。过去一切精神产品都由人的大脑完成,智能工具的使用实现了精神产品生产的自动化,节省了大量人力,大大提高了新闻报道的效率。但新闻思维器需要高素质的编辑记者来掌控和操作,从事设置议题和关键词,核查宣传性稿件的观点,记者编辑的重要作用反而更加突出。

智能工具不会带来报道内容的模式化、刻板化和单一化,也不会因缺乏新闻敏感而错失有价值的新闻,更不会缺少有"人情味"的报道,因为思维器最终要受记者的操刀和支配。新闻智能工具的进一步发展,将同微型摄像头和录音器相连,体型缩小到便于携带,记者每天带着它去采访,抓拍突发事件和各种要闻。新闻思维器面对采访对象的语调、表情或事件场景,自动到词汇库里选择生动、逼真的词汇加以描述,摄录

---

① Wikipedia, the free encyclopedia,2016—11—5.

② 任陇婵.新闻机器人:跟谁抢饭碗?[J].视听界,2015(6).

的形象和景象都将生动地再现原貌，表达人们的喜怒哀乐，发掘人性的美丑。新闻思维器技术的持续发展，有越来越多的写作模版被设计出来，“写”的能力将逐步提升，写作风格也会越来越多变。

二、智能新闻的采写与报道程序

目前，新闻思维器的自动写作，由“人工模板”+“自动化数据填充”的模式来完成，实际是对新闻的智能汇编，具有“坐享其成”的特点。网络数据库提供丰富的信息，新闻思维器在编辑部里深挖广拦，聚合有价值的信息就能编出一条新闻。**新闻数据**是指各种各样的事实信息和观点，新闻思维器根据编辑记者的需要和设置的程序，通过搜索引擎收集大量高质量的事实，然后汇集、梳理、排列、选择和强化相关事实，确定新闻事件的发展过程或真相，然后开始快速地写作新闻。通过机器算法的新闻写作与报道(algorithmic journalism)，以各种数据、图表的引用和分析为基础，带有明显的“数据处理”色彩。

数据库作为新闻生成的资源包和基础，构成思维器采集和处理事实的平台。在**新闻资源包**中，储存了数亿兆各类新闻事实与观点，这类信息是社会出现的事件或动态，由知情网民的陈述、社会有关部门的反应与政令、各方录制的有关事件的现场图像所构成。但它们都是粗糙和杂乱无章的，甚至对同一个事件有不同的情节描述和看法，还有种种对立的意见，同时伴随真实与谣言的纠缠。新闻思维器根据这些原始材料的大数据做出正确判断，确定新闻的真伪，然后抓取新闻要素，完成一篇新闻，同时确定新闻的标题与字号，或把选择的事件影像编排成有机联系的图像。

如果媒体要对新闻事件做出分析，或要写出有深度的报道，达到宣传目的，编辑记者事先要提供关键词和重点句子，创建一个报道模板，让新闻思维器沿着媒体的思路和观点进行写作。媒体的编辑和技术人员拥有创建新闻生成器和编写引擎的语言学知识，以专门的编程语言支撑新闻思维器的运作。

新闻思维器也能进入采访领域，到事件现场抓取鲜活的新闻，而不仅仅是坐享其成、汇编新闻。记者携带它到某处采访，思维器上的摄像头与录音耳就派上用场。记者的智能手机和各种穿戴式搜索器有实时定位功能，对周围环境监测灵敏，对媒体关注的个体、群体、组织、行业和事件现场尽收无余，随时抓住重要事件和人物行为的细节，进行多角度的信息描述。在被新闻智能工具武装起来的媒体面前，社会不仅已经变得越来越透明，而且客观事件的细节逃不过思维器视觉的放大功能，达到无所不及的地步。新闻思维器的高度自动化和灵敏度，使媒体不可能漏掉新闻，也没有含糊不清的新闻叙事。

新闻写作与报道非常复杂，客观事件也常常出乎人们的预料，编辑记者需要设置多种新闻模板，让自动化新闻软件灵活地运作。**新闻模板**由关键词语、新闻要素、篇章结构等特殊程序构成，能提供上下文、事实解释和背景索引，新闻思维器按照程序填充从资料库中提取的事实与观点，客观地汇集和描述新闻事件，对事件的真相与是非做出判断与表述。重要的是，记者设置准确的关键词进行诱导，引发新闻思维器的判断力、好奇心和怀疑态度，让它自动进入分析环节。对非事件新闻和评论，记者编辑的最后修改是不可缺少的，只要新闻模板的设计有很高的技术性能，最后的人工修改也很简单，不过是核验一下个别不完善的词句而已。

三、智能新闻的意义表达

不表达某种观点、单纯的事件新闻是很少的。新闻中的观点可能来自新闻人物的看法，也可能来自社会其他人对新闻事件的评论，有时记者编辑在描述事件时常常有意或无意地透露自己的立场，说明新闻事件的是非好坏，这一切都体现出新闻的意义。新闻思维器能表达新闻的意义吗？它如何表达新闻的意义？它对新闻事件能否产生偏见？

对事实的评价是新闻报道中无法回避的问题，新闻思维器评价事实，说明新闻的意义正是它的极为重要的功能。很多事件只要说清楚了，多数受众对事件的性质以至真相，都可洞察、领悟出来，用不着画蛇添足地给它贴上意义的标签。但有些复杂的重大事件，它的意义、倾向隐蔽在事实背后，受众看不出来，短时间内也难以领悟，这就需要媒体在报道时表达对事实简要的阐释。新闻思维器对新闻事实的阐释不会低于人工的理解，这是基于客观报道和依赖全社会信息资源的结果。

第一，以受众的自我判断确定新闻的意义。新闻思维器利用设置的新闻模板在资料库中搜集数量较大的前五种对新闻事件的观点，把它们选择出来，在叙述事件后一一陈述，也可以边叙事边插入这些观点。新闻模板没有设置判断哪种意见正确或更正确。文本对事件五种观点的罗列，指出发出这些观点的是哪个媒体或那类人，让受众自己判断哪种观点符合实际和逻辑。

这种客观展示新闻意义的智能方式，最大的好处是在罗列对事件评价的同时，让受众看到民意状态。即哪种意见受到网民和政要的广泛赞成，赞成的人数有多少，是否达到民意的指标。在持续的若干天中，新闻思维器还可以跟踪新闻的发酵，及时反映对事件观点的不断变化，哪个观点最终受到绝大多数网民的支持。

第二，以意识形态立场揭示新闻的意义。新闻报道不是单纯写新闻的问题，而是为谁写、如何写、如何报道的问题。媒体要明确指出一些重大新闻事件的是非，让受众认识其利害，就不能用客观、中立、平衡的报道方式。新闻思维器同样可以选择能够用"什么立场、什么标准、什么模式"来看待事实。用不了多久，新闻思维器将有这种自我编程能力和判断力，能够鉴别不同的意识形态，也能识别对事件的不同反应究竟代表哪一部分人的利益。

这种新闻模板由不同意识形态的对比、社会等级的分类及其目标、不同社会制度的根本差别、各种国家治理方针的内容及效果作为庞大的信息支持。记者编辑建模报道内容和立场的关键词，新闻思维器就能对新闻事件作出意识形态分析。那些重视理想信念和政治斗争的媒体和新闻人，如果想要保持自己的特有立场和批判精神，就会向思维器注入自己的观念，让思维器在资源包中找到他们需要的事实，这类事实能不能满足他们立场的需要，还要看铁的事实是否支持他们的立场。新闻思维器绝不会篡改和扭曲新闻事件，不会对新闻事实产生偏见，因为机器总是有照实录制的机械性。即使对事实表达的意见出现某些差错，也只能是偶尔的技术故障所致，或者是思维器的程序遭到了黑客的攻击和篡改。

第三，以真相事实印证新闻的意义。新闻的意义产生于新闻事实本身，来自客观事实的真相与性质。重大事件的复杂性正在于现象常常掩盖本质，真相潜藏于事实的深处，虚假与真实的表象总是纠合、缠绕在一起，新闻的意义不容易被人们发现和认识。新闻思维器在包含大千世界的新闻资源包中挖掘一个事件的所有信息，在事件当事人和知情人提供的信息中筛选出真相事实，对其是非好坏善恶得出准确的结论，就是新闻的真正意义。**真相事实**反映事件和社会问题的性质，显示整个新闻事件的症候与趋向，体现出事件的固有联系。新闻思维器透过层层信息或动态分析，确定真相事实后，便以恰当、明快的语汇厘定新闻的倾向或价值，让受众理解新闻的意义，并获得最鲜明、最深刻的印象。

第五节　当代新闻媒介观的变革

新闻媒介是新闻传播过程中传播者与受传者的中介物，由印刷复制发展到电力数字形态,经历了500多年。拥有20%受众的报纸、广播电视出现后,产生了大众传播媒介,网络成为超级大众传媒后,带来一系列新闻媒介观的变革。遵循媒介演变的法则,科学认识新闻媒介的运作规律,形成当代的**新闻媒介观**。为新闻媒介的现代化创造精神和物质条件,是媒介观进一步变革的重要目标。

一、重视、遵循媒介的进化规律

今天,应当如何变革媒介,发展和健全媒介?必须有全新的认识。新闻媒介的发展史证实,一旦更先进的媒介出现,由于社会需求逐渐减少,旧的媒介就会失去众多使用者,最后不是自身发生变化、改变原来的形态,就是走进历史博物馆。从原始新闻的结绳记事、烽火击鼓,到草纸泥版和纸张的手抄新闻,由于实物介质传播空间的有限,都逐一消失在历史的尘埃中。传播空间广阔的媒介势必代替传播空间较小的媒介,是媒介演变的首要规律。

媒介都有发生、发展和消亡的历史,挪威媒体顾问伊瑞克·维尔博格(Erik Wilberg)认为,像任何产品一样,报纸也有其特定的"生命周期",即发育期(Development)、成长期(Growth)、震荡期(Shakeouty)、成熟期(Maturity)和衰落期(Decline)。欧洲报纸,特别是北欧报纸目前处于这个周期的第四阶段末期和第五阶段初期。英国的罗伯特·皮卡德(Robert Picard)教授也把西方报纸的生命周期划分为四个阶段:15世纪以前是"引入期"(Introduction),15世纪初至19世纪末为迅速增长的"成长期"(Growth),20世纪是平稳的"成熟期"(Maturity),进入21世纪以后处于缓慢下滑的"衰落期"(Decline)。一种媒介的消亡,要看更先进的媒介是否普及,还要看社会对它是否有特殊的需要。

就目前的趋势看,报纸不是在消亡,而是同广播电视一样都融入网络。在网络上可以读报纸、听广播、看电视,人类纷纷涌入新思想的聚集地。从舆论生态上看,新兴媒体注重用户体验,满足多样化、个性化的信息需求,大量社会热点迅速生成、发酵、扩散,改变了传统媒体受众被动的接受方式,称雄300多年的报纸优势受到冲击。媒介的信息量、信息形式的丰富性和人性化,决定媒介的生命力,媒介演变的这一根本规律不断改变媒介生态的格局。

坚持以互联网技术为支撑、内容建设为根本,报纸上的新闻搬到网上,报社就可能转化为新型的主流媒体。但这不意味网络拯救了报纸,而是报纸融入网络产生了生命力。21世纪报纸的寿命很难断定有多长,当报纸赖以生存的读者人数少到不足以吸引支付成本的广告收入，其他资金支持又被“断奶”，报纸的致命危机才会出现。如果这时报社全面进入智能网络，高成本的纸张印刷和庞大的邮发系统被云计算网络所替代，办报人就只能依赖网络而生存。

智能网络的飞速发展推动互联网走向**云计算技术**，在短时间内高速整合信息，“云”将成为个人或家庭智能生活的数字交互中枢。这时，电脑成为一块块大小不同的屏幕，有微小的固定或移动设备相搭配，随时发出或接收信息。全能电脑可以代替人类的思维，用于创作和设计，按照使用者的想法写文章、分析新闻的真伪是非，也可以按使用者的指令看到世界任何地方刚刚发生的事件和背景，甚至制做逼真的虚拟图像。这种智能网络媒介是一切传统媒体的归宿，是印刷新闻不可抗拒的未来。凡是被最新信息技术武装起来的媒介，最终要战胜技术落后的媒介，成为信息传播的霸主，媒介演变的这一基本规律始终发挥决定性作用。

二、新闻媒介应成为公共意识形态机构

过去，人们把新闻媒介简单地视为信息或舆论工具，对新闻媒介的了解停留在外在层面。新闻媒介在新闻传播和社会教化中，确实承担交流信息、表达和反映舆论的使命，但它的更重要、更隐蔽的属性与作用往往被人们忽略。

新闻媒介是特殊的意识形态机构，作为其本质属性，是以披露新鲜、重要的事实，揭示客观世界真相和规律为使命的。新闻媒介全面反映人们的日常生活，对社会重要现象作出解释，不断促进某种思想对社会的影响。新闻媒介最贴近政治，反映政治事件的频率和效率最高，一切集团都利用它传播自己的主张以影响公众。新闻媒介对重大事件的报道总是带有操纵公众意识的动机，经常提出某种自认为正确的思想，试图把大众凝聚在自己的旗帜下，这就构成上层建筑中最活跃的思想的组织者和引导者，不断向公众推销某种观念。

新闻媒介每天大量地向公众披露各种事件，有好事也有坏事，对发生在各国或不同阶层的事件都有客观报道。表面上看，它是中立的信息工具，对各种舆论都有反映。它不分阶级、阶层和群体，向全社会提供同样的新闻，让一切人知道外界的变化，充当整个社会的感觉器官。人们从众多媒介的报道中知道公共生活的动向，了解公众面对的共同问题，借此参与社会的公共管理。在这种意义上，它又是社会全体成员交流看法、共同认知世界的渠道与讲坛，具有公共性，成为社会的公共领域。

不言而喻，新闻媒介报道和讨论的大都是公共问题，私人问题往往被拒之门外。

任何集团专有的媒体,都不能拒绝媒介的公共性,如果失去它,就会失去各阶层民众的受阅和支持。作为全社会的公共用品,社会公器是现代媒体必不可少的属性,但不是它唯一、主要的属性。

一家赞成公共性、竭力充当公众喉舌和维护公共利益的媒体,必然高举公共意识形态的旗帜,反对只为某个阶层和小集团服务的宗旨。公共媒体坚持的这种意识形态正是公共领域的本色,使它始终坚守为人民大众服务的方向。但是,大量以公共媒介自称的媒体所标榜的公共利益,往往是虚假的,在发出公共声音的背后总是隐藏着自我利益。可见,不管哪个国家、哪种类型的新闻媒体,不可能放弃意识形态目标,关键看它奉行的是什么样的意识形态。

三、媒体影响力来自传播力

影响力是新闻媒体吸引受众的一种力量,表现为左右受众思想的效能。**媒介影响力**包括两个要素:一是它能吸引受众的注意力,是受众喜爱接触的媒体;二是受众认同媒体的观点,同媒体的立场相呼应,媒体的意见常常改变受众的看法。一家新闻媒体在以上两方面处于突出地位,表明它具有明显的影响力,如果处于领先地位,则是一家影响力最大的媒体。

媒体有无影响力,通过测定才能得出结论,根据测定数据的多少确定影响力的大小。依仗自我定性和臆断,无法对媒体影响力做出肯定或否定,因为影响力是同受众数量紧密相连的。在一个有多家媒体的城市和地区,调查问卷的综合得分在30%左右,就是一家有影响力的媒体,综合得分在50%以上,则是一家有极大影响力的媒体。

媒体影响力的大小取决于媒介的传播力。**媒体传播力**是指媒体的实力及搜集信息、报道新闻、对社会产生影响的能力,[①]包括媒体的思想倾向、新闻政策、媒体的技术手段、记者素质、信息量、新闻覆盖率及传播效果表现出的综合指标。传播效果是媒体传播力大小的根本标志。

传播力首先是由媒介技术的先进性和效率决定的,任何新兴技术的应用,都使媒体产生新的传播力。造纸术和印刷术的发明,出现了报纸的复制传播力;无线电技术催生了广播和电视的超时空的视听传播力;计算机和网络技术的应用,出现了多向互动、多链接、大容量的全球媒体传播力。

---

① 参见刘建明.当代新闻学原理[M].北京:清华大学出版社,2003:37.

传播力在本质上是一种思想征服力。媒体传播内容的真实准确、立场公正，对事件作出及时、深刻的分析，构成媒体传播力的根本要素。媒体不断发出正义的召唤，具有激活受众感官和思想的能量，就能产生巨大的传播力。具有同样传播技术和硬件设施的媒体，如果传播内容没有鲜活、正确的思想，不能吸引、感化和震撼受众，覆盖率也不可能广泛，很难说它有什么传播力。

媒体主持正义，勇于反映民众的心声，从不亵渎和污染人类的精神领地，必然赢得民心，传播内容也就深入人心。正义性媒体总是站在人民的立场，指点善恶是非，就有一种无形的力量。正如陆定一说："有两种报纸，一种是人民大众的报纸，告诉人民以真实的消息，启发人民民主的思想，叫人民聪明起来。另一种是新专制主义者的报纸，告诉人民以谣言，闭塞人民的思想，使人民变得愚蠢。"①

在新媒体时代，媒体传播力表现为对内报道能够释疑解惑，疑心聚力；对外报道善于沟通中外文化和观念，获得中外民众的广泛认同。这种无国界的新闻传播力，要求媒介紧跟时代、放眼全球，以国际化思维赢得国内外受众。中国不缺好故事，缺的是如何讲好中国故事。

四、公信力是媒体的灵魂

公信力是衡量新闻媒体是否博得受众信赖、享有高度社会信誉的标志，建立在受众对媒体信用的基础上。媒体同政府和其他社会服务机构一样，必须表现出诚信，取得民众的高度信任。构成媒介公信力的因素包括：一是敢于说真话、忠于事实，是非分明，成为人民心中的教员和导引者。二是广大受众十分信任媒体，遇到疑虑和迷惑问题，就到信赖的媒体上找答案；自身利益受到损害，立即向媒体反映，认为媒体能为他们伸张正义。三是具有公信力的媒体都处于主流地位，是社会主流舆论的代表者，经常发表民众的言论和意见。

公信力是由公众赋予的，凝聚了广大公众的遵从心理，记者对公众的责任感和服务精神支撑媒体的良性运作。对主流媒体而言，没有公信力，就没有灵魂，也就没有主流地位。**主流媒体**以新闻的可靠性和受众的信任感引领社会潮流，成为社会主流舆论的反映者与代表者。缺少公信力的媒体，受众对它的报道不闻不问，对其言论无动于衷，根本无法引导大众的信念和社会思潮。

---

①　陆定一. 人民的报纸[N]. 新华日报，1946-01-11.

公信力和传播力不同,它来自公众对媒体的信任与追求,它的潜质是外在的,是由受众的信赖结出的硕果。公信力对于影响力而言,只是影响力产生的条件,不是影响力本身。影响力是指媒体对公众的吸引力,它培植了媒体的公信力,但不等于媒体的一切新闻和评论都能产生公信力。反之,没有公信力的媒体,即使真实而独家报道了重大新闻或发表了正确的评论,也不会在公众中产生影响。媒体的报道没有是非立场,经常人云亦云,看来头、看风向、顺风倒,就没有灵魂,无法得到人民的信赖。

记者道德败坏,徇私枉法,是对媒体公信力的无情践踏。2012年揭露出来的英国《世界新闻报》与天空电视台窃听事件和BBC主持人萨维尔的性丑闻事件,引起英国民众的愤怒谴责,使这三家媒体在世界公众面前威信扫地、狼狈不堪,彻底毁灭了自己的公信力。记者的良好品质和作风,不贪腐、不畏恶,敢于揭发社会丑陋现象,能够极大提高媒体的公信力。主流媒体具有公信力,在反映和引导社会舆论中发挥主导作用,既是衡量媒体影响力的尺度,也是媒介提高市场竞争力的重要砝码。

练习与思考

1. 论述手抄新闻、现代报纸、广播电视和网络产生的历史条件。
2. 论述现代报纸的特征和重大作用。
3. 论述报纸、广播电视和新闻期刊的各自优势和劣势。
4. 论述媒体融合的含义和意义。
5. 新闻人应有哪些当代媒介观,主要内容是什么?

第二章　新闻的构成与内涵

什么是新闻？它是如何构成的？新闻学的这些基本问题一直众说纷纭。过去人们对新闻构成的分析，仅仅拘泥于六要素，实际上，新闻是由事实的若干事象组成的，展露出社会的多种动态。通过新闻文本中众多事象与事实的组合，受众把握新闻内容的整体联系，认识复杂的现实生活才有可能。

第一节　新闻事实与新闻要素

新闻是由事实构成的，事实又可分解为多种元素，这些元素是新闻最小的部分。它们从微观到宏观，相互连接、穿插并相互作用，显露出事件的变动过程，构成**新闻的实体**。人们认识新闻必须通过它的实体，即从认识事实的多种成分及其联系中，才能把握新闻的要素与结构。

一、新闻的微观结构

今天，新闻的格式不再单一化，多种框架的报道在媒体上经常出现，概述、叙事、访谈、事件阐释或自述型的新闻常与受众见面。一条标准的新闻，总是从提出梗概的事实到叙述细节，逐渐展示一则完整的事件。非标准新闻则不同，没有导语、没有本报讯或电头之类的行头，甚至连事件发生的原因也不交代。不管新闻的构成方式如何，都包括对事实若干成分的展示，其中事象、事态、事因与事理几个元素，形成新闻事实的微观结构。

事象是构成新闻事实的最小元素之一，呈现出事实某个侧面或细节，具有时空性、运动性和可感性。例如，“2015 年 12 月 31 日下午，当 62 岁的湖南人李作成从中央军委主席习近平手中接过军旗时,他的身份已从成都军区司令员变为陆军司令员”。①作为一条人物消息的开头,这个事象给读者留下的印象深刻,并带有几分悬念:他如何成为陆军司令员的? 多数新闻都由若干事象构成一个完整的事实,再以情节相连的事体展现出一个事件。事象是在每个最小时间单位出现的事实迹象,能被记者目睹和描述,借助文字、图像或有声语言进入人们的视觉或听觉。

事象都有明确的时空,再现事实的某个片段,记者把它们选择出来组构新闻。而事象演变的机制和归宿则构成**事理**,揭示出事实变化的某些因果关系。每条新闻都由很多事象促成事件的变动,变动的根据则称为**事因**,成为新闻事理成立的根据。例如:“1998年之后的10年,李作成一直在正军级‘原地踏步’,曾有人透露,李作成遭遇‘瓶颈’的重要原因,是一身正气,不搞‘歪门邪道’。”②记者用简单的陈述揭示出李作成“原地踏步”的事因和事理,使受众对新闻事实获得一种规律性认识。

若干事象由关键性话语勾勒出**事态**,展现出鲜明的景象、动态,使新闻富有动感。任何事件都不是无缘无故的单一因素,而是事实的因果变动及其细小成分的组合,由此构成新闻的内在联系。由新闻的事象、事因、事理及其事态的互联相济、交叉绵延,呈现出新闻事件的发展过程及其动力。

在一个事件中,若干事象一环紧扣一环,由人推动事实向前发展,成为一切新闻事件变动的形式。作为客观存在的自然和社会现象,**事实**都是由若干事象、事因、事理和事态所构成,经久不息地出现、演变和消亡。在文字新闻中,精明的记者常常把一两个事象、事因或事理独设一段,用精粹、简洁的语言勾勒出跌宕起伏的事态。(见本章“练习与思考”第5题例文)在若干事实总和中,往往集结多个相互保持波澜起伏关系的事态,给新闻叙事注入生机。维特根斯坦说,世界的本来面目是事实的总和,而不是事物的总和,即事物必然处于事实的相互联系中。“发生的事情,即事实,就是诸事态的存在。”③任何新闻,都呈现出事态依次演变的链条,在多个事实中先后呈现出事因和事理。

二、新闻的六要素及其组合

自然界是物质的,而社会则是由事实构成的,每时每刻都与人发生联系。事实作

---

① 见本章“练习与思考”第5题例文。
② 见本章“练习与思考”第5题例文。
③ 参见维特根斯坦.逻辑哲学论[M].北京:商务印书馆,1996:25.

为声息连绵的现象环，表现为事态或急或缓、或明或暗的不断延续。对新闻报道而言，被记者选择和陈述的客观现象，统称为**新闻事实**。它是真实可信、可视可闻的事件变动，有发生的时间地点，告诉人们出现了什么事，为什么会出现。构成新闻事实的这些要件和存在的根据，称为**新闻要素**，按传统理论，分为何事、何人、何时、何地和为何五要素。有的学者还增加"怎么样"这个要素，但可把它归于"何事"这个要素，因为它说明的是事实的状态和结果，自然包含在"何事"之中。

具备五要素是新闻成立的基础，但若没有人证实它的存在，它便成为"无头告示"，很可能是一桩被人编造的事件。因而新闻还有一个关键要素，即新闻由"何人证实"这个第六要素，又称新闻见证者要素，可用英文 Who Confirmed 表示。新闻大都是他人对事件的描述，其中包括记者的亲眼所见，从这种意义上说，新闻不是发生了什么，而是某人说发生了什么或某人说将要发生什么。记者亲临现场、亲眼目睹的事件是很少的，大量新闻都是事后采访得到的，新闻必须说明事实来自何人的叙述，以确证新闻内容是实际发生的，这就要在新闻中有"据某某说""某某人士向记者透露……""目击者告诉记者""本台记者现场报道"等这个要素。这是一切事件新闻不可缺少的。没有指出新闻来自何人，它的可信度就会大打折扣，也是不完整的新闻。①

何事、何人、何时、何地、为何、何人证实这六要素，是新闻宏观结构的基本部件，使新闻给受众留下完整的印象。实际上，新闻都以若干类型的事实作为材料，以六要素作为脉络，表明事件变化的进程，揭示出事件的发展动力和因果关系。如果没有记者主观上的努力，新闻中的任何要素都可能在文本中单调、离散地堆砌在一起，难以成为有机的真实报道。

三、新闻事实的类型

在新闻采访和报道中，记者面对的事实可分为不同类别，有陈旧事实与新鲜事实、短促事实与延续性事实、硬事实与软事实、偶然事实与趋势性事实之分。在自然界和人类社会，每时每刻都产生层出不穷的各类事实，它们是新闻取之不尽的原料。不同类型的事实对新闻的作用不同，记者的采用率也不同。

---

① 参见刘建明. 新闻的第七要素与新闻见证者[J]. 新闻爱好者，2016(11)。此文把新闻见证者要素同新闻源作了区别，本书省略了这部分内容。

(一)陈旧事实与新鲜事实

陈旧事实是受众熟悉的一些事象,许多人根据对它们的体验,知道它们发生的时空和具体情形。比如冬天一到,人们知道北方要下雪,下雪就是年复一年被人们了解的陈旧事实。陈旧事实由于没有任何新意,单独无法构成新闻。但有些陈旧事实却成为新鲜事实的前提和铺垫,作为事件进程中不可缺少的部分,也常常出现在新闻中。这是由于某些陈旧事实构成新鲜事实的源头或背景,记者不得不把它写进去。有的陈旧事实奇异、惊人,和新鲜事实对比,能增强认识新鲜事实的深度。比如有关汶川大地震的新闻就提到30多年前的唐山大地震的事实。还有的陈旧事实成为发现和解释新鲜事实的线索和根据,把它同新鲜事实同时写进新闻,让受众知道新鲜事实出现的原因。以上这类陈旧事实,同新闻事实发生了联系,产生了某种新闻性。

一切陈旧事实都没有新闻价值的观点是不对的,关键是陈旧事实不能单独构成新闻,没有一条新闻只是报道陈旧事实的。陈旧事实作为社会历史轨迹,可能构成新事件的缘起,表明新闻的来龙去脉,作为新闻的辅助原料常被记者插入新闻中。

新鲜事实是指广大公众从未见过、听说过的事实,具有"未知性"。新鲜事实同陈旧事实相比,是稀少的、罕见的,记者到处寻觅或辨别才能发现。越是有冲突的地方、变化较多的地方、人们议论纷纷的地方,越容易在那里发现新鲜事实。重要的新鲜事实都有新闻价值,吸引广大受众关注,作为新闻报道的宝贵材料源源不断地出现于媒体,进入人们的视野。

新鲜事实是社会发展的新景象、新变动,因为刚刚出现而显露出生机,向人们发出新的召唤。新闻之所以要报道新鲜事实,是为了再现社会的新颖状态,让受众感悟环境的变动。受众之所以喜欢最新锐的新闻,是想了解新生活的事态。一个社会一旦停滞不前,涌现的新鲜事实就会稀少。一个朝气蓬勃、不断进步的社会,大量出现人们创造新生活的事实,轰动性新闻就要接连不断出现。新闻是现实世界的写照,新鲜事实的繁盛可以印证社会的生机勃勃。

(二)短促性事实与延续性事实

短促性事实是指一个在极短时间内发生和不再发展的事件,线索单一,孤立独处,和其他事件没有明显的联系。短促事实有昙花一现、稍纵即逝的特点。大量新闻都是对短促事件的报道,是每天发生的事情,或者是媒体推出的当日或前一两天出现的事件，延续几小时就可能结束新闻的生命。与短促事实相反，有些事件一旦发生，能延续几天甚至更长时间，称作**延续性事实**。对这类事实多用大容量、长篇幅新闻或连续性新闻进行报道，让受众知晓事件发展的过程。延续性事实有多空间转换的特点，众多事象发生在不同地方，只有当新闻事象的踪迹最后消失在矛盾的终结之处，新闻的持续过程才算了结。这类事件如果出现曲折，每个引人注目的拐点都会产生新闻。

在许多记者眼里，新闻仅限于当天或最近发生的短促事件，但实际上，多数当天发生的事实只是萌芽，要判断它是否发展，除了需要识别这一事实有没有进一步延续的动力，还要观察事件的全面动向，注意它可能向哪个方向发展。2015 年 11 月 24 日土耳其空军在叙利亚边界击落俄罗斯战机，报道这个突发的短促事件，引爆了各国媒体。这一事件继续发酵，俄土都亮出杀手锏，出现了此起彼伏的连续性新闻。媒体上短促事实和延续性事实的报道总是交互的，长新闻和短新闻、要闻和简明新闻有机地构成每天的新闻议程，展现出社会生活的全貌或变动。

（三）硬事实与软事实

在许多新闻中，还有硬事实和软事实把新闻的“主干”和“枝叶”完美地组合起来，使新闻的脉络丰满而清晰。这两种事实在新闻中出现，呈现出具体与含蓄、真切与模糊、可把握性和游移不定的色彩。三种对立事态的有机结合，使新闻不仅具有更丰富的意义，而且有深刻的感染力。硬事实和软事实在新闻中的交叉运用，再现了社会生活的色彩，让受众感受到社会的律动和气氛。

硬事实指新闻中时空界限清晰、不能任意改变的事实，也称固态事实。包括新闻事件中的人物、地点、时间、数据、服饰样式、色彩、事件经过等，是搭建新闻框架的基本材料。作为新闻中刚性的事态，硬事实的时空概念及事实要素没有弹性，必须精确无误。社会事件和社会发展都通过硬事实体现出来，呈现出社会的纠结、冲突和运动。正是硬事实让受众触摸到社会的物理性，对社会动向看得更清晰，更有把握感。

硬事实不具备混沌模糊形式，不同媒体的记者对其进行报道时，都用大体相同的词句表达。如“昨天下午 3 时，在人民大会堂举行了中国作家协会全委会第一次全体会议”这一事实，多家媒体的记者都是这样报道的，没有任何词句的改变。记者报道硬事实容易做到准确，甚至达到相当高的精确度。社会事件都有可视可闻的场所和人物行为，呈现出物质运动的具体形式，记者运用大量硬事实，成为社会事务的忠实反映者。

软事实是新闻中难以确定具体时空界限、表达情态或意态的事实。**情态事实**是指事实中人物声息动态的细节,通常表现为现场气氛和人们的情感、表情。**意态事实**是新闻中的议论,对事实的性质、意义和作用作出的揭示,表现为记者对事实的评价。软事实仍然是客观事实,不允许记者主观杜撰,只不过记者可用不同词句描述它。这是因为软事实较为模糊、含蓄,可以多写,也可少写,在记者的笔下有多面性。

只要记者忠于事实,可用不同的风格再现软事实。像新闻中"大会主席听到发言人的这些话,不仅多次露出笑容,而且连连点头表示赞成"这一软事实,换一位记者完全可以这样写:"发言人的话语使大会主席连连微笑,对他的意见多次点头表示肯定。"这两种说法都是真实的,但又是不同的,都对软事实做了多姿多彩、生动形象的描写。

一篇新闻可以没有软事实,但不可缺少硬事实。只有软事实或以软事实为主的"新闻",只能是散文,而不是新闻,业界又把它称为"软文"。把软事实娴熟地嵌入硬事实中的新闻,才是一篇栩栩如生的报道,是穿插文学形式的新闻。

(四)一般事实与趋势性事实

一般事实是指自然界和人类社会大量存在的、每时每刻发生的、处于自然状态的事实,大多具有雷同性,它们的发生不能说明事物的规律性。一般事实大量重复出现,以类似的形式不断衍生,不会引起人们的注意,因此它们大都被扬弃在新闻之外。例如每年多次出现的矿难,某个城市不断发生的交通事故,等等。这些一般事件不是陈旧事实,不是过去发生的事件,每次出现都有新的情节和结果,但它们大量的出现并非常相似,往往被排除在媒介的视野之外,只有事实重要或情节、后果严重,媒体才会报道。

社会和自然界还出现大量能显露出某种必然性,表明事物发展方向的事件,称为**趋势性事实**。趋势性事实往往被突出报道,说明人类面临的重要问题,提高人们对世界规律的认识。趋势性事实经历相当长的过程,由许多相关的环节和阶段组成,在某个环节发生的显赫事变,构成报道的由头。

报道趋势性事件,要展示事物发展的起点和未来,再现客观事物的某种前途。中国始自 1978 年的改革开放是个跨世纪的大事件,媒体对无数社会变革事实的报道,都显示了中国当代改革的趋势。趋势性事实具有集合性,在一次趋势性事件之后,会产生一连串的新事件,这些独立而实际相关的后续事实展示出社会演变的方向或结局。媒体在每天所刊载的新闻中,都有些趋势性事件告诉人们整个世界的走向和结果,今天的新闻就是明天的历史。

新闻由上述不同类型的事实构成，每一类事实在新闻中处于不同的地位，呈现出不同的生活风貌。记者选择不同类型的事实对人类生活进行真实写照，再现客观环境的生生息息，人类才有可能全面认识丰富多彩的世界。

第二节　新闻的内涵与范式

新闻的构成显示，媒介对世界多种类型事实的报道，需要记者以精密的观察把握世界动态。今天的大多数人认为，新闻非常简单，不过是一种情况的通报，远不是蕴含科学法则的意识活动。这一方面由于大量新闻报道都很随意，另一方面由于没有足够的知识和原理阐释新闻报道的科学性，使人们对新闻的认识极其肤浅。科学地归纳新闻的定义，准确地揭示新闻概念的内涵，是人们正确认识新闻的第一步。

一、新闻定义的自身逻辑

"新闻"这个概念，民众的熟知率最高，即使村夫野老对它的含义也不存在疑问。可是中外新闻学界对它的界定却远离常识，几乎所有定义都有懈可击。如果说，新闻是"对新近发生的事实的报道"，那么没有报道的新闻就不是新闻，显然这是违反科学的。在编辑部里，由记者写出或制作的新闻文本被扣押而没有报道，是常有的现象。新闻发布会上刚刚发布的新闻，媒体还没有报道，能说它不是新闻吗？这些实例都推翻了上述定义的逻辑。

新闻定义揭示新闻的内涵，而新闻的内涵和报道无关，事实被写成或制作成新闻文本后可能报道，也可能由于某种原因不报道。新闻立于其成立的基础上，而不是立于报道的前提下，何况许多媒体经常报道的并不是新闻。

记者对事实做出判断，辨别哪些事实是受众需要知道的，以陈述的方式完成新闻建构，然后才有报道的发生。所以，新闻定义的关键在于，记者陈述了新近发生的、受众感兴趣的、有意义的事实，而不是报道了这类事实。记者的陈述既可以用文字，也可以用声音或图像，并将其形成文本。有了记者陈述的文本，就可以把一则新闻拿给编辑部内外的人们看，新闻就成立了。所以，新闻定义的逻辑首先立足于文本的形成，而不是立足于媒体的报道。这样，对新闻定义作出如下概括是符合新闻自身逻辑的：**新闻是对新近或正在发生发现的、公众需要知悉的事实的陈述**。

这一定义沿着事实、时间、公众欲知与记者陈述的逻辑，揭示出新闻的自在性和转述性,使人们对新闻获得全面的认识。新闻定义只能解决认识新闻含义的问题,为揭示新闻的性质提供基础,并不回答新闻报道和传播问题。

上述新闻定义包含了新闻内涵的四个要点:一是新闻要满足公众知晓未知事件的需要,对公众有认知意义;二是新闻是由事实构成的,事实是新闻的实体;三是新闻事实有时间性,是新近或正在发生或发现的事实;四是新闻是记者或其他见证者对事实的陈述,事实没有被人转告,只能是事实,而不是新闻。具备上述前三个要点,就可认定某个事实具有新闻性,就能将其加工成一条新闻。

今天,大量网络新闻处于“正在发生”的瞬间,事实的“知悉性”由网民自己确定,许多事件已由网民而不是由专职记者来陈述。网上每条新闻的输入者进行“陈述”,才能谈得上报道,这种陈述是不是新闻,网民个人的判断已经不足为凭。实际上,网民个人陈述的事实在网上报道出来,大量不是新闻,所以不能以报道来判断新闻是否成立。

二、新闻叙事的基本形式

新闻不是理论形式,也不倚重形象描写,而是以陈述手段对世界图式的再现。我们把新闻的形式归结为一种图式,它以一幅幅画面再现外部世界,让人们感受外部世界的动感。正如李普曼所说,新闻是“世界图像”①。“只有新闻,才能以源源不断的真实图像再现整个世界的面貌与变化”②。

图式是记者再现世界的普遍手段,是新闻文本叙事的基本形式,呈现出画面组合的效果。几乎所有新闻媒体都用叙事方法反映生活,在叙事中插入简单的描写和阐释,导引人们把握世界。每条新闻提供的事件影像,让人看到世界的一角、一个浪花、一场冲突,对世界获得体验和知识。

新闻图式借助语言或图像展示事件,赋予新闻一种画面感,使外部世界历历在目。这种叙事图式一般由事件的场景、冲突、结局和尾声构成,以连续的场景展示事件的发生和延续。就文字新闻而言,间断地描述事件场面,以生动、简约的话语把几个重要细节安排在显著位置上,使事件的主要画面有机地衔接起来,形成新闻的图式外观。当新闻通过摄像机镜头呈现时,具有比文字新闻更加图式化的优势,完全是一幅幅图景的延伸。影像新闻拥有很多形态:图像能够分散地聚焦个体,再现背景,展现辽阔无垠

① 李普曼.舆论学[M].北京:华夏出版社,1989:2.
② 刘建明.宏观新闻学[M].北京:中国人民大学出版社,1991:45.

的风光，插入特写镜头。借助摄像机的角度、光线和焦距的表现力，把真实生活的画面围绕新闻主题再现出来，在观众的脑海里打上深刻的烙印。一切影像新闻的图式都服务于新闻主题的揭示，是人们联系世界的“认知图”。

新闻的图式结构尤其适用于事件性新闻，适用范围几乎覆盖整个报道领域。对经验新闻、会议新闻、简明的数字新闻（又称精确新闻），图式结构似乎格格不入，但这类新闻只要有对事实的描述，图式的影子就会闪现出来。如果媒体报道的不是具体事件，而是泛泛而论的工作总结、情况介绍、政府号召、政策落实，缺少对具体事实的描述，就不会形成图式结构，这类报道的新闻性也就显著降低。

在移动化、碎片化的新闻阅读中，视觉化的传播内容越来越有吸引力，一图胜千言，是可视化新闻的一大亮点。许多原本需要大量文字表达的复杂事实和观点，通过“一张图看清”的方式，能达到简洁、清晰的传播效果。

三、新闻图式与新闻范式

表达新闻图式的规则，称为**新闻范式**。新闻范式成为记者界定新闻内容、控制报道框架的一种方式，借助特有的规则，反映出客体的真实图景。人们正是通过媒体上一条条连续展现世界的“画廊”，看清客观世界的面貌，体验社会生活的路径。

新闻图式并非只是给受众呈现一幅幅图画，而是让受众通过新闻看到一个感性的世界。这要从两个维度把握事件的图式：一是选择代表生活环境特征的事实，勾勒出人们的具体处境，让受众对环境获得感性认识；二是再现人们对环境状况产生的情绪，包括乐观、沮丧与抵抗情绪，再现人们对社会问题的态度和心理活动。

记者把新闻叙事中的所有事象看作一个个构图，使其同整个事件的完整画面大体吻合，以此组构生活以至组构世界的新闻范式，体现出事象思维与抽象思维的统一。电视新闻最能说明新闻图式这一范式。所有电视新闻的每一帧画面都是一个构图，选择、剪裁几十帧画面，把它们有机组合起来，一条电视新闻就完成了对事件的再现。究竟选择和穿插哪个画面，总是受到记者对事件发展逻辑判断的支配。这种图式构造，具有大小不等的空间和时间跨度，新闻的时间被压缩，空间被紧缩，内容也就被浓缩，整个世界的大量重要事件才能在有限的时间内进入人们的视野。受众在每条新闻中得到的虽是零星的生活片断，但这些片断的不断积累，在他们的头脑里拼成一幅完整的世界画面。新闻的这种图式化，是记者再现世界的主要思维方式，最终转化为受众对世界的透视和认知。

第三节 新闻的意蕴、意义与框架

新闻既是记者对事实的陈述,又是对事实意味的追寻,因为大多数新闻事实负载一定的意义。鲁迅在《花边文学·安贫乐道法》一文中说:"事实是毫无情面的东西,它能将空言打得粉碎。"事实的毫无情面就是一种意蕴,它能确认真理,有时还能粉碎谎言。人们之所以对同一个事实有不同的感受,是因为事实本身带有客观意旨,对人产生不同的感官和思维刺激。记者报道新闻大都是在寻求新闻事实的意蕴,指出或暗示这种意蕴对受众的影响。

一、新闻事实的意蕴与呈现

新闻的意蕴是指新闻事实所蕴涵的意向,包括事实的重要程度、事实的是非、事实的利害、事实的新奇程度等,以及由此对受众产生的思想与心理上的引导。逻辑实证主义把事实看作是价值中立的,认为在变动不居的世界中唯一不变的是客观事实,因为它们能脱离人的意念而客观存在。的确,万事万物一旦与人无缘,既不重要也无利害关系可言,确实具有价值中立的本性。

但这里要说的是新闻事实,它们与人都有特定的关系,何况它们是被记者选择并加以陈述的事实,无疑被注入了某种"意义观察"。这样,新闻事实对受众就有了某些意蕴,受众对它无论如何不会无动于衷,把它当做"中立"的东西来对待。新闻事实"中性说"的理论偏失,不是把新闻事实与一般事实混为一谈,就是忽略了新闻事实与人们的固有关系。当把客观事实与人联系起来时,大量事实都显露出同人的相关性,最普遍的关系就是它对人们是否有好处,它的是非符合哪些人的观念,人们是关注它还是毫不理睬它。记者正是用这些尺度来观察和选择事实,把它确定为新闻事实。**新闻事实**一方面具有事实的属性,是有根有据的东西;另一方面又是记者对事件意蕴的判断与再现,能够引发受众的思考与感悟。

世界上多数记者感知的同一个事件,对其意蕴的看法大体一致,如果他们报道得不一致,往往是受媒体制度支配的结果。2015年,世界各国的记者对猖獗一时的"伊斯兰国"极端势力都做了谴责性报道,认为极端组织是人类的共同敌人。除了恐怖组织和恐怖分子外,没有人否认这一新闻事实的上述意蕴。记者的知觉不仅是对事实的判断,而且也是一种评价,表现为对事件与人类关系的陈述。所以,新闻事实的意蕴存在于客观事实之中，是通过记者的观察和认识来呈现的。

如果记者、媒体在观察和理解事实时，从自己的利益和信念出发，不考虑事实同广大公众的实际关系，把对绝大多数人有害的事实看作好事来认识，就是用自我观念代替了事实的客观意蕴。显然，事实的意蕴能被客观地呈现出来，要依赖记者的周密采访与诚实态度。事实的意蕴如果被记者歪曲，把事实的某些因素放大或缩小，就不再是对事实意蕴的真实反映。

二、新闻事实的多种意蕴

重要新闻事实都隐含意蕴，显露出新闻的意义。意蕴暗含在事实中，由人们的推断、联想而察觉，而**新闻的意义**则是外露的，由记者的陈述点化出来，能被受众直接感受到，启发受众思考。新闻的意蕴和意义都是多维的，甚至是多重的，在一条消息中可能透露出多种意义。新闻事实的**重要性**、**反常性**、**角度**、**优劣属性**，都令受众牵肠挂肚或触物生情，构成新闻事实的四种意蕴。

(一)新闻事实的重要性

重要性是新闻事实的首要意蕴，通常指意义重大、影响深远，引起全社会的关注和议论，业界常把这样的事件称为**重大新闻**。重要事件一出现，立刻引起媒体的注意，随即召集选题会议，指派记者投入采访与写作。事实重要与否，表现为事实的分量，也产生于与其他事实的比较之中，记者基于报道经验对其形成敏锐的认识。

媒体长期积累了对事实重要性的经验，归纳出某些标准，这就是:引人注目的政治事件、经济事件，涉及绝大多数人利益的事务，以及反映人们伦理道德和社会风尚的社会事务;有关工作得失、重大科技成果、严重的自然灾害、危害社会的各种弊端和犯罪行为、大型的文体活动和其他社会活动，等等。凡重要的新闻事件，都能引起人们感官或心理的强烈反应，在人们的记忆中留下深刻的印记。

新闻事实的重要性来自事实本身，具有宣示力和影响力，必然牵动人心，引起受众和媒体的重视。凡影响社会发展进程的事件，都有重要性的品位，给人一种震撼力。记者确定新闻的重要程度，要权衡事实是否和政治生活、经济生活、国家民族利益、社会精神道德与国际形势有关。一个事件在一个地区、一个省以至在全国和全世界引起轰动，是有重要性广度的事实;一个事件在人们的内心产生联想、启迪、鼓舞、恐慌、愤怒或抗议，是有重要性深度的事实。受众对重要事实有很强的敏锐性，其广度和深度不同,给受众印象的深刻程度也不一样。

(二)新闻事实的反常性

反常性是指新闻事实有超乎寻常、稀奇古怪、前所未闻、突如其来等意味,引起人们的惊奇或恐惧。“一位母亲杀死五个儿女”“龙卷风把人抛上 120 米高空落地而生还”“矿难中一矿工在井下存活 25 天而生还”……这些新闻事实奇中有怪,怪中有奇,令人眼花缭乱。事实本身的奇特、惊骇或诡异刺激受众的神经,让受众产生强烈的新闻欲。

追求奇特自古就是人的乐趣。迎合人类好奇的天性,使反常事实成为千载难逢的新闻原料,是记者的职业本能。在正常环境中,生活的变动大都司空见惯,没有新鲜感;独一无二的事物一出现,无疑是奇特的,一旦出现第二个,反常性也就消失了。任何奇特的事物都是唯一的,或在相当长的时间内是唯一的,自然能强化新闻的个性。

事实的反常性赋予新闻浓郁的趣味,成为趣闻、珍闻或爆炸新闻的基本要素。即使在一则严肃的新闻中,如果确有反常的细节被描述,都会增加新闻的可受性。对这类新闻,不同媒体有不同的标准,也有不同的报道量,多数媒体是不会拒绝的。

(三)新闻事实的角度

新闻事实是个复合体,由若干事象、事因、事理所构成,每个事象、事因或事理是整个事件的一个侧面,显露出不同的意义,这就是**新闻的角度**。新闻是异常丰富的事象组合,构成事件的各种动态,显露出不同的动感,呈现出不同的意指。新闻事实的角度实际是指新闻中意义的多重性,每个角度表明事实的某个特殊意态,突出事件的特定意蕴。

新闻事实的角度有主次之分,主要角度和次要角度都是事实本身的向度,涵盖事实的不同意向。主要角度由主要事象承担,说明事实的主要个性;而次要角度则由次要事象显露,代表事实的其他性状,甚至包含与其基本个性相反的趋向。不同角度在事实中的地位决定于它是主要事象还是次要事象,表明它是主要角度还是次要角度。

事实的角度是客观的,是事实本身固有的指向,记者不能把主观确定的角度强加给新闻事实。一个事实由主要角度把其本质显露出来,次要角度则表明事实的其他属性或特点。记者选择次要角度而抛弃主要角度,就曲解了事实的内在联系,掩盖了事实的主要意义。记者选择事实的角度时,要依据事实的本来面目,全面、正确地揭示事象之间的联系;再现新闻事实的主要角度时也要再现次要角度,对重要事件做出全面报道。

（四）新闻事实的优劣属性

新闻事实有利害、是非、美丑或好坏之分，绝对中性的事实，即对公众没有好坏关系的事实是很少的。新闻事实的这种优劣属性，决定了新闻的不同倾向。一个事件发生后，对一部分人有利而对另一部分人有害，不同的人对它的感受就不一样，由此产生了对其是非、好坏和美丑的相反判断。不过也有些事件，对所有人都有利或有害，这也是常见的现象。在利害关系上，还有一些事件确实是中性的，对所有人既没有害处也没有好处，记者就不应在新闻中强行作出是非、好坏或美丑的揭示。

那些对人有利或有害的事实，反射出人们肯定或否定、喜欢或厌恶、兴奋或惊悚的态度，这些对立的认识和情感在新闻中显露出来，新闻就有了意态，随之也就有了某种倾向。所以新闻的倾向不仅来自事实的属性，也来自记者对它的判断和再现，表现出记者的立场。记者肯定对绝大多数人有利、能够推动社会进步和真善美的事物，就表现出正确的倾向和立场，反之，则表现为错误的倾向和立场。

新闻的意态和倾向，看上去来自人的感悟，实际是事实属性同人们关系的产物。**新闻倾向**同新闻意态一样，是对新闻事实利害关系的反映，表现为记者的是非、好坏或美丑判断，激发人们赞成或反对的态度。同一个新闻事实对不同的人或国家，可能是利害截然不同的事件，不同媒体一旦报道可能引起受众不同的感受。许多新闻事实不涉及人们的利害和信仰，派生不出倾向，记者也就没有必要硬给它加上什么倾向。报道太阳黑子爆发、街道上偶发的交通事故或一场失利的足球赛等这类新闻，不伤及许多人的切身利益，新闻不会、也不应显露出特定的倾向。如果一场足球赛的输赢是由于裁判员被收买、吹黑哨的结果，揭露裁判作弊的新闻饱含记者的正义态度，新闻就显露出鲜明的倾向性。

三、新闻的意义与框架组构

记者对新闻事实意蕴的挖掘、引申和解释，使新闻显露出特定的思想，引导人们对客观事物的认识，称为**新闻的意义**，包括新闻事实说明的道理和对受众的启示。记者选择那些重要的、奇特和有利害关系的事实，把它们放在新闻中显著的位置，让受众认识它们的特性与紧要的意义；记者选择新闻事实的一两个角度，突出新闻事实特定的意蕴，受众就会感受到它的某种意义；记者把隐藏在事件背后、不易被受众察觉的是非挖掘出来并作出评价，让受众知晓和理解这一是非，就揭示出新闻的显著意义。以上是组构新闻框架的三种方式。这也是再现新闻意义的一般方法。

20世纪70年代,西方出现新闻框架理论。美国学者认为,"框架包含了选择和凸显两个作用,框架一件事,就是把认为需要的部分挑选出来,在报道中特别处理,以体现意义解释、归因推论、道德评估,及处理方式的建议。"①1974年北美学者埃尔文·高夫曼(Erying Goffman)在《框架分析》(*Frame Analysis: An Essay on the Orga nizatiorn of Experience.*)一书中指出,借助一个个事件或对其体验,人们确定"社会中什么是最重要和突出的东西",以此形成和改变人们的看法,对大众建立起礼仪和秩序约束。盖尔·费厄赫斯特和罗伯特·萨尔(Gail T. Fairhurst and Robert A. Sarr)认为:"从本质上说,框架理论常用于媒体的新闻传播,表明记者选择什么信息,以及如何突出处理这些信息,把它展示给观众。"②

新闻框架理论的这种观点,逐渐被后来的研究者所修正,有些学者引申出建构社会现实的说法,鼓吹媒体按照自己的意图选择事实,依据自我想象塑造现实。正如盖伊·塔奇曼(Gaye Tuchman)所说:"我们生活在媒介建构的社会中,媒介化的生活使我们去现实化,我们的生活被媒介所主宰,所有的观点和事实都被媒介所左右,逐渐脱离了真正的现实生活。"③借助框架建构社会的观点,正是鼓吹用选择事实的方法虚构世界。

任何新闻都有框架,但不是指新闻文本的结构,也不带有架构的意思。"Frame"实际是"框限"之意,即记者依据一个"框子"面对客观世界选择事实,越是重要的、有意义的事实,越被记者选中,受众视阅新闻只能从这个框子里看到记者选择的"那帧"生活画面。在网上查阅**新闻框架**的英文解释,多有一个画框(或镜框)的插图标注在旁,提示使用"Frame"这一词的本意。建构(construction, structure)社会带有强烈的主观意图,以媒体的主观意志剪裁事实,新闻的客观意义就被扭曲了。组构新闻框架,则是指记者按照生活实际选择若干事实,把它们安排、组织到新闻中,以真实性原则揭示和突出新闻的意义。

记者发掘事实的意义是否正确,要看从新闻事实中是否引申出符合事实性质的意蕴,否则就是对新闻意义的歪曲。手机刚刚出现时,有的媒体报道它是毒害青少年、传播下流段子的有害工具,害大于利,应当限制使用。记者选择这一事象对手机作出否

---

① 见《框架理论》,百度百科.

② Fairhurst, G. &Sarr, R. (1996) *The Art of Framing*. San Francisco: Jossey-Bass. 8.

③ 转引自白奇峰.新闻对真实社会的建构[J].青年史学家,2013(5).

定的解释，夸大了手机的负面因素，夸张和杜撰了这一新闻的消极意义。对新闻事实的意义做出准确的披露，要抓住新闻事实的本质，反映事实的主导面，揭示新闻事实的主要倾向。

练习与思考

1. 新闻事实是由哪些元素构成的？

2. 论述新闻六要素的作用。

3. 新闻定义的自身逻辑是什么？

4. 如何理解新闻的范式与新闻事实的意蕴？

5. 指出第 40－41 页这条人物新闻中的事象、事因、事理与事态，说明记者是如何揭示新闻意义的。

附录：

习近平主席任命李作成为陆军司令

马莉　芦荡

2015年12月31日下午，当62岁的湖南人李作成从中央军委主席习近平手中接过军旗时，他的身份已从成都军区司令员变为陆军司令员。

刚好5个月前，7月31日，也是在“八一大楼”，中央军委举行晋升上将军衔仪式。那天，习近平向身着陆军军装的李作成颁发“命令状”。李作成由此步入中国最高军衔的行列，成为38位现役上将之一。

新一轮中央“军改”后的首任陆军司令员，这一职务注定会让李作成记入史册。

战斗英雄

1970年12月，李作成入伍从军，离开湖南安化那个因黑茶而闻名的老家。两个月前，他刚刚年满17岁。

在李作成的简历中，有这样一段文字——

1979年，参加对越自卫还击战，其所在连队荣立集体一等功，并被中央军委命名为“尖刀英雄连”，李作成被中央军委授予“战斗英雄”称号。

从这段文字中，很难看到烈火硝烟，刀光剑影。但当年的报纸，“还原”了背后的故事——

战斗中，李作成连长指挥果断，英勇善战，在身体多处受伤的情况下，坚持不下火线，率领全连官兵与敌军血战26个日夜，歼敌294名，俘敌4名……

而关于当年那场战争，还有知情者提供了这样一个细节——

李作成不顾一切冲到铁丝网前，徒手从下向上扒向铁丝网。紧随身后的通信员王扩桃赶紧抽出背上的小铁锹，也向铁丝网猛劈。

随后，在李作成指挥下，王扩桃又用锹在铁丝网下面的小沟边挖出了一个口子，李作成双手用力向上托起铁丝网，终于扯开了一个弧形洞口。王扩桃第一个钻了进去，随后李作成带着其他突击队员也迅速从这个洞口钻了进去……

那一年，李作成 26 岁。

集团军军长

1998 年 8 月，长江、松花江、嫩江流域发生百年不遇的特大洪灾。李作成奉命率部执行抢险救灾任务，先后转战湖南、湖北等 11 个县市。

在抗洪过程中，李作成遇到了当年随他出生入死的通讯员王扩桃。当时，王扩桃生活很困难，李作成拿出积蓄，要给他 6000 元钱，可王扩桃硬是没要。

正是抗洪那年，李作成升任 41 集团军军长，年仅 45 岁，堪称 1985 年之后的“全军之最”。

一位 41 集团军的老兵告诉新闻记者，李副军长（李作成曾任该军副军长）打仗不要命，有湖南人的霸蛮，有湘军的血性。这些话，都是当年李作成的战友、部下的评价。

十年正军职

李作成还曾有一个特别的荣誉——1982 年，中共十二大上，29 岁的李作成入选为主席团成员。

之后多年，李作成的军旅仕途一直被外界看好，尤其是 45 岁就成为正军职后。但是，1998 年之后的 10 年，李作成一直在正军级“原地踏步”，曾有人透露，李作成遭遇“瓶颈”的重要原因，是一身正气，不搞“歪门邪道”。

在经历了 10 年“正军”后，2008 年他终于升任成都军区副司令员，步入大军区副职行列。那一年，他已经 55 岁。

就在他转岗四川的当年，汶川地震发生了，李作成出现在救灾队伍之中。这也是他继“98 抗洪”之后，又一次参加大型救灾行动。

5 年后，2013 年 7 月，李作成升任成都军区司令员。3 个月后，他度过了 60 岁生日。

（转引自腾讯网 2016—01—01，原题为《陆军司令员李作成曾在正军级“原地踏步”10 年》）

第三章　真实是新闻的生命

众所周知,没有真实就没有新闻,真实是新闻的生命。但人们通常把真实视为新闻的特征,这就如同说生命是人的特征一样,从根本上颠倒了新闻的逻辑。只有真实的事件才可能成为新闻,然后才有新闻的特征可言,把新闻的存在基础视为特征贬低了新闻真实的地位与作用。作为新闻成立的根基,真实是其特征及所有属性的决定因素。

第一节　新闻真实与新闻失实

新闻由客观事件到记者完成文本制作,是一个真实模拟新闻本源的过程,表现为记者的认识和事实原貌间反映与被反映的关系。作为客观事件被反映的结果,新闻内容应全部符合客观实际,让受众有置身于新闻现场的真实感。这就要做到新闻事实准确无误,新闻发生的环境、过程和细节、人物的语言和动作都要据实描述,新闻中引用的数字、引语、用典及背景材料都不能有任何差错。正确认识**新闻真实**这一概念,不能不探究新闻的主体与客体的全面关系。

一、新闻的原型真实

事实是新闻的客体,作为报道主体的记者如若不尊重事实,新闻本源就无法转化为新闻。**新闻本源**是指社会和自然界的客观事实,有了事实的发生和变动才有新闻,事实在先,新闻在后,事实是新闻的源头。陆定一在《我们对于新闻学的基本观点》一文中认为,新闻本源是物质的东西,是事实。事实是第一性的,新闻是第二性的,新闻报道的内容来自客观事实。但唯心论则把新闻解释为某种“性质”。“有些人把具有什么'性',如趣味性、文艺性、政治性等,作为新闻的本源。这就是把新闻解释为某种'性质'本身的'性质说'(Quality theory)"①。

既然新闻本源是客观事实,新闻真实只能是事实的原真状态,是对事实原型的准确反映。作为事件的原型真实,新闻每个要素和细节毫无差错地和客观事实一致,能够经受住逐一的核实。文学真实充满情节与细节的虚构,以作家的主观愿望再现生活,人们只能把它看作是艺术真实和艺术鉴赏的对象。自然科学和社会科学的真实,来自对规律的准确反映,是另一个层面、另一种意义上的真实。在诸种意识形式真实的对比中,只有新闻事实确凿、有根有据,如闻其声、如睹其事。这种真实恰恰符合事实原型,让受众有身临其境之感,一切细节均可核实,否则就不成其为新闻。

新闻要如实复写事实,把新鲜、特征性的原型事实反映出来,反之,记者的一切努力则毁于一旦。所谓特征性原型,是指那些能表达事实意义和个性的事实原貌。巨细不分地把所有事实的原样照录下来,不是原型真实,而是杂乱不堪、淹没事实真实脉络的有闻必录。新闻的原型真实体现出新闻的意蕴,既符合客观事实的原貌,又让受众知晓客观事物的特征。

二、新闻的真实状态

记者如果是一位成熟的新闻从业者,一旦获得一条新闻的全部材料,真实地把握了客观事件,就能把客观事实的原貌复写出来。这时,新闻文本会呈现出三种真实状态,让受众获得真切的感受。或者说,新闻有三种真实的样式,可从三方面验证记者对事件的报道是否真实。

(一)是否真实地概述事实

使用概述语反映事实的概况,对事实的概貌作出真实归纳,是新闻中最常见的真实状态。概括事实准确无误,新闻就真实,概括得有出入,新闻就要失真,这种**事概真实**可能存在于文本中的各个部位。例如"一年来全省经济结构调整取得了初步成效"、"众多市民涌上街头"、"他对生活怀有坚定的信念"等这些概述,是否符合实际?如果记者的概述把一部分人或某一局部的情况当做普遍现象,做出错误的概括,就歪曲了部分与整体的关系,抽掉了事概真实的灵魂。

---

① 中国大百科全书·新闻出版卷[M].北京:中国大百科全书出版社,1990.

事概不是事件的细节或过程，而是事实的概况，人们从事概中看不到人物的活动和事件场景，只是记者对事物的概貌作出的归纳。出于突出新闻主题的需要，新闻概述对共性事物作出综合，把事实原型提升到总体真实状态。如果记者把客体中显著的、大量的具体情况舍弃了，把对少量现象的认识向整体扩展，就会歪曲事件的概况。比如，仅有几十个人拥向街头，就不能说“众多市民涌上街头”，新闻中这类**“假事概”**屡见不鲜。

严格说，事实的概述是以统计和概率为前提的。含有“假事概”的新闻常在某种夸张的欲望下，不进行概率调查，就把主观印象中的事概夸大为共性事实。这样，记者或编辑经常把空洞的“习惯话语”——“群众积极响应”、“工作取得全面进展”、“全省普遍改善了投资环境”等套话安装在新闻的某个部位，肆意虚构事物的概况。对事概虚假的新闻，很少有人追问它的失实，已经成为媒体造假的常见现象。

(二)是否真实再现事件的过程

在事件新闻中，事实的情节变化表现为事件的演变过程，记者如实描述事件变动，就呈现出**情节真实**。情节及其演变的真实又称新闻的**事体真实**，因为它构成新闻事件的主体。新闻的事体真实有两个维度，一是新闻的具体细节是否准确。比如，“只见车轮下的人的肩膀突然抖动一下”，实际上交通事故的遇难者的身体并没有抖动，只是在他死亡前左手垂落到地面——这一细节的描述就虚假了。二是事实情节的演变是否符合实际。例如“交警赶到后立刻拨打120电话前来救助”，实际上急救车与交警同时赶到事故现场，急救电话是由现场市民拨打的。再现情节、细节真实取决于记者的观察和采访是否细致，准确再现事件的演变，需要记者认真察看和核实事件的过程。

事件的情节及演变，是事件新闻的主要内容，一个成熟的记者不仅一眼就能捕捉到人物有意义的动作或景物，而且能很快获取整个事实的变动过程，把它真实地描述和记录下来。再现新闻的事体真实，不能以推想来确定情节的变化，即使**合理想象**也无法真实地呈现事件的情节与变化，记者的主观推测往往根据愿望对事实添枝加叶，任意拔高或虚构细节，使新闻成为真假参半的事实泡沫。

(三)是否真实再现事实的趋向

新闻事实向哪个方向发展，事件本身是什么性质，其作用和变动结果又会怎样，是许多新闻要告诉受众的内容。这些趋向都是客观存在的，有时通过记者或新闻中人物简短的阐释，把客观事物的走向反映出来。大量会议新闻、工作新闻和经验新闻都呈现出趋向真实。比如，“三农政策正在改变农村面貌”、“南水北调缓解了北方用水的困难”、“这些措施改变了一些人的保守思想”、“企业转型、调整产业结构是目前关键性的改革”、“中国的改革好吃的肉都吃掉了，剩下的都是难啃的硬骨头”，等等。新闻中这类陈述如果符合实际，涉及的是新闻**趋向真实**。

真实反映新闻事实的趋向，是指记者对客观事物的性质、作用或结果作出符合实际的揭示，能被事实所证实。“企业转型、调整产业结构是目前关键性的改革”是由整篇新闻引申出来的**简要事实**，实践证明，它确实是一项难度很大、意义重大而时间紧迫的改革。这种简要事实用一两句话如实浓缩一个复杂而有漫长过程的事物，呈现出事实趋向的真实状态。

在新闻报道中，记者对简要事实的阐释一旦排除主观推断，完全符合“事物”(thing)、“对象”(object)、“事件”(event)与“事实”(fact)时，就是对新闻事件某种特性的真实反映。反之，如果记者的阐释脱离客观实际，就会呈现事物的虚假趋向。有的电视新闻谈到有人乘车主动为老弱病残让座，是精神文明发展或学雷锋的结果，就是一种不符合事物趋向的阐释。因为大多数人在车上让座，只是出于爱心，与信念无关。此类阐释明显带有主观性，不符合事实本身的寓意。

三、新闻失实的主客观原因

新闻失实是指新闻内容包含主客观分离的因素，部分或全部内容背离客观事实，包括新闻报道者主观杜撰的失实和因采访不周而出现的过错失实。造成新闻失实的原因主要有以下七种情况。

第一，难以识破假象与假相的迷惑。无论自然现象还是社会现象，越是错综复杂、扑朔迷离，越有新闻性，受众越想知道，真实报道它的难度也越大。大量客观事实都由现象与本质、假象和真象、表象与真相所构成，现象有时掩盖本质，假象与真象常常混杂在一起，经常遮掩真相。作为新闻报道的主体，记者、编辑和一切把关人要把新闻客体的本质与现象严格地区分开来，识别事实的真象与真相，有时困难重重。即使经验丰富、具有敏锐观察力的记者，面对复杂的事件也可能一时无法把握新闻事实的真面目，稍一疏忽，就会导致新闻失实，特别是细节失实。

第二，新闻报道者怀有某种动机，故意捏造事实，杜撰新闻事件或某些细节。此种失实，既包括某种势力利用新闻媒体进行自我美化或攻击他人，也包括媒体或记者被人收买，肆意夸大事态。前一种情形多为政治性媒体，惯以造谣或吹牛为能事，把新闻变成笼络民意的玩偶。后者以获取物质利益为目的操纵媒体，毫无顾忌地制造假闻欺骗受众。

第三，记者丧失亲临事件现场的条件或时机，没有直接目睹或参与事件，只能获取第二手甚至第三手材料，常被当事人的遮掩或花言巧语所欺骗。任何不直接参与事件过程或没有亲眼目睹的记者，真实把握和反映客观事件的难度必然增大。有时，记者虽然赶到事件现场，由于离事件中心较远，看不清、听不准，或获取材料走马观花、粗枝大叶，也会酿成假新闻。

第四，记者缺少探访、观察、询问知情人的素养和技巧，缺乏在自我判断和事实之间寻求真相的能力，无法全面地反映事实。记者不谙熟采访的暗示法、诱导法、反问法和隐身法等技巧，不仅不能获得真实情况，还可能陷入采访对象设置的圈套，把得到的虚假事实视为无价之宝。

第五，记者采写新闻不及时，由于采访对象的遗忘而得到虚假材料，造成新闻失实。有的记者在事件发生几天后或更长时间才被指派采访或编写新闻，采访对象可能忘记一些细节，媒体很难获得事件的原型真实。记者采访、报道与事实发生的时间越远，搞清情况越困难，失真的可能性越大。

第六，为追求新闻的意义夸大事件的思想性，任意拔高事实而导致新闻失实。为强化新闻的主题而渲染事实的重要程度，或削弱事实原有的倾向，使新闻内容同实际出入较大。大量事实是平淡的，没有重大意义，或某一方面意义突出、其他方面意义轻微。记者追求某种理念，强行让事实反映某种思想，强化事实中没有意义的一面，而淡化、掩盖或歪曲事实的另一面，导致新闻严重失实。

第七，新闻的结构混乱，材料组织不清晰，出现“**脏玻璃效应**”，让受众看不清事件的发展链条，削弱了它的真实性。人们隔一层脏玻璃看不清窗外发生的情况，甚至看不到某些被脏物遮掩的东西。一旦新闻结构混乱不堪，巨细不分，陈述了很多现象，但没有一个事实露出清晰的面孔，受众不仅感受不到真实发生的重要事实，甚至造成种种错觉。记者有时陈述不得体，用词不当，也常常产生“脏玻璃效应”。

第二节　单一事件的新闻真实

新闻有两种真实，一是单一事件的真实，二是整体报道的真实，这是从微观和宏观两方面对新闻真实作出的分类。**单一事件的新闻真实**，又称**个体真实**，是指某个事件及全部要素都是实际发生的，没有半点虚假，而**整体真实**则是指对某个领域的全部报道或对有漫长过程的事件的连续报道符合实际，即反映事物整体的真实。单一事件的真实具有下列特点和属性。

一、寓于具体事实的真实

凡真实的东西都是具体的，看得见、摸得着的事物我们绝不会怀疑它的存在。单一事件新闻的真实直接体现为感官真实，让我们看到具体的生活景象。多数新闻只报道一件事，是某个事件的再现，没有事件发生的具体情节、时间和地点，人们就很难相信它发生过。因此新闻的原型真实是寓于具体事实的真实。

单一事件新闻真实的这一属性，不仅让新闻活起来，而且让它有了清晰的脉络。新闻中事实的梗概是不可缺少的，如果将其当作新闻的唯一内容，就无法使受众耳闻目睹事件的真实图景。以个性化细节呈现事件发生、发展的具体过程，才能完成对事件新闻的真实反映，也证明导语及其他概述有不可置疑的事实根据。

真实寓于具体事实这一原理同样适用对新闻人物的心理活动、思想变化等**隐性事实**的再现。隐性事实存在于人们的心理、社会情绪和社会状况的缓慢变化之中，有时难以直接看到。一些记者对其百般猜测，捕风捉影，任意渲染，把隐性事实的真实完全置之度外。隐性事实虽然难以直接看到，但有时会由新闻人物的言语及行为表露出来，记者经过缜密的观察和采访，能够挖掘到这类偶然外化的隐性事实。记者使用引语，或抓取人物行为的特写，使其具体化、感性化，隐性事实的动态就能被阅听人感受到。

二、能够核查的感性真实

单一事件新闻的真实和生活中的具体事实完全吻合，不仅能在空间和时间上得到验证，而且能被人们核实。迄今为止，无论是常识还是科学都没有确认人们的感知可以脱离一定时空，因为人的真实感都来自事实的存在形式。

事件新闻以事实的外状体现它的存在，时空中的物象可听可视，自然构成**感性真实**。记者抓取重要事象，对感觉材料进行有序组合，反映出事实存在的时空及动态。一个成熟的记者，在理性认识的指导下不会被无组织、无秩序的大量感觉碎片搅得无所适从,而是有识别事物真伪、梳理杂乱现象的能力,把进入感官的主要事实报道出来,使受众直接获得真实感。

事件新闻往往是场域有限的真实,只要它发生过,就能在一个确定的时空中存在,知道到哪里去查看或寻访它。它们大都是短促的事实,延续的时间暂短,发生的场域不会多次变换,核查它并不困难。

三、事件新闻的真实度

记者对事象或事实的角度陈述多少和精确到什么分寸,使单一事件新闻的真实达到不同程度。换言之,新闻事实是否具体,具体到何种尺度,新闻便产生真实度的差别。比如,报纸上某条报道说:昨天下午在北京西单发生了一起抢劫案,有两人遭到多名不法分子的殴打。晚间电视台则报道:昨天下午3时30分,4名不法分子在西单商场正门前殴打并抢劫两名外地游客。这两则消息都是真实的,但电视台的报道更为真实,使受众知道更多的真实内容。

新闻的真实度从形式上看是内容详略问题,从反映事实的精确度上看则是真实问题。一条新闻对事件报道得越具体、精细,就越真实。真实度大的新闻让受众知道更为精确的事实,了解到更为精准的状况,具有较高的新闻价值。

同一条新闻,记者从不同的事象或报道角度可以勾勒出不同的真实画面,这种差别不是失实的差异,而是表现出新闻的不同真实度。记者以特有的观察方式或选择事实的原则,突出或遮掩新闻事实的某些内容,就会导致新闻真实度的不同。

2016年初有些媒体报道全国雾霾最严重的十大城市中河北占了七个,河北省是全国PM2.5超标最严重的省份,构成对北京的大气污染圈。不久河北省有家媒体则报道,十多年来北京和天津的大量污染企业搬迁到河北,一方面极大提高了河北省的产值和河北人民的就业率,另一方面使河北省某些地区的大气和水土污染达到警戒线。这两条新闻都是真实的,都以真实而有力的事实表达了不同的新闻主题,但也都回避了难以言说的客观事实,产生了不同的真实度。

三维仿真技术的应用,大大增强了影像新闻的真实度,出现了**三维镜像高真报道**。利用计算机虚拟现实技术(VR),把受众对新闻现场的真实感提高到浸润状态,让受众达到同新闻事件的近距离接触,新闻现场历历可辨。2016年人民日报和新华社利用"VR""H5"(第五代超文本标记语言)和360度相机报道两会实况,观众只要戴上"VR眼镜",就能看到全景视频新闻,感受会议气氛,代表和领导人的表情和眼神真切可触。

把"VR"技术用于新闻报道，不应称作"虚拟现实"新闻，而应称作**VR高保真新闻**，因为所有报道场景和内容都是真实的，没有半点虚假。只不过，观众借助"VR眼镜"获得身临其境的感受，才达到对新闻影像的高度真实。

四、貌似真实的事件预设

有些事件新闻的失实，并非完全杜撰，而是虚实混杂，让人一时看不出破绽。在新闻策划的鼓吹下，一些预先设计的事件被堂而皇之地报道了，这类貌似真实的新闻主要有半真实事件、假事件和媒介事件，中外学者对此都有深入的研究。

事件新闻中真假事实混淆在一起，歪曲了事实的原真状态，称作**半真实新闻**。这一概念源自美国学者西奥多·彼得森，他指出："报刊应该寻求'全部真实'，以代替两个'半真实'就构成'一个真实'的想法。"[①]

半真实具有新闻真实的某些特征，但许多假细节、假事概在新闻中多处出现，介于虚假和真实的暧昧状态。这类新闻习惯于加入少量或较多的杜撰成分，放大或缩小事物真相，肆意拔高或贬抑事实。编造细节，夸大事实分寸，对不利事实千方百计地进行遮掩；对要否定的事物和人物则放大其缺点或错误，使新闻除了部分事实真实外，大量虚构的事实扭曲了事件的原貌。

媒体上还经常出现假事件，即人为事先安排的事件。正如美国社会学家丹尼尔·布尔斯廷在《影像——对美国假事件的剖析》一书中定义的，假事件"它不是自发的，而是由于某些人的计划、设置或者促成才出现的。它是为了满足报道和录制的要求事先设计好的(但并不永远是独家新闻)。因此，它的出现是为了有利于宣传工具而安排的。"[②]

在形式主义盛行和社会造势的气氛中，许多假事件被社会机构安排成仪式，展示人为策划的宏大场面，再由媒体堂而皇之地大加报道。这些仪式或活动不会自然发生，是主办者与媒体合谋制造的**舆论事件**，以吸引大众的注意，达到发动舆论的目的。公共关系机构通常制造假事件吸引社会的注意，再由媒体的报道扩大影响，假事件成为公共关系活动的特殊手段。

媒介事件及报道，也是一种变相的假新闻，但它与假事件不同。按照美国学者戴

---

① 韦尔伯·施拉姆.报刊的四种理论[M].北京：新华出版社，1980：103.

② Daniel Boorstin, *The Image: A Guide To Pseudo—Events In America*, New York: Atheneum, pp. 11－12., 1985.

扬和卡茨的观点,这种事件由电视对重要事件的渲染把观众固定在电视机前,产生了改变社会的潜能。像对奥运会、查尔斯王子和黛安娜王妃的婚礼、约翰 F·肯尼迪的葬礼、登月事件等重大事件的非常规性报道,制造了“大众传播的盛大节日”气氛,形成“电视仪式”或“文化表演”,但它们已经背离了新闻真实。戴扬和卡茨对媒介事件的界定值得商榷。所谓**媒介事件**,实际是指媒介设计、安排的事件,再借助媒体大规模的报道和宣传,达到为某种社会活动造势的目的。媒介事件同假事件一样,不是客观自然发生的,但假事件是由社会其他组织设计和策划的,新闻媒介虽然参与报道,但不是制造事件的主谋,媒介事件则是由媒体策划或主导的。

媒介事件有正面和负面两种类型。正面媒介事件是由媒体整合某些零碎、简单和不够深刻的杂乱现象而汇集成典型事件进行连续报道,激发社会的积极因素,以推动社会进步为目的。负面媒介事件则张扬某种错误理念,或为媒介自身的利益组织特定的社会活动制造声势,借以推销媒介形象。将媒体报道的一切隆重性的事件都称为媒介事件,把所有重大报道都视为仪式,这种移花接木的称谓不仅毫无意义,也是不严谨、不准确的。

正面媒介事件虽然以推动社会进步为动机,如果缺乏充分真实的事实,正派的媒体是不提倡的。负面媒介事件违逆事物的正常逻辑,对假象大加鼓吹,危害社会的固有秩序和正常发展。凡真实的新闻事件都是客观发生的,是客观世界矛盾及其变动的产物,其中的组织者与参与者的活动,也是社会发展的必然结果。

第三节　新闻报道的整体真实

新闻报道大多涉及某个事件的真实,对复杂的事物或具有漫长过程的事件来说,其真实性不能用“某个”具体事实是否符合实际来权衡,只有遵循**整体真实**才能如实再现全部事实。如果说单一事件的真实比较容易把握,那么,达到新闻的整体真实就有很大难度,这不仅要考察每条新闻的真实,而且要保证多次报道的整体都不能失真。

一、渐次显现的整体真实

社会和自然界的许多大的事件都有广阔的时空延续,对它们的报道持续一定时间才能反映得完整,揭示出各方面情况。单一事件的报道只能体现局部真实,随着事件发展进行的多次报道,最终反映出整个事件的全局真实。

现实生活中的许多事件涉及多种社会现象和领域，是由错综复杂的事象构成的，事件的多重性又处于不断变动中，这就需要用连续报道反映这类事件，反映事实发展、延续的关系，这些新闻的总和要达到整体真实。无论针对某一具体事件，还是围绕某一主题的连续报道，各条新闻的单一真实相互补充、多次再现，最终呈现出事物的整体面貌。

在每条新闻中，记者借助不同质、不同分量和不同角度的事实，以渐进报道的过程把一个较为宏观的事物反映出来，往往有两种形式：一是每一条新闻的真实都为后续新闻的真实提供了前提，而后续新闻的真实又是此前真实新闻的延续和发展。二是每条新闻是一个事物不同侧面的真实陈述，多条新闻的逐一报道就把整个事物的各个侧面反映出来，达到对整体真实的全面组合。正是连续报道中各条新闻间这两种真实关系，使新闻媒体反映宏观事物以至反映整个社会生活成为可能。

二、事实量比的整体真实

按照不同类型的客观事实比例，以合理的量比报道社会现象(不是突发事件)，就能真实地反映社会特定的整体状况。这是指坏事与好事、消极现象与积极现象、成绩与挫折、顺利与困难等这些对立事物在社会中出现的不同比例，有的具有普遍性，是大量的，有的不具有普遍性，是个别的、少量的。记者从整体上观察，选择不同类别的事实，按照实际存在的比例展示对立事物分布的真实状况，才能再现社会的整体趋向。

把这种整体真实视为选择不同类别事实比例的真实，是记者把握社会真实的重要规则。违反这一规则，把个别或少量的事实当作普遍、大量的事实来报道和渲染，或者不报、少报普遍、大量的事实，就会掩盖社会事物的主导面，违反整体真实原则。在这种情况下，即使每条新闻中的事实孤立地看都是真实的，但仍然造成整体报道的失实。

这种整体真实不等于对立事物中个体真实的简单相加，在持续报道中，同类单一事件的总和符合它在现实中的比例，整体真实才能体现出来。整体报道失实，往往表现为不能如实反映事物的主要趋向与次要趋向，把事实总和中的少量事实报道得过多；而把事实总和中大量的、占有主导地位的事实报道得太少，甚至不报道，颠倒了事实类型的量比，造成假象。如果记者忽视事实量比的整体真实，把新闻的个体真实作为追求的唯一目标，那么，这样的表象新闻就成为生活的片面复制，就会对社会整体状况作出歪曲的反映。

记者对任何个体事实做出报道，并不以它的分布量来选择，而是依据它的重要性、影响力或奇特性来确定，这样处理个性化的事实没有什么不当，因为个性事实不存在分布均匀的问题。坏事不一定是大量的，好事也不一定是普遍的。不管哪种个性化的事实，只要它是重要的，有知悉意义，一发生就应立即报道。但对众多同类个体事实的报道，特别是有关社会生存与发展问题的事实，恰好相反，要据实反映客观事物的布局状态，正确把握各类事实的报道量。

一般说来，记者不管了解多少事实，发现多少新人物、新事物或坏人坏事，他们的报道只能反映少量的事实。要真实地反映这些事实在整体上的主次地位，就必须对事实量比的全貌做出符合实际的选择，这是遵循新闻“量比”的整体真实不可忽视的法则。

三、反映真象与假象关系的整体真实

反映真象与假象的整体真实，是指对客观事件的报道要符合该事物固有的真象与假象的联系，对真象事实与假象事实的主次做出真实报道。

事物的假象与真象都是实际发生的，报道后都具有表象真实。事物的真象有主次之分，主要真象和事物自身的本质一致，揭示出事物的本来面貌和内在动向，称为**新闻事实的真相**。假象则恰好与事物的本质分离，掩盖、扭曲事物的真相。许多事物都由假象与真象两部分构成，误以假象为真象或误以真象为假象，二者都掩蔽事实的真相，造成新闻报道的失实。如，某官员经常花公款给上司送礼，同时不择手段地向下属索取贿赂，但他又多次捐助贫困职工和学生，树立自己的“清廉”形象。记者不做深入调查，被他的假象蒙住了眼睛，打听到几件真实的“廉洁”事例就报道他是一心为民的好公仆。后来他的贪污受贿行为被揭穿，媒体才发现他捐助贫困职工和学生是一种假象，贪婪腐败才是这个官员的真象和真相。这类以“小真”掩盖“大假”的新闻，表面上看起来句句真实，实际掩盖了事实真相。

新闻事实的真相主要是通过**真象**揭示的，作为新闻事实的主导面，主要**真象事实**则是事物本质的反映。而**假象事实**则掩盖真相，具有表面性和暂时性，有时甚至是事物的一种伪装。张扬假象事实，容易把新闻事实的真象遮掩起来，迷惑人们的耳目。对某些事实，记者既要报道真象，也要报道假象，但必须揭穿假象，达到新闻报道的整体真实。

反映真象与假象的整体真实，不是简单地把假象和真象一起报道出来就达到了目的。披露假象服务于深刻地揭示新闻的真相，告诉人们假象如何成为伪装的手段，揭露当事人伪善的本质。假象有很强的迷惑性，很容易蒙蔽记者，在假象造成的后果没有充分显露之前，记者稍有疏忽，就会把假象当做真象。达尔文曾说："大自然是一有机会就说谎的。"自然现象尚且如此，社会中的"谎言"就更容易骗取人们的信任。

在假象与真象联系中坚持新闻的整体真实，对经验新闻和社会形势新闻的报道尤其重要，因为处理不好两者的关系，必然产生半真实的新闻。这就要坚持以下两个报道准则：一是既要报道假象又要报道真象，给受众提供事物的整体面貌；二是真实地反映真象与假象的关系，透过真象与假象揭示事实的真相，否则就是一条局限于表象事实的新闻。形势、动态报道和经验新闻，离不开这两个准则，离开了，不仅让受众对事实的本来面目模糊不清，而且造成新闻失实，误导社会舆论。

第四节　新闻真实的庄严守护

人们以"真实发生"的新闻调动自己的兴趣，渴望知道生活的真相，这是人性的天然追求。无论对媒介还是受众，真实的新闻在传播中都有决定性的意义，不仅让受众知晓世界，而且让人们正确判断世界的走向。因此，维护新闻真实是每家新闻媒体、每个记者，甚至每位新闻知情人的重要责任。

一、严防对新闻真实的亵渎

新闻真实是纯洁的，记者对客观世界的准确反映，表明其品德的诚实性和人格的高尚性。真实不仅是新闻形成的前提，而且是一种认识的力量，因为新闻的影响力来自真实，媒介的公信力也来自真实。人们渴望知道生活的真相，是一种理性追求。

但是，有人却主张新闻做到基本真实就可以了，其理由是，记者采写的时间紧迫、事件复杂，很难做到百分之百的真实。但受众却不满足于"基本真实"，不允许有百分之一的不真实。"基本符合事实"之类的说法，不是新闻报道的语言，更不是新闻报道的准则，自然也不是新闻学承认的真实标准。如果一条消息的主要内容同实际没有出入，但地点搞错了，新闻的真实就失去空间支持。如果新闻事件的变化没有什么差错，但其中一个人的名字搞错了，导致张冠李戴，整条新闻的真实就站不住脚。新闻真实不容有半点虚假，"基本真实"必然导致种种不真实。

新闻策划一度很流行，研究新闻策划技巧的论著也堂而皇之地大行其道。但事实正如它的客观存在一样，不能"策划"，不容许记者随意摆布。或许对如何报道新闻尚可策划，而且必须按照事实固有的逻辑策划，违背事实真相制造有利于自己的事件是违背真实性原则的。即使策划报道，也不能随心所欲，只能对报道规模、报道时间、报道方式和如何组织采访等做出安排。记者取舍事实，挖掘潜在的题材，启发采访对象，必须符合事实本身的逻辑。

新闻媒介的职责是反映事实真相，引导人们正确认识世界，而策划事件、杜撰新闻实际是对受众的欺骗。无论新闻策划还是策划新闻，都违背新闻事实的原型真实及客观性，不应出现在新闻媒体上，更不应制造理论鼓吹。徐宝璜早就说过："新闻则必为事实，毫不容涉及捏造。故凡新闻之未可靠及假定者，皆应屏绝登载也。"①

在新闻报道中，把理想当成现实，以希望代替事实，以主观想象改造事实，这样的错误经常发生。有些报道竟然把表达崇高理想的虚假事件，视作服务于伟大目标的宣传手段，把计划中要做的事情推测为注定能够实现的蓝图。有些记者在采访前就抱有一种预期，以主见去选择、剪裁事实，把主观意志强加于事实。这样，新闻事实的原真状态被肢解，新闻真实的纯洁性遭到亵渎。

真实没有阶级性和政治性，服务于伟大的政治目的的假话、谎言，掩盖事实真相，都是对伟大政治的玷污，又是对真实新闻的践踏。捏造事实、虚构数据，夸大成绩或错误，无一不在真实的事实面前撞得头破血流。真实的新闻总是揭穿荒诞的行径，揭露撒谎的嘴脸。自古至今，反动的家伙都惧怕真实。记者只有排除主观意志，准确把握全部事实，揭示事实真相，才能服务于光明正大的人民的政治。

一切承载真实内容的媒介都会被人民信任，成为人民生活的指导者，这类媒体的号召力被受众视为真理的召唤。新闻缺乏真实，媒介就要脱离生活，无法取得公众的信任。如果新闻充斥着虚假，不论是故意还是由疏忽造成的，整个新闻工作都会有害于大众，新闻报道就会成为骗子的手段，那么，人们有理由怀疑新闻事业是一项说谎、造谣的事业。

真实的新闻留给人类的是真实的历史，不真实的新闻留给人类的是歪曲的记载。今天的真实新闻就是明天真理的鉴证，新闻工作者要从对历史负责的高度，看待新闻真实的重大意义。追求和守护真实这道生命线，是全部新闻职业操守的集中体现，每一个有志向的记者都将为之奋斗终生。

---

① 徐宝璜.新闻学[M].北京:中国人民大学出版社,1994:113.

二、坚守新闻的真理性

记者贯彻新闻真实性原则，同弄虚作假划清界限，必须有恪守新闻真理的自觉意识。**新闻真理**作为新闻真实的核心，时时提醒记者坚守正义、公正、客观和惠及公共利益的立场，以此作为捍卫新闻真实的最高目标。美国学者安德鲁·克莱因（Andrew R. Cline）指出："我们可以观察到，存在经验可证实的现象，能够通过感官感知世界，然后思考、呼吁，用语言正确表示看法，这就是新闻的真理。"①德国记者兼学者赫尔曼·梅恩曾说："尊重真理，对公众作真实的报道，是新闻界的最高准则。"②

新闻机构敢于说真话，对社会的非正义、不公平和损害公共利益的行为给予无情揭露和抨击，必然是真理的表达者和捍卫者。但是在当代，许多媒体与记者恰恰违背上述宗旨，面对非正义势力不仅畏葸不前，而且同流合污。在媒体饱和时代，有些西方记者鼓吹战争与名人，捏造事实，制造紧张气氛，或以黄色和下流内容污染思想，唯独对报道真理迟疑不决。记者追求商业利润和吸引最大化受众的压力，构成对新闻业的重要威胁，使反映和坚持真理成为一种冒险和额外负担。因为许多业界人士认为，新闻是一种商业活动，需要获得资金来维持新闻生产或满足股东的回报，记者已无暇顾及事业的正义性和对真理的阐扬。

任何丑恶、荒谬、腐败和欺诈势力及其行为，只要被真实的新闻剥去伪装，立刻陷入大众的谴责。在某种程度上，坚持新闻真实性是和公平正义这类永恒的价值联系在一起的。进一步而言，凡真实的新闻揭示出社会环境的实际状况和动向，让人们在合乎规律的状态下有效地从事实践活动，就是在表达和坚持真理。反之，歪曲、掩盖客观世界规律，把人们的社会行为引向迷茫或错误道路，是在对抗和蔑视真理。真实的新闻，特别是具有整体真实的新闻，是真理的显微镜和望远镜，指引人们按照客观规律认识世界。

新闻的真理性十分复杂，并不是每个受众、甚至每个媒体都能很快认识，因为事实更多显露出的是外在现象，真理常被掩藏在事物的深处。事实本身有时不能说话，真理并非"不言自明"，需要记者揭去掩盖真理的虚假事实。正如海德格尔说，"真理"一

---

① Cline, A. R. "Toward a field theory of journalism", *Press—Politics Journal*, weblog, The Rhetorica Network, 2004.

② Meyn, H. *Massenmedien in der Bundesrepublik Deutschland*, Berlin: Colloquium, p. 31, 1996.

词的本义是无蔽状态,真理的本质是“去蔽”,以剥去假象和表象展示自己的存在。[①]真理是有分寸的,新闻报道符合事实的客观分寸,不夸大也不缩小,才能维护新闻的真实性。“只要再多走一小步,仿佛是向同一方向迈的一小步,真理便会变成错误。”[②]

三、强化新闻真实的责任

认识假新闻对媒体和社会的危害,树立维护新闻真实的社会责任感,是记者应有的报道理念。坚定遵循这一理念,将新闻真实的责任内化为新闻从业者的职业精神,要树立自觉防假、打假的责任意识。新闻报道能够做到、而且必须坚持真实原则,这应成为记者和媒体的重要信条。

尊重事实、深入采访,敏锐观察事物,搞清多少事实就报道多少内容,是坚持新闻真实理念的要旨。对重要新闻,没有扎实、睿智的采访和调查研究,记者就无法搞清事实的来龙去脉。大量失实的报道,是由于记者在采访阶段粗心大意、走马观花造成的。对一时拿不准的事件,媒体要抢先报道,只能报道已观察到的或有把握的事象,但不能把这种事象误认为真象或真相。这就要在新闻文本中留有余地,把记者直观所见或援引他人的转述交代清楚。对专业性强的事实,记者要多向专家请教,进行多方面的考证,以引用专家的说法为据。

记者直接从现场获得的第一手材料,要比通过他人转述而获得的间接材料有更大的可靠性。记者对他人提供的事实要抱有质疑的态度,不轻信局外人的情况介绍,是防范新闻失实的重要戒规。越是信手拈来的材料,越要细心求证、冷静分析。通过“三方求证法”的检验,即除了采访事件当事人的亲眼所见,还须有至少两个知情人提供事实来源,才能证明当事人提供材料的可靠性。

对重大报道建立一套核实制度,形成完善、快捷的核实程序,把好新闻真实的关口。任何人对重大新闻真实的保证,都无法代替核实验证,这是维护新闻真实的要举。新闻核实既要防止走过场、程序形同虚设,又不能耗费时日、久拖不决,把新闻扼杀在摇篮里。

新闻失实一旦发生,实施补救措施也是一种责任。记者和媒体应当虚心接受公众监督,有错必究,公开道歉和公开更正。这一方面是编辑部的新闻自律行为,又是拉近

---

① 转引自黄裕生.真理的本质与本质的真理——论海德格尔的真理观[J].中国社会科学,1999(2).

② 列宁选集:第4卷,北京:人民出版社,1972:257.

同受众距离、请求受众谅解的姿态，尽量避免媒体公信力遭受损害。

新闻媒体的服务对象是公众，做到有错必纠，才能营造良好的诚信环境。对失实新闻及时做出更正，不仅是为了澄清事实，以正视听，也是为了尊重受众。伟大的媒体因为责任不敢忘却背后的无数双眼睛，有了背后的无数双眼睛，才不敢怠慢自己的责任。在广大读者和观众的监督下，新闻真实性原则落实到每位记者的采访、写作或制作中，每次失实又能通过向受众道歉与更正吸取深刻的教训。

依法治理是保证新闻真实的底线，也是提高新闻责任感的最高信条，因为没有法治就无法有效遏制某些记者和媒体为谋取私利而蓄意造假。有的记者编造假新闻诈骗钱财，有的记者捏造事实进行人身攻击，有的记者公然扩散谣言制造社会混乱，只有对这些人绳之以法才能产生威慑力。新闻失实发生侵权，给国家、社会和公民权益造成严重后果，必须依法严惩相关责任人。依法治理新闻失实，是社会法治的重要链条，也是媒体维护新闻真实的最后防线。

练习与思考

1. 新闻真实的含义是什么？
2. 新闻失实是怎么造成的？怎样防止新闻失实？
3. 论述单一事件新闻真实的范畴。
4. 论述新闻整体真实的范畴。

第四章　新闻的形态与特征

特征作为辨别事物的标识,由其表征构成,表现为一事物区别于他事物的外部个性。新闻与文学、艺术、理论等意识形式的差别,不是真实性、公开性、及时性、新鲜性,因为各种精神产品大都是公开发表的,都可能真实(只是真实的类型不同)或是新鲜的。新闻是时事性作品,其特征是从其形态引申出来的。原型叙事形态、多维空间形态、时间形态和寓意形态,呈现出原真具象特征、客观性特征、时律特征和涵化特征。

第一节　叙事形态及原真具象特征

新闻是一种叙事文体,这种叙事和文学不同,它对事件的描绘简要、精概,反映事实的原貌,使新闻具有原真具象特征。具象化即人们通常说的新闻的事实性,是新闻的基本特征。但事实性这种说法不完全准确,因为没有揭示新闻叙说的究竟是什么样的事实。具象与抽象相对,新闻以实有的、具体事实的感性形式再现生活,呈现出世界的真实动态,这种原真具象是它的独有表征。

一、新闻的原型叙事

作为特殊的叙事文体,新闻的具象化特征由新闻叙事体现出来。新闻叙事没有任何虚构,也不允许有丝毫的形象塑造和情节杜撰,其内容都由原原本本的真实事象所构成。新闻这种**原型叙事**形态把真实的事件简约而有"层次"地叙述出来,再现事实的清晰脉络,以"事象层"、"事态层"和"事理层",达到新闻具象化的效果。

记者对原型事实的陈述,呈现事件的来龙去脉,实现对生活的真实重构。在这个意义上,原型叙事是实现新闻具象的手段,叙事的每个事象都构成新闻具象的支点。

新闻叙事的细节向受众展开一幅幅画面，若干细节建立起有机联系，使新闻从一个事态转换到另一个事态，一则完整的事件就呈现在受众面前。

西方新闻界常把“story”用作“news”的代名词，“story”有“故事、新闻纪事、情节”等含义，实际是记者以“讲述情节”来报道新闻。新闻叙事的对象是原真事件，可从文学作品中借鉴叙事方法和技巧，但两者在本质上是不同的。新闻叙事允许描写事件的细节，视角可以变换，以展现此起彼伏的事态，但不允许有半点虚构。

新闻叙事服务于再现事件的目的，让受众按照事实的机理把握事实的意义，从而明白某些道理，构成新闻的“事理层”。记者常常借用新闻叙事提供思想，有时通过对事实的简要释析，让受众认识某些必然性。许多事件背后都隐藏着生活常识和客观规律，新闻叙事包含对这类理性的展示，引导受众进入新闻的事理层面。

二、新闻具象的感性化

新闻叙事经由记者的文字或图像表达，转化为新闻的具象特征，表现为一幅幅原型事实的具体画面。记者从采访、叙事到新闻文本的形成，都在为实现事实的感性化而努力，使之直接作用于受众的感官。与其他意识形式的特征相比，新闻提供的是令人醒目的原真事实，以核心事象为中心，让受众获知新闻事件的真相。而理论及一切科学都是以抽象思维为主线，让人把握的不是事物的景象、动态，而是推理、论证和观点。文学与各种艺术虽然也追求感性化，但无一不是以虚构提高它们的典型性和感染力，新闻则以生活中的原真事实让受众感知真实环境。

新闻的具象化是把受众看不见或不易理解的事实，用叙事把它变成看得见、容易理解的直观印象，让受众获得明晰的感性认识。人们认识世界不能停留在表面现象，而要了解客观事物的真相和本质，但只有通过具象化的事实才能达到这一目的。微笑是喜悦的具象化；低矮破败的房屋是贫穷的具象化；两国领导人在会上相遇，没有握手交谈，连互看一眼都没有，是两国关系不友好的具象化……新闻这类具象叙事给受众留下深刻的印象，对客观事物的本质有了确切而深刻的揭示。新闻的具象事实比抽象地说理与概述，更能看清世界各种事物，如果没有具象化，新闻无法让人们感知世界的原貌及内在联系的实际情况。

具象事实呈现更广阔、更复杂的事物，来自记者对现实境况的观察、思索和对典型事实的准确反映。记者对原真事实的细节进行敏锐的查看，由知觉的引导把观察到的事象进行记录整理，围绕事实的精要之处展开条理化的叙述。作为新闻事件的外貌，新闻具象成为其真相的外在征候,受众正是通过它了解事物的内在联系。

对文字新闻而言,让客观事实在新闻中重现,需要记者对事态作出有声有色的陈述。在搜集、整理新闻材料后,记者大脑里首先形成事实的影像,然后按其原貌进行文字再现。对于图像新闻而言,摄录机捕获的影像代替了文字记录,新闻的具象化体现得更加完美。无论用文字还是摄录技术再现事件,记者都以形象思维叙述事件,给受众提供事实的具体画面。

三、原真具象对世界的同构

新闻达到对世界的构图,是新闻具象的终极效果。正如第二章第二节所言,新闻必须是一个事件,是一个图式构造,每条新闻的具象化都形成一个小的图式,连续不断的新闻报道就把世界变动的画面再现出来。我们把这一过程称为对世界的同构,李普曼将其视作拟态环境。把新闻置放在整个世界中,每条新闻都像一片片立体马赛克,重组了生活情境。没有新闻的原真具象化,新闻无法达到这种传播效果,媒体也不会给人们提供拟态环境。

媒介对世界变动的每一幕报道,反映出世界变动的横截面,把世界微缩成媒介景观,逐一展示出世界的秩序。如果一个人每天阅读一定数量的报纸,连续受阅国内外的多种网络、电视或广播新闻,就能看到整个世界的景象。新闻覆盖世界的每个细微之处,连续重构现实生活,全息记录社会和自然界的进程。由于媒体报道的绝大多数新闻是真实的,新闻具象在受众头脑里不断积累,在他们的视野里便呈现出整个外部世界,这种**拟态环境**实际是新闻原真具象对世界外貌的连续再现。

无论长新闻或短新闻、要闻和简明新闻,都以具象化反映世界变动的走向,充满可听可视的动态。媒体如果连续呈现**趋势性事件**,不断映现客观世界的某种必然性,受众就一步步认识人类活动的历史走向。在现实生活中,媒介不仅报道趋势性事件,也报道**非趋势性事件**,即报道那些不能反映社会规律的偶然事件。这类新闻具象再现生活的异变、虚假或离奇,引导受众认识世界复杂、狡黠的一面。新闻紧跟社会事态的变化,真实反映社会发展的应然图景,周而复始的报道就达到**同构世界**的目的。

第二节　多维空间形态与客观性特征

真实的新闻都是客观发生的,记者通常以客观陈述的形式再现事件,这同文学、理论、艺术等作品的主观描述、论证和情感抒发大不相同。所以，客观性应视为新闻的第二个特征，这是新闻基于原型真实的固有特性。新闻客观性寓于多维空间(三维空间、一维时间)中，否则很难说它是客观存在的事件。正如恩格斯指出的："一切存在的基本形式是空间和时间，时间以外的存在和空间以外的存在，同样是非常荒诞的事情。"[①]存在于多维空间是新闻的重要形态，不仅表明它是真实的，也显露出事实延续的客观面貌。

一、来自客观事实的新闻客观性

新闻的客观性建立在新闻事实客观存在的基础上。发生在自然界和社会的任何事情都是独立于人们主观意识之外的存在，新闻对客观事实的真实反映，必然也是客观的。这不仅是说新闻来自客观事实，而且对它的内容也需要客观陈述，不应是记者畅谈的主观认识。这种客观性不仅是新闻成立的基础，还表现为新闻报道的客观方法，离开这个方法，新闻就不能再现外部世界。

受众认为某条报道是新闻，首先是从它的客观叙事中闻知的，否则新闻就毫无知晓价值。新闻只有客观，受众才能了解独立于人们脑海之外的事实，对周围环境作出客观判断，得出符合实际的结论，这种结论也才具有公正性。因此马克思认为，客观地报道事实是一般的公正，是任何一家新闻媒体(无论它的派别如何)都不敢公开违背的原则。[②] 可见，客观性不仅是新闻的特征，同时也是新闻表达公正性的最好手段。

新闻具有客观性是中外新闻媒体一贯的主张，绝大多数记者认为它重于一切。美国著名记者赫伯特·布鲁克(Herbert Brucker)指出："只要新闻让客观性的旗帜高高飘扬，它对这个不完美的世界的描述，与相信一个托洛茨基分子或任何党派的党徒来指点我们相比，将更真实、更准确"。他回顾了一些使客观性遭到讥笑和嘲弄的原因，如宣称"每个人都是主观的，记者没有例外的神奇力量"，他认为，"几乎每个学过心理学的人都同意这个观点：每个人都能看到客观存在的东西，并把它描述给他人听，这种描述大多是真实的，客观认识总是存在的。"[③]

有人认为新闻客观性是做不到的。这种说法如果成立，等于说今天所有中外媒体

---

① 恩格斯. 反杜林论[M]. 北京：人民出版社，1970：49.

② 马克思恩格斯全集，第 14 卷[M]. 北京：人民出版社，1964：768.

③ Dennis，E. E，，Merrill，J. C. *Media Debatse*：*Greet Issues for the digital Age*，Belmont：Wadsworth Publishing Co，p141，2005.

上的新闻都是主观的,客观世界是不可知的,唯物论的反映论也是站不住脚的。这样,我们每天都被各家媒体的新闻所欺骗,根本无法通过新闻了解现实世界。这显然是荒谬的。新闻界的实用主义者主张,新闻不过是表达自我观念的手段,是可以任意驱使的工具,一切新闻都有记者的倾向。不错,许多重要新闻都有倾向性,但有错误的倾向也有正确的倾向。错误的倾向背离或歪曲新闻事实,也就背离了新闻的客观性;正确倾向符合新闻事件的实际,对新闻事实做出真实的展示,恰恰是客观的。新闻表达正确的倾向,就是坚持新闻的客观性,让受众了解和认识现实事件的本来面目。

还有一种观点认为,新闻报道只能做到相对客观,无法做到绝对客观。但相对客观和绝对客观的界限是什么?持有这种观点的人无法说清楚。新闻的客观性无所谓相对或绝对,只要把新闻事件的原貌真实地告诉给受众,受众对新闻的客观存在获得准确的印象,达到认识同新闻事实的真象(真相)一致,就体现了新闻的客观性。

新闻的客观性、新闻的真实性与新闻叙事,是相互联系的有机体,三者从不同层面表现新闻的个性。新闻真实是其客观性、叙事性的前提和基础,客观性则是记者陈述事实的方式和要求,新闻叙事又是再现原真事实和客观特征的手段,三者的有机统一,呈现出新闻的具象化外观。

二、新闻客观性的含义和标准

新闻客观性有两种含义,第一种是指记者在新闻中只陈述事实,不表达自己的观点,把新闻同评论分开。后来又延伸出第二种含义,即记者对新闻事件可以发表观点,但他的看法要符合实际,表达客观立场。正如 19 世纪 20 年代《纽约技工报》给新闻客观性下的定义那样:新闻的客观性是"不带任何感情色彩地观察周围发生的事件,并以公共记者的身份冷静、不带偏见地发表观点"[①]。对新闻客观性的这个界定,发生了不同于前人的变化,即客观报道可以发表观点,但不应有偏见和感情色彩。所以**新闻客观性**的完整定义应是:记者不带主观色彩、不夹杂自我情感,完全按照客观事实的本来面貌陈述事实或发表观点,包括**叙事客观**和**立场客观**。

新闻的客观性涵盖事实的整体,饱含事实的全面变动,报道部分、片面的事实就背离了新闻客观性的标准。任何事件开始都发生在某一具体场所(一维空间),这一场所

---

① McGerr, M. E. *The Decline of Popular Politics*: *The American North*, 1865—1928, Oxford: Oxford University Press, p. 118, 1986.

总是置于一定社会（或世界）环境（二维或三维空间），而它又是从一定历史时空的事件发展来的（四维空间），事件的变化又会伸向新的时空（多维空间），产生新的事实。多个空间的事实在不同时间发生并相互联系或掣肘，构成**新闻的多维空间形态。**没有多维空间的新闻，呈现的是孤立事件，是对多维空间事件的割裂。新闻事实寓于多维空间，凸显多个时空中体现历史逻辑的重要事实，才能反映出新闻客观性的本质。

多年来，日本、美国大量媒体关于钓鱼岛主权归属的报道，只讲美国 1971 年强行把钓鱼岛恭送给日本，对其他历史空间的主要事实一概抹杀不提，切割了多维空间中的历史事实[①]。新闻事件是变动的，每个事实都在一定时空中发生变化，而每个事实又都同历史事实相联系，这种多维时空形态赋予新闻完整的客观性。

新闻客观性还要求记者把事实的利害全面告诉受众，不能局限于就事论事，要按照事实的性质揭示其是非得失。如果记者对事实的好坏无动于衷，回避新闻事件背后隐藏的有害因素，只陈述外在的有利因素，导致对受众的蒙蔽，客观叙事就可能产生**反客观**（anti objectivist）的效果（走向客观的反面）。另外，在新闻中不管记者添加多少人名和引语，都不能让受众误认为这是记者的观点，这是其一；其二，用这个人而不用另一个人的引语，记者的这种主观选择，一定要反映事实的真相，对事实作出客观、真实而确切的说明。

新闻的客观性还要讲究两点论，坚持平衡报道。这是说，记者要让不同事实和观点在比较中确证自我，以客观立场介绍对立的事实和意见。在报道冲突和有争议的事件时，记者既不固守自我的理解，也要摆脱任何人对记者的操纵来判断是非，竭力向受众展示双方的观点和双方提供的事实。当被采访人提供两种截然相反的情况，两种情况都应同时报道，但要说明事实来源。受众得知事件的所有方面，看到事件的不同侧面，听到不同声音，他们最终能够得出客观结论。

三、新闻的客观性与客观主义

任何事件都有发展过程和众多细节，全面报道事实不能巨细不分，拿出“流水账”

---

① 钓鱼岛归属的历史事实是：明洪武五年（1372 年）琉球成为中国藩属国，钓鱼岛、黄尾屿、赤尾屿、南小岛、北小岛等所在海域，为明朝疆域。后来琉球群岛被日本占领。中日甲午战争，清朝将钓鱼岛及其附属岛屿包括澎湖列岛和台湾岛、辽东半岛割让给日本。1945 年 7 月 26 日发表的《波茨坦公告》规定，日本将占领的中国一切领土（包括钓鱼岛）归还中国。1951 年，中国被排除旧金山会议之外，英法美将琉球群岛、钓鱼诸岛擅自交给美国“托管”。1971 年美国归还冲绳给日本，同时也把钓鱼岛非法送给日本，中国政府当时曾提出严正抗议声明。有关钓鱼岛主权归属的新闻，把上述多维空间中的事件作出全面报道，才是客观真实的。

新闻。为避免这种**“纯客观”**报道,记者必须对新闻素材进行选择,防止把新闻的客观特征和客观主义混为一谈,否定新闻报道的选择性。

新闻的客观特征要求记者再现有价值的生活现象,而不是把新闻事件的所有材料都照搬不误;**客观主义**则强调凡客观存在的现象,不分巨细或是否有价值,都要全部照录并报道出来。显然,客观主义排斥新闻报道的事实选择,把所有客观存在的事实都误认为是新闻。

客观主义首先追求的是再现事实的自然状态,主张“有闻必录”,把新闻客观性庸俗化和极端化。其次,客观主义把新闻客观性强调到绝对程度,否定对事实进行必要的鉴别,甚至对坏事、骗局、谎言也要客观报道,抹杀新闻的价值理念。这两种主张都否定了新闻客观特征的积极意义,抛弃了新闻客观性的精髓。

任何真正的新闻都是对公众有知悉意义的事实的报道,舍弃那些没有意义的事实,才能给受众提供真正有价值的新闻。这种选择如果是客观的、忠于事实本身,就不会有主观性。选择事实与客观报道不是对立的,对客观事实不加选择,碰到什么就报道什么,恰恰是对客观性的践踏。实际上,媒体要想报道一切事件或抄录事件的所有细节,不仅做不到,而且把大量无用的事实统统抛给受众,正是戏弄受众的行为。扒下纯客观、反客观、假客观等客观主义的各种伪装,努力把事实真相告诉受众,是媒体坚持新闻客观性的根本标准。

第三节　时间形态与时律特征

一切新闻都有时间性,都在若干时间的节点上发生和发展,构成**新闻的时间形态**。没有时间框架的新闻是不存在的,新闻中每个场所和细节都处于一定时刻,由这一形态呈现出新闻的**时律特征**,即新闻在时间上的规定性。新闻事件的任何变动都与时间相伴而行,受到时间的牵制,表现为一系列时间的律动。新闻的时律特征包括新闻的瞬时性、时序性和时效性。

一、新闻的瞬时状态

新闻报道大都是现实中最新或正在变动的事物,它的发生总是表现为瞬间状态,随后才呈现出事件的延续。诸如“晚间10时整,日本关东军向北大营发起攻击”;“上午9时30分突然一声巨响,炸弹爆炸了”;“上午8时战斗英雄走上主席台”;“今天13

时 15 分，工人们手捧鲜花走进病房(慰问)”，等等，世界上没有缺少具体时间的新闻事件，它们总是发生在瞬间。

各种事件都出现在一刹那，这是一切新闻固有的特征。如果事实不是发生在瞬间，它的发展就没有起点，新闻中也不会有具体时间。受众希望知道今天发生了什么事，发生在什么时候和地点，与自身有多大关系。在这些愿望背后，隐蔽着人们急切想知道事件发生的某种必然性，让自己的行为及时适应外界的变化。据河北省新闻媒体报道，2016 年 6 月 5 日上午 9 时 20 分，石家庄一位六旬老人在公交车上心脏骤停，一场接力救援紧急展开，仅用 15 分钟就将老人送到了医院。所有转载这条新闻的媒体都没有忽略“上午 9 时 20 分”这个时刻。新闻突出这个瞬间，展示了各个抢救环节与抢救人员分秒必争的紧张气氛和关爱生命的社会新风。

瞬时作为时间长河中的一道闪电，使事件显露出“起爆点”，包含新闻的特定意义。几乎所有新闻都可找到它的“瞬时”，让受众获得深刻的感受。报道先进人物的模范事迹，是从他舍己救人的那一刻写起，还是选择他登上表彰会的领奖台下笔，对突出人生的价值和意义是不同的。我国研制“大飞机”的科技创新，是从设计师画出第一张图纸还是从 2015 年 11 月 20 日上午 10 时大飞机下线开始报道，不同瞬时不仅揭示出不同的新闻主题，而且让受众认识的是不同事件。

没有时间刻度的新闻，比如使用“长期以来”、“最近”或“不久前”这类模糊时间的报道，严格说披露的不是何时发生的新闻，而是无法证实事件发生于何时。任何事件都有时间短暂的一幕，抓取某个事态的瞬间，才能在时间的变量中展示事件的变动。

二、事件新闻的时序性

新闻事件的发展具有时序，不可抗拒的时间延续始终牵引事象刻板、机械地向前流动。新闻时间的秩序和方向，总是从某一时刻向前驱动，有不相重合的三种时间特性：它是“将来的”、“现在的”和“过去的”。任何新闻事件都是此前的延续，而后成为现在的样子，事件一结束就成为过去的史实，使重大报道成为历史的记录。

时序是事实因果关系的外在形式，违背时序，或把原因说成结果，或把结果当成原因，都要颠倒新闻事件的链条。电视转播外国罢工游行的工人与警察发生冲突，如果镜头首先对准进攻警察的游行队伍，观众要批评工人的过激行为；如果把镜头首先对准驱赶游行队伍的警察，观众就会谴责警察的暴行。无论使用几台摄像机，电视画面上出现的只能是一定瞬间的行为和场面，同时播放两个不同的场面是不可能的。新闻报道社会冲突时,严格遵循实际的时序,才可能是真实和公平的。在上述新闻中,哪一方首先向对方发起攻击,电视就首先播放攻击者的镜头,给受众揭示事件的真实境况。

新闻的倒金字塔结构和插叙,不能破坏事件发展的时序,否则要颠倒事件的因果关系。新闻时序与事件实际时序一致,新闻才符合生活逻辑,给受众揭示事件发展的真实进程。二者有时不完全一致,只限于非重要环节的事象组合,但不能破坏事实发展的逻辑关系。重大新闻报道都要考虑事件的时序,把事实变动的次序反映出来,让受众看到新闻事象间的制约和推动关系。

三、新闻报道的时效性

新闻报道及时而准确,叫作**新闻的时效**,时效越高,给受众提供的越是新鲜的事实。由新闻时间形态引申出来的这一特征像真实性一样,同样决定新闻的生命。新闻一发生,不能迅速报道,便成为明日黄花,将一文不值。时间的流逝使新闻成为**易碎品**。

每个媒体都面对许多竞争者,新闻时效是赢得受众、超越对手的重要因素。在网络同传统媒体打拼的时代,新闻报道不追求高时效,只能跟在别的媒体后面跑,期望民众对它钟情是不可能的。高时效的新闻不仅先声夺人,成为社会议程的首席设置者,而且是提高新闻影响力的重要因素,对媒体的成败具有决定作用。

人类正生活在高时效时代,知识更新和信息更新的速度超乎寻常,报道经常迟疑滞后,不能反映时代前进的步伐,无法让受众及时认识瞬息万变的世界。忽视时效,不能及时把社会的最新动态告诉受众,媒体就会丧失受众,也丧失了紧跟生活前进的时机。牺牲时效,媒介落在信息后面,就会遭到公众的抛弃。有时候,新闻事实由于报道迟缓,事物及其性质已经发生变化,再报道就成为假闻,常常引起公众的非议。

过去对新闻时效的要求没有精确的尺度,往往用“及时性”、“当日新闻”的概念来约束。及时性没有确定的时间界限,用它敦促记者编辑“尽快”写作和报道新闻,是传统媒体时效观的顶点。智能新闻报道的出现,新闻思维器的写作已进入极速境地,用一秒或半秒的时刻就能完成一篇新闻稿,从此有了**秒效**的概念。美联社的新闻思维器 WordSmith 在 2013 年写出 3 亿篇各类形式的报告,平均每秒钟完成 9.5 篇,把新闻报道的时效推向极致。从 2006 年汤姆森路透社用全能电脑在 0.3 秒写出一篇公司财务新闻起,新闻的时效已开始进入秒效时代。

即使在秒效的倒逼下,“第一时间”仍是新闻时效的重要概念,在“第一时间”报道新闻是增强新闻时效的紧迫要求。第一时间没有固定的界限，它可能仅几秒或几分钟，也可能持续几个小时，当事件发生在某一时空，还没有被这一时空之外的人知晓，这一时刻称为**新闻的第一时间**。一切新闻最初都发生在狭小空间，都有迅速外泄的可能。像“9·11”这样震撼世界的大事，在纽约世贸大厦一发生，大厦周围的人便在第一时间知道。在媒体报道之前，大厦周围以外的人只能从人际传播中了解，由于人们得到的信息量不同，说法迥异，常常增加猜测、虚构的成分，虚假信息就可能四处蔓延。媒体抢在信息扩散之前报道真实消息，能有效预防有害信息的泛滥，遏制谣言四起与蓄意的蛊惑。

第四节　寓意形态与涵化特征

任何新闻都有寓意，即某种意向被蕴涵在事实中，构成新闻的**涵化特征**。报道一栋楼房倒塌的新闻，尽管只叙说事实和居民丧亡数字，但它透露出施工存在严重的质量问题；报道C919大飞机首飞成功的消息，尽管陈述的只是飞机升空的过程，却显露出我国拥有自主知识产权的高科技制造业取得重大突破；屡屡发生酒驾酿成重大交通事故的新闻，仅仅报道事故的情节和一二百元的罚款，表明执法不严，许多人不在乎以身试法，对交通违规不屑一顾。所有叙事新闻，都有一种意义涵化于事实，包括技术涵化、专业手段涵化、话语涵化和框架涵化。

一、技术涵化的寓意

运用技术手段加工、表现事实，赋予新闻某种意蕴，称作**新闻的技术涵化**。技术涵化作为陈述事实的报道手段，构成新闻的技术表现力。以特定技术把记者的意图加进新闻中，表现事实的意蕴，能增强新闻的感染力。技术涵化的痕迹在新闻中显露出来，新闻的不同意味，就产生不同的报道效果。

电视新闻的涵化，主要用镜头的距离和图像选择，对新闻影像进行过滤，展示记者对事实的态度。当记者想突出某个事物或人物时，尽量将特写镜头或图像停留的时间长一些；如果贬低某个事物或人物，则推远镜头的距离，不给或少给特写。在同期声画面的处理上，让哪个人向观众说话或使他沉默，都表明新闻人物被涵化了。很多受众不会注意这类技术手段处理的细节，不知不觉接受了记者强化的事件。

先进的数字技术提高了媒介的运作速度，时效极强的现场直播使导播在瞬间做出镜头切换，观众将看到由导播在几秒钟内决定的画面，许多不当的涵化往往在这种情况下出现。所以，技术涵化有时记者难以驾驭，传播效果甚至出乎记者的意料。

过去，文字记者的技术涵化是很少的，他们除了选择事实和使用字号外，没有其他技术可言，但电脑进入编写过程，这种传统格局被打破。电脑的书写方法和格式，能精巧地表达记者的动机，电脑绘图、各种符号的使用能产生不同的含义。报刊实现彩色印刷后，以不同颜色处理图片和文字，表现出记者对新闻事实的不同评价，让读者感受到新闻的不同意义。对于纸媒，技术涵化最突出的是摄影报道，用什么角度、光圈、亮度和距离拍摄新闻图片，都隐含记者的主观意图。

二、专业手段涵化的寓意

在处理新闻稿件时，用特有的非语言符号表达对事实的评价，称为新闻专业手段涵化。新闻专业手段又称新闻手段，比如版面安排、报道内容的详略、报道体裁、广播和电视新闻的排列顺序，以及是否报道提要等，都属于**新闻手段的涵化**方式。一条新闻透露的思想是否正确、是否重要或有意义，都可用以上专业要素来暗示，表明编辑部对新闻事实的态度。越是重要的新闻，越有专业手段涵化的痕迹。

编排构成报纸版面的重要手段，包括顺序、篇幅长短、版位、花边装饰、色彩等。报刊的版面符号有两类，一是字号、线条、插图、色彩；二是版面空间，包括栏、区、版、空白等，这些**非语言符号**一旦对新闻稿件产生隐喻作用，表现出编辑对新闻内容的态度。例如，《萨达姆被判绞刑》这条新闻，美国媒体和阿拉伯一些国家的报纸采取了完全不同的符号涵化方式，从版面位置、体裁到照片的处理都有很大区别。

广播电视新闻以排列顺序、内容提要、播出的时长或是否以连续报道方式播出，向公众提示新闻的重要性，力求达到最佳的听觉或屏幕效果。内容提要使新闻的重要性突显出来，引起观众的注意。如果观众对某条新闻产生兴趣，可以接下来视听详细内容，否则他们将不屑一顾。把关人确定的广播电视"头条"新闻，正如报纸一版的头题，在一定程度上透露出它的引导地位。新闻内容的详略，表明编辑部对新闻的重视程度和对受众的引导意图。

专业手段涵化在广播电视新闻中还表现为播音方式，不同腔调、播音员的体态甚至服饰，都给新闻注入某种思想感情，显露出新闻的不同意旨。播音员或主持人运用直播、插播、对话、录音还是现场报道，使广播电视新闻的分量明显不同，听众和观众也会产生不同的感受。播音员还常常拟定各种语境，加强重点语句的逻辑重音，影响听众对报道内容的理解。

三、话语涵化的寓意

使用特定的语汇和概念表达记者对事件的看法，是涵化新闻的重要手段，称作新闻的**话语涵化**。在不同国家、不同制度下，记者对同一事物特别是对政治性事件，往往以不同词语定义，给事实打上意识形态烙印。记者陈述事件使用意化性词语，公开或暗示自己对事实的评价，叫作**新闻话语**，包括态度话语、符号话语和高频话语。新闻话语不是“说话、陈述和论述”，而是附加言说者的意图；不是在说事，而是说记者对事实的看法。比如，“他笑了”和“他诡秘地笑了”或“他和蔼地笑了”，前者是语言，后两者是话语。

新闻的态度话语对事物作出褒贬，引导人们对事实的认识。而一般的新闻语言（非话语）只是指称事物，没有嵌入褒贬或爱憎。“美帝”是态度话语，“美国”是中性语言；“介入”是语言，“搅局”是话语。话语对事物或人物的明喻、隐喻或象征，都赋予新闻一定的意义。以花木兰象征巾帼英雄，用大庆精神比喻自强不息、无私奉献，这类话语揭示出事实的内涵，使新闻闪烁特别的意蕴。高频话语是指在新闻中大量重复的词汇，用以增强思想耳濡目染的渗透力，让受众形成某种观念。例如，成千上万篇新闻中出现“和谐社会”和“中国梦”的概念，人们渐渐认为和谐社会和中国梦最重要，需要我们去实践，时间一久，社会和谐和中国梦的理念便深刻地留在大众的脑子里。

新闻语言本身没有倾向性，而话语却浸透着意识形态，就像人身上的胎记一样，深深附着在新闻媒体上。话语理论的先驱巴赫金说：“实际上，我们任何时候都不是在说话和听话，而是在听真实或虚假，重要或不重要，接受或不接受等。话语永远都充满着意识形态或生活的内容和意义。”①新闻话语体现出记者的追求、文字修养、主观态度、亲身体验，以至是他们社会观的产物，通过记者的灵气和职业技能涵化新闻。记者在新闻中说“不少单位滥发福利，领导‘吃肉’，员工‘喝汤’”，蕴含了记者对分配不公的强烈不满，随之引起受众对腐败行为的愤慨。

新闻借助语体的选择与转换表达记者意图，使新闻的寓意滋生某种生机，让受众产生特定的感受。在一定社会环境中，以人们常用的各种习惯语和句式，巧妙地陈述事实，构成**新闻语体**。一篇揭露官员腐败的新闻连用“秃头的虱子明摆着”、“当官的不

---

① M. M. 巴赫金. 巴赫金全集：第 2 卷[M]. 李辉凡，张捷，译. 河北：河北教育出版社，1998：359.

打送礼人”“妻贤夫祸少”几个俗语，暗示公开的腐败一度没人管、没人抓，公权变成家族私权也就不奇怪了。记者的态度隐蔽在语体里，语体给新闻披上“外衣”，加深了受众对事实内涵的认识。**新闻语体的涵化**是新闻具象化在语言上的体现，正像没有无形貌的人一样，也没有语体不涵化的新闻。

四、框架涵化的寓意

报道同一条新闻，不同媒体选择的事实不同，框架也就不同，被框限的新闻内容与主题也就显露出差别。记者对事实凸现哪一部分、弱化哪一部分，都是对新闻事件的诠释。不同记者对同一个事件的事实材料有不同的组合，显露出新闻文本在结构上的差异。由此导致不同媒体对同一个事件的报道有明显不同的寓意，表达了媒体与记者的特定意图。

新闻的框架涵化，是从记者采集事实那一刻开始的。客观世界中有无数事实，能进入报道“框架”的只是少数，这是记者和媒体“过滤”的结果。当记者发现事实具有报道价值，或符合他的报道意图，就立刻做出选择。重要报道不只是告诉受众某个新鲜事实，关键是向受众提供哪一部分事实，才能显露出社会的某种趋势。记者精心处理事实材料，突出那些包含重要意义的材料，借此强化新闻的意义。

记者运用新闻框架所做的这一切，都是为了说明他对新闻事实的看法，但多数记者不会直接说出他的观点，而是通过选择、安排事实加以暗示。我们这个世界有足够多的观念让受众理解，对每一种观念，也有足够多的事实让人们确证。有些媒体选择特定的事实加以报道，正是用这一事实证实某个观念，对客观世界作出解构。新闻的寓意主要来自客观事实，记者对事实的选择和包装，并不能完全驾驭新闻的意义，一旦新闻交给了受众，对新闻意义的理解最终只能由受众来确定。

练习与思考

1. 如何理解新闻的特征？
2. 新闻有哪些形态与特征？
3. 坚持新闻的客观性有哪些要求和标准？哪些因素会降低新闻的客观性？
4. 阐释新闻的寓意形态与涵化特征。

第五章　传统新闻价值与现代新闻价值

20 世纪初从西方引进的传统新闻价值说一直被一些新闻学者奉为圭臬，认为新闻价值是构成新闻素质的总和；也有人强调，新闻价值是事实构成新闻的标准。实际上这两种说法揭示的并不是价值问题，而是什么样的事实能构成新闻，或哪些事实构成新闻的素质。本章除了分析传统新闻价值说，重点探讨现代新闻价值理论。

第一节　传统新闻价值说

在新闻学形成之前，记者采写新闻虽然对事实加以选择，但没有人提出新闻价值问题。19 世纪中期，西方记者十分重视引起公众关注的一些事实的属性，例如趣味性、性爱、奇闻、冲突之类，把它们视为新闻价值，并提出了一套理论。我们把产生于 19 世纪、在 20 世纪有了进一步发展的这种新闻价值论，称为**传统新闻价值说**。

一、传统新闻价值说的形成

新闻事实的个性早在 17 世纪就引起新闻学研究者的注意，把它视为新闻的标准或特征提出来。1690 年德国人托拜厄斯·波伊瑟（Tobias Peucer）在其博士论文《论新闻报道》中强调，记者要在数不胜数的新闻事件中做出选择，最值得报道的事件是新奇的征兆、怪异的事物、精彩非凡的产品，洪水、风暴、地震、神奇天象，各种政体的变化、战争与和平等。五年后，德国学者卡斯帕·斯蒂勒（K. Stieler）明确提出新闻应有新鲜性、接近性、显要性及消极性四个特征。[①] 波伊瑟和斯蒂勒的观点，被后来的记者

---

① 参见徐耀魁主编. 西方新闻理论评析[M]. 北京：新华出版社，1998：130.

和新闻学者视为新闻价值说的肇端。

1892年,美国学者朱莉安·拉弗(Julian Ralph)首次使用了“新闻价值”(News Value)这一概念。1899年日本的新闻学者松本君平出版的《新闻学》一书,提出“新闻纸价值”的概念,他写道:“如某新闻之论说记者,以无名氏而现于纸上。至其文既成,而耸动全社会之耳目,因此新闻纸之价值顿高。”[①]这标志新闻价值概念的出现。1903年美国新闻学者休曼在《实用新闻学》一书中指出,新闻价值的三个要素分别是:“报道适时、事实的兴趣和令人惊奇的事件”,标志新闻价值说在美国出现。

我国最早的新闻学者徐宝璜于1918年出版了《新闻学》一书,对“新闻价值”做了如下论述:“新闻之价值者,即注意人数多寡与注意程度深浅之问题也。重要之最近事实,自能引起较多人数和较深程度之注意,故为价值较高之新闻。次要之最近事实,仅能引起较少人数和较浅程度之注意,故为价值较低之新闻。”[②]徐对新闻价值作出的界定不同于中国其他学者,与外国学者也不完全相同,他认为,新闻引起注意就是价值,注意人数越多、注意程度越深,就越有价值;一条新闻在不同时间、不同地方,价值大小不一样。

直到20世纪20年代,西方新闻学者也没有给“新闻价值”下一个明确的定义,仅仅热衷于探讨“新闻素质”的类型,以便有利于记者的新闻操作。到30年代,美国学者华连在《现代新闻报道》一书中提出构成新闻价值的10种素质,即时间性、空间性、重要性、独特性、戏剧性、斗争性、离奇性、情趣、猎奇、人情味。从此,这些新闻价值要素成为新闻界的共识,传统新闻价值说大体固定下来。

1965年,挪威学者高唐(Galtung)和鲁格(Ruge)提出新闻价值的12个特征,它们是:频率(frequency)、强度(intensity)或称“丰富性”(threshold)、明确性(unambiguity)、文化密切性(cultural proximity)或称“意义性”(meaningfulness)、可预测性(predictability)或称“符合性”(consonance)、意外性(unexpectedness)、连贯性(continuity,即后续报道)、综合性(composition,各新闻故事之间的组合性)、与精英人士相关(references to elite people)、与主要国家相关(reference to elite nations)、拟人性(personification)和负面性(negativity)。高唐和鲁格得出结论,一个事件满足这些条件越全,就越有价值,也越可能成为新闻而被报道。[③]

---

① 见余家宏等编注.新闻文存[M].北京:中国新闻出版社,1987:55.

② 徐宝璜.新闻学[M].北京:中国人民大学出版社,1994:18、24.

③ Galtung, J., Ruge, M. “The Structure of Foreign News: The Presentation of the Congo, Cuba and Cyprus Crises in Your Norwegian Newspapers”, *Journal of International Peace Research*, 64(1)1965.

在20世纪70年代，总部设在英国伦敦的汤姆森基金会(Thomson Foundation)为第三世界新闻工作者编写的新闻教科书《新闻写作基础知识》提出了新闻价值的20种要素。1987年美国哥伦比亚大学新闻学院教授麦尔文·门彻在《新闻报道与写作》一书中把新闻价值要素归纳为及时性、冲击性、显赫性、接近性、冲突性、异常性、当下性和必要性等8个要素。① 此后，西方对新闻价值要素又有新的扩展。

2002年英国学者哈尔卡普和奥尼尔(Harcup & O'Neill)对高唐和鲁格的价值说提出批评，认为他们总结的新闻价值的特征有些并不构成选择事件的标准，并提出10项新闻价值标志，这就是与权力精英相关(reference to the power elite)、与社会名流相关(reference to celebrity)、娱乐性(entertainment)、轰动性(surprise)、好消息(good news)、坏消息(bad news)、规模性(magnitude)、相关性(relevance)、后续报道(follow up stories)和报纸议程(the newspaper's agenda)。②

很明显，这类新闻价值说试图把各种新闻事实囊括进新闻价值范畴，内容十分混乱。说来说去，它们根本不是新闻价值的标准或要素，而是说记者报道什么样的事实才有价值。这些事实究竟有什么价值，学者们却避而不谈，执拗地用事实的特征冒充新闻价值。

经过多年的争论与实践，被普遍公认的新闻价值主要有五个要素，即重要性、接近性、及时性、显著性、趣味性，我们把它们称为传统新闻价值说。

二、传统新闻价值说分析

传统新闻价值说，是新闻学界100多年来对新闻的可读性带来报纸发行量的扩大，从而增加报社的利润作出的总结。正如休曼所说，商业报纸的最大目的在“得钱”，报纸赚钱则要靠广告，不符合读者要求的报纸是没人买的，符合读者的要求就是一种价值。③

传统新闻价值说把受众的取向放在第一位，在一定程度上反映出新闻报道的一般要求，即新闻要以吸引受众为报道的出发点。它强调的要素一方面有许多内容值得借鉴，另一方面又有许多负面因素损害受众的精神健康，产生了一定的消极作用。传统新闻价值说强调的价值要素，有的产生正面效果多一些，有的产生的几乎全是负面效

---

① 门彻.新闻报道与写作[M].展江，译.北京：华夏出版社，2003:87.

② Harcup, T., O'Neill, D. "What Is News? Galtung and Ruge Revisited", *Journalism Studies*, 2(2), 2002.

③ 余家宏，等.新闻文存[M].北京：中国新闻出版社，1987:248,269.

果,并非都有报道价值。

下面,对传统新闻价值五要素进行分析,可看出它在新闻报道中的不同作用。

第一是重要性,指对社会产生震撼作用的事件,给受众带来深刻的影响,因而美国学者德弗勒和丹尼斯将重要性改为影响力,认为某一事实的影响力同它作用的范围成正比。事实的重要性与影响力主要表现为:某一事实与更多的人有关,这种关系越大,就越有影响力;事实令更多的人关注,在人们的心里产生的反响就更大;事实涉及多数人的利益、社会道德和国家稳定,在社会进程中就会发挥推动或阻碍作用。凡重要的事实几乎都有新闻价值。

第二是接近性,指人们对发生在自己身边和附近的事情感兴趣,也容易受到这类新闻的影响。通常指在报纸和广播覆盖区域内发生的事件,包括地理上的接近和心理上的接近。"本地新闻"有价值,能引起受众兴趣和"心理"反应的新闻也有价值,前者为空间的接近,后者为心理的接近。

第三是及时性,又称时新性、新鲜性,指最近发生或正在变动的事件。不管报道的事情具有怎样的意义,涉及的人物多么重要,新闻价值总是随着时间的流逝而减少。"任何事情,到了明天,都会比今天更少使人感兴趣。"西方新闻界对及时性的这种判断,意味新闻时效的重要性。

第四是显著性,一般指容易引起人们注意的知名人物和机构。显著是和隐蔽、微小相反的概念,显要的人物和事物大都引起受众的关注,简单地说就是"名人出新闻"。许多普通人对名人的言行、个人行踪、婚姻家庭等都感兴趣,似乎名人的一切都是新闻。在这种理论指导下,西方的总统及其夫人的活动、亿万富翁的行止、影视明星的风头都成为媒体追逐的对象。但在新闻报道中,许多媒体把显著性放大,刻意追逐名人隐私,侵害名人权利,诱导公众对低级趣味津津乐道。

第五是趣味性,传统新闻价值说特别强调这一要素,包括软事实、反常事件、冲突性变故、娱乐活动、各种幽默等。趣味性新闻主要有以下几类:一是犯罪新闻,特别是令人毛骨悚然的凶杀案;二是灾难和悲剧新闻,报道自然界和社会中突如其来的灾变;三是幽默新闻,意味深沉的调笑、巧妙的讽刺或含义深刻的玄言妙语等来吸引受众;四是有关男女情爱的反常事件;五是稀奇古怪的奇闻轶事;六是各种神秘事件,悬念使一条消息的价值延续很长时间;七是娱乐和发生在娱乐圈的趣闻。趣味性新闻迎合许多受众的口味,能增加新闻的收受率。

媒体为了吸引更多受众,竭力搜寻上述五种类型的事实加以报道,往往使新闻失去分寸，传播虚假、荒唐的事件，充斥暴力或色情内容。在这种新闻价值观的引导下，一些记者绞尽脑汁渲染犯罪、丑闻、性和暴虐，产生了**黄色新闻**。黄色新闻起源于19世纪末美国赫斯特的《纽约新闻报》和普利策的《世界报》的竞争，由漫画家奥特考尔特在《世界报》专栏上画的“黄孩子”而得名。黄色新闻就是煽情新闻，有一套惯用的报道手法：使用煽动性大标题，对不雅或骇人听闻的事实大加渲染，滥用图片，以至捏造骇人听闻的事实。

三、对传统新闻价值说的否定

传统新闻价值说对新闻价值内涵众说纷纭，要素庞杂，各执一词，各种说法违背“价值”的基本语义。所谓价值，是指某一事物对人的作用和给其带来的好处，这一内涵已经约定俗成，不能任意解释。① 正如麦奎尔所说，旧的新闻价值观点把新闻价值看作报道的“一种模式化的预见”，无法对新闻价值的本义给出准确的解释。② 约翰·哈特利指出：“识别新闻价值，应告诉我们新闻受到欢迎的原因，而不是它们被选择的原因。”③把选择什么样的事实进行报道视为新闻价值，同“价值”概念的含义南辕北辙。

西方某些学者否定传统新闻价值说，还因为它主张用生活中消极、负面的现象来吸引受众。伯恩斯坦指出：“在以哗众取宠为特征的新闻价值中，我们用以教育读者和观众的是，鸡毛蒜皮的小事才是重要的，骇人听闻和神经错乱的事比真正的新闻更重要。我们没有为受众服务，我们只是迎合他们。我们迁就受众，认为他们需要什么就给什么；我们认为什么可以打开销路，提高收视、收听率和读者数量，就把它卖给受众。不幸的是，很多受众接受了我们的迎合，并对垃圾信息充满热情。然而，记者还是有责任质疑大众，而不是迎合他们。”④

约翰·辛普森(John Simpson)在谈到新闻价值时指出：“每天我们在报纸上或电视上看到的大量的东西与其说错了，不如说陷入了令人沮丧的程式化，记者们似乎只是根据一种陈旧的模式在思考：无辜的受害者、伟大的领导者、邪恶的杀人者、堕落的独裁者、悲惨的儿童、心怀报复的妻子和滥交的女人。经过这样处理，反映复杂生活的

---

① 参见哲学大辞典.“价值”条目，上海辞书出版社，1991：581. 应用汉语辞典.“价值”条目，商务印书馆，2000：591. 大英百科全书.“价值”词条，线上中文版，2011：591.

② McQuail, D. *Mass Communication Theory*, London: Sage, p. 343, 2000.

③ Hartley, J. *Understanding News*, London: Methuen, p. 79, 1982.

④ Bernstein, C. “The Idiot Culture”, *The New Republic*, 8 June, 1992.

真相几乎不见踪影。”[①]与其说传统新闻价值说主要追求的是事实的趣味性，不如说欣赏和推崇的是“坏新闻”的吸引力。

即使赞成传统新闻价值说的西方学者在介绍新闻价值标准之后，仍或多或少提及它的缺点。梅尔文·L.德弗勒(Melvin Lawrence DeFleur)和埃弗里特·E.丹尼斯明确指出：“用这些标准确定的新闻价值所付出的代价是：许多新闻报道从其他角度看，实际上很有意义，却很可能被判定为太平淡。例如那些具有历史意义的事件，那些能改善人类环境的事件或扩展人类知识领域的事件等。有关这些事件的报道很可能在报纸的最后几页或新闻广播的末尾才能被找到(如果它们有幸被报道的话)。”[②]按照传统新闻价值标准选择新闻，有重要意义的事实因为没有趣味和不新奇而被抛弃，或把它放在报纸上不易发现的角落，是西方很多媒体的惯例。

更重要的是，按照传统新闻价值标准报道新闻，经常没有把事件深层的原因揭示出来，只是报道事件表面的惊人之处或滑稽可笑之处。罗斯科曾说，在许多情况下，不仅新闻事件本身具有重要性，事件发生的诱因也非常重要。“以往的报道更多的只是关注新闻事件表面的事实，即‘变态新闻’(spot news)，极少真正去探究事件发生的原因。”记者热衷于报道种族冲突、监狱暴动或一个境况堪忧的贫民窟，甚至一桩谋杀案，但它们产生的深厚习俗、社会传统或基于地区经济条件的社会背景却很少报道。“这些社会背景一向存在，而且可以被发掘，挖掘这些背景，似乎应该是记者的责任。”[③]传统新闻价值说，诱导记者的目光停留在事物的表面，不要求记者揭示事件的深层原因，不敦促他们干预生活。

传统新闻价值说最明显的不当之处是，忽视对严肃社会问题的报道，特别是电视新闻，偏重筛选令人眼花缭乱的事实，必然漏掉重要事件。[④] 北爱尔兰记者、BBC编辑约翰·考尔(John Cole)认为，“新闻必须依据它是否正确、有趣和有意义来加以判定”；“流血的就是轰动的”，这种“小报”手法使“高质量”的报道标准变得模糊，媒体也越来越不重视其所担负的社会责任。[⑤]

从逻辑上看，重要性、接近性、及时性、显著性、趣味性，这些事实的属性能够派生

---

① Simpson, J. *News from No Man's Land: Reporting the World*, London: Pan Books, p. 323, 2008.

② Defleur, M. L., Everette E. D. *Understanding mass communication A Liberal Arts Perspective*, *Boston & Toronto: Houghton Mifflin*, *p.* 381, 2005.

③ Roshco, B. *Newsmaking*, Chicago: University of Chicago Press, p. 71, 1975.

④ 尼古拉斯·阿伯克龙比. 电视与社会[M]. 张永喜等，译. 南京：南京大学出版社，2001：68.

⑤ 转引自 Bromley, M. "The 'Tabloiding' of Britain: Quality Newspapers in the 1990s", in Bromley, M., Stephenson, H. (eds) *Sex, Lies and Democracy: The Press and the Public*, New York: Longman, 1999.

出新闻价值，但不是新闻价值本身。说人们需要重要性、接近性、及时性、显著性、趣味性，不仅语义混乱，而且实际上人们也不存在这些需要。充其量只能说人们需要重要的新闻、有趣的新闻、新鲜的新闻，等等。在这种语境中，“重要”“接近”“及时”“显著”“趣味”等种种的“性”，恰恰是事实的特征，而不是新闻价值。

第二节　现代新闻价值理论

传统新闻价值说是商业化报刊时期提出的，以记者判断新闻事实是否吸引读者为出发点，必然导致记者丧失或减弱社会责任感。1973 年台湾学者李瞻教授分析说：“根据传统新闻自由的观念，新闻价值的标准是冲突性、传奇性、刺激性、显著性、临近性……这些观念大部分都是‘黄色新闻’激烈竞争的产物。它提高大众化报纸的销数，但却忘记了本身对读者及社会所负的基本责任。”“这些消息绝大部分都与读者无关，不仅无益于读者，危害读者，而且造成社会的重大灾难。”①“传统新闻价值说”的弊端，既然有害于受众与社会，应成为一个历史概念，遵循现代新闻价值理论才有积极的意义和科学价值。

一、现代新闻价值与传统新闻价值的区别

现代新闻价值是指新闻满足受众需要表现出的效用，强调受众对新闻的精神享用或由它得到的精神或物质利益。新闻是价值的体现者，媒介是价值的载体，受众是新闻价值的确定者和受益者。现代新闻价值与传统新闻价值的区别主要在于：(1)前者把对受众的效益作为新闻报道的出发点，关注受众的现实需要；后者把记者鉴别新闻事实作为报道的出发点，关注的是报道什么样的事实对媒体才有价值，媒体成为价值的受益者。(2)前者考虑新闻能给人们的认识和生活带来什么，以新闻对受众的“有益”或“有用”为核心；后者考虑的是什么样的事实能够成为新闻，以鉴别事实的特性为核心。(3)前者以公众对新闻事实的受用为对象，西方传播学的“使用满足”论，正是对现代新闻价值目标的简要概括；后者则以记者对事实的判断和使用为主导，罗列的要素是事实的属性，而不是价值。

无论从哪个学科来看，“价值”这个概念，反映的不是物的属性，而是物的功用。现

---

① 李瞻. 新闻学[M]. 台北：三民书局，1973：275.

代新闻价值理论论证的正是新闻给受众带来的效用，表明新闻对受众的作用。传统新闻价值反映的不是这种效用关系，界定的不是新闻给受传者带来的好处，谈论的是由何种事实构成新闻的问题。

许多学者早已认识到两种新闻价值的以上区别。1961年，“国际新闻学会”出版的《积极的新闻屋》一书，要求记者改变新闻价值观念，要生动、综合、系统而有意义地报道社会的正常现象，将人类重新导入一个和谐而幸福的世界。① 20世纪80年代，美国一些学者首先提出现代新闻价值理论，他们称作“新闻价值的新标准”，认为新形式的报道与传统的“正统”新闻争夺版面和读者的兴趣，使新的标准得以发展。②

现代新闻价值理论的产生，同现代社会生活对媒介的影响直接相关，其历史背景和原因大体包括四个方面。

第一，自20世纪70年代，生活类新闻大量进入报道。这些报道往往不包含冲突，也很少有猎奇，报道的大多不是名人。如何对付坏的环境或买食品省钱等这类报道，成为许多媒体重要的新闻内容。新闻工作者与受众发现，关于日常生活现象的报道，有助于人们洞察生存现状，受众对此永远不会失去兴趣。

第二，新闻来源发生了变化。自20世纪70年代，多数国家处于和平发展环境，福利主义使西方国家基本消除了绝对贫困，社会矛盾和冲突大量减少，新闻大都不是记者在大街小巷到处寻找的“抗争”和“绝望”事件。记者和受众一样，认为时政新闻主要来自市政官员，学校新闻来自学校领导和教员，政府新闻主要来自新闻发言人、领导人及其他官员。大多数记者用大部分时间周旋于掌握和行使权力的人之间——政府、政治组织和实业界，来自权力中心的新闻，对如何促进社会发展、改善人们的处境很有价值。

第三，20世纪后期，构成新闻的事实范围扩大了，新闻工作者对什么因素能构成新闻的概念不断扩大，消息来源也因此而扩大。对受众影响较大的许多事件越来越多地超出权力机构，各国人民争取权利的事业——青年运动、妇女运动、消费者运动和保护环境运动纳入报道范围，直接关系到整个社会生活的创新。新闻采访更多转向了广大公众的生活诉求，采访对象提出了大量社会改革问题，新闻内容普遍涉及社会发展的结构性调整。

第四，新闻需要解决大量社会问题，反映公众的强烈要求，改善公共事业，新闻事

---

① 转引自李瞻. 新闻学[M]. 台北：三民书局，1973：275.

② 密苏里新闻学院写作组. 新闻写作教程[M]. 北京：新华出版社，1986：16.

业成功与否离不开这一目标。20 世纪 80 年代，美国报纸出版协会对美国报人进行过两次调查，证明美国的新闻工作者和公众对重要新闻的看法大致相同，即媒介需要增加解决社会问题的报道。“这些报道包括有用处的新闻，尤其是怎么办的稿件和其他有关消费的新闻，包括教育新闻在内的公共事业新闻，地方性和全国性的大事、环境保护问题和关于普通人的报道。”[①]这就提出了现代新闻价值是以对受众“有用”、“有好处”为基点的，体现公众“使用满足”的价值目标。

二、现代新闻价值的效用

综上所述，现代新闻价值是指**新闻的使用价值**，即受众收受新闻产生的认知和生活效用。正如马克思分析商品价值时所作出的结论那样，物的有用性使物成为使用价值，但这种有用性不是悬在空中，它决定于商品体的属性，离开了商品体它就不存在。使用价值只是在使用和消费时才能实现，同时又是交换价值的物质承担者。[②] 现代新闻价值是新闻在受众接受活动中产生的功用，受众不受阅新闻就体现不出效用。新闻价值不仅来自媒体的劳动，而且还来自新闻中客观事件对人的启迪，使人们愿意支付金钱去消费它，因而它也有交换价值。现代新闻价值说对新闻价值作出的科学解释，回归了价值本义，因而是对传统新闻价值说的根本修正。这主要表现为：

第一，有些新闻既有认知效用，给受众以思想和道德上的提高，也有物质效用，让人们知道物的有用性。作为精神价值，新闻给受众带来的享用，虽然不像物质产品那样有实际的好处，但大量好人好事的报道能提高受众的思想境界，知道如何做人做事，具有双重价值。

第二，新闻价值的本质，主要指公众由新闻事实而获益，不是指新闻事实的特性。换句话说，新闻价值是指新闻事实对受众的效用。如果一条新闻对广大受众“没有效用”，没有认知上的受益，就没有价值。真正的新闻都有使用价值，作为受众的需求之物，使受众的切身需要得到满足。

第三，新闻价值是在新闻传播后显现出来的，新闻只有传播到受众那里，它的效用才有可能产生。传统新闻价值说是指在新闻报道和传播之前，记者对新闻价值作出的判断，认为什么样的事实能构成新闻。实际上，受众认为新闻有用，它才有价值，受众

---

① 密苏里新闻学院写作组. 新闻写作教程[M]. 北京：新华出版社，1986：17.

② 马克思. 资本论：第 1 卷[M]. 北京：人民出版社，1975：47－48.

是新闻价值的评价主体。新闻进入市场后有大量公众购买(报纸和广电节目),表明它有价值,卖不出去的报纸和收视率极低的新闻节目,标志它的价值很小或没有价值。新闻没有传播,还停留在编辑部或记者手里,它的价值不可能实现。

三、现代新闻价值三要素

受众要想从新闻中获益,首先要选择、受阅有价值的新闻,用它了解外部事物,指导自己的行为,达到对外部环境的适应。新闻反映社会生活的丰富性,决定了它的社会效用的多面性,从而产生不同的使用价值。

归结起来,新闻价值有三个要素:有用、有益、有效。这是从对受众效用的角度确定的。**新闻价值三要素**在一条新闻中有时可能是贯通、重叠的,有时只体现出一两个要素。如果一条新闻对广大受众"没有效用",那么任何要素都体现不出来;如果新闻对受众没有效用,诸如淫秽新闻、迷信新闻、渲染不良习气和犯罪细节的新闻,就会走向另一面,即对社会会产生危害。

"有用"这一要素,是指某条新闻能给人们带来物质利益,使人们得到实益,或享受到某些便利。大量的生活新闻、经济新闻、公共事业新闻、灾害新闻,使受众获得实际利益或避免遭受损失,包括购物、就业、生产和预防灾变。这类报道在媒体上占有相当大的比重,如让人们知道从事什么职业,如何改善经营,消费何种商品和如何消费的新闻,可能使受众获益或规避风险。一则关于高质量的新产品上市的新闻,让受众纷纷在网上争相订购,产品到手后,使用起来既方便、效率又高,这就是一条有用的新闻,它给受众带来实际的物质利益。

"有益"这一要素,是指受众从新闻中得到的信息对人们了解环境、应对生活难题有好处,尽管这种好处不是物质方面的,但能给人们提供某些情况和教益,提高人们的生存能力和战胜困难的途径。面对电视荧屏,政府发出精准扶贫的号召(使民众对扶贫有了新认识)、春节期间各大酒店人满为患、明天的天气预报、近两天流感患者增加、某国接连发生恐怖袭击(取消到这个国家旅游的人立刻增多)等新闻,能改变人们的认知,决定自己的行动,甚至免遭不幸。这些新闻的"有益"价值,总能让受众对国家政策、国际形势和日常生活有新的认识,使他们的思想和行为适应环境。

"有效"这一要素,是指新闻给人们提供经验、方法上的指导,能立即产生积极、正面的效果。中央电视台在2015年初曾集中报道"家训"的现场新闻。有人面对记者说,父母教给自己的家训是"宽厚待人,仁慈对人";有人说爷爷常在家里说"克勤于邦,克俭于家；器量须大，心境须宽”；有人向记者介绍父母总是劝诫兄妹们“正直诚信、与人为善”；还有人说自己的家训是“感恩父母，回报社会。从孩子懂事时，我就用这两句话教育孩子”……这类家训报道在全国地方媒体也接连进行，引起全国许多家庭注重家教、家规和家风，发扬中华民族的家庭美德。这一新闻将改变许多家庭的面貌。

在任何社会，真正的新闻都有效用价值，最终产生推动社会健康发展的作用。新闻价值满足社会需要时，首先体现为广大受众的价值认可，符合各类受众的心理期待。受众追求“实益”或“教益”的心理期待一旦满足，就会增长见识、学会生存，增强对客观世界的应对能力，新闻就成为人类的精神食粮。

四、现代新闻的五种价值

人们对新闻的受阅和享用，在获知得道、工作购物、娱乐鉴赏等方面的要求得到满足，在精神和行为两方面有了前进方向。什么样的思想行为正确，什么样的思想行为错误，新闻能为人们提供自我校正的镜子。总的说来，新闻价值类型大体有以下五种。

（一）获知价值

这是新闻价值的主要和首要类型，指新闻帮助受众了解新事件、新事物、新动态、新知识，可延伸出“知晓价值”、“知识价值”或“科学价值”，通称“**获知价值**”。

获知是新闻的基本价值，表现为满足人的求知欲和提高人的精神活动能力。一切新闻首先必须真实、全面地反映外部环境，让人知道新的事物或新的变化，了解客观世界的境况。新闻信息在受众头脑里不断累积，扩大人的知识面，持续提高人的思维能力。通过新闻获得知识，提高人的理解力，是人类从事一切活动、创造生存条件的前提。

及时反映一切科学技术的新发现、新成果的新闻，让人类知晓科学技术的新成就、新突破，从中获取无穷无尽的科学道理，具有推广科学知识的价值。媒体如同百科全书，除了设置专门的科技探索专栏和节目，许多日常新闻也含有科学常识，让人认识万事万物的性质和规律。

反映社会活动的新闻，让受众懂得社会的基本关系和法则，提高人对社会的认知能力，树立正确的社会观。这是人类认识和把握世界和自身命运的重要知识来源。人们通过新闻信息了解外部世界，掌握人类历史的进程，丰富人生的阅历，最终转化为人类改造和创造世界的能力。

(二)实益价值

受众知晓某条新闻内容而获得实际好处,表明新闻具有**实益价值**,这是新闻获知价值的延伸。一切新闻都有获知价值,但不一定都有实益价值,只有那些涉及人们实际利益的新闻才能产生这种特定价值。实益价值大量来自生活新闻、经济新闻、工作新闻和环境新闻。就业新闻使某些受众找到合适的工作,自己的能力得到发挥,可观的收入又使生活有了保障;金融股市新闻使受众获得新的信息,在金融市场的博弈中得到收益;有关严重雾霾的报道使老人停止了户外活动,外出行人纷纷戴上口罩,减少了危害,等等。新闻的实益价值至今没有引起媒体和受众的重视,以为新闻只是向人们告知某个事件,最大的好处是让人们获得信息。实际上,大量新闻对人们提高生活能力和生活质量都有实际作用,甚至能改变人的一生境遇。媒体尽力搜寻和报道有实益价值的新闻,指引人们的物质生活和社会活动,使受众改善自己的生存状况。

(三)激励价值

激励价值是新闻价值的重要类型,又称教育价值,包括获取思想道德观念,提高人的正义感、生活勇气和工作责任。激励价值的类别还可分为以下几种。

行为激励。读了一条新闻,受到模范人物或社会正气的鼓舞,有了战胜社会丑恶、社会陋习和自我惰性的信心,跨越思想障碍有了动力。媒体关于先进人物的报道,让公众受到感染,借鉴、学习他们的奉献精神,许多后进的人有了前进的勇气。

道德激励。新闻提供道德典范,对受众产生道德激励,他们的伦理需要得到满足。新闻反映道德高尚的事迹,约束人们的言行,调节人与人之间的伦理关系。新闻经常提供道德样板,公众的道德水准就会不断提高。

思想激励。传播先进思想的新闻事件,引导公众改变落后的认识,形成新的观念。精神生活的特点表明,有关思想规范的报道与受众精神之间,有一种引导和被引导的关系。提倡先进的价值观、民主观、探索精神、法纪意识和公仆意识的新闻,都有启迪公众思想、推动精神文明建设的价值。

工作激励。介绍经验的新闻给受众提供效仿的榜样,政府官员、工商企业家、科研工作者和学生们在媒体上可以寻求适合自己工作和学习的经验和示范,从中看到努力方向,工作和学习有了新的目标,以往落后的面貌就可能改变。

能够产生激励价值的新闻必须符合时代潮流,反映先进的生产力、生产方式和先进文化，代表人民的愿望和利益。具有激励作用的新闻提供的思想和经验，适合人们的现实条件，是人们经过努力可以做到的，才有实际价值。这类新闻内容作为样板事件虽然不具有普遍性，但却是人们追求的目标，能够推动社会健康、快速发展。

（四）娱乐价值

人们从新闻中获得乐趣、陶冶性情或得到轻松感，是新闻的**娱乐价值**。新闻的娱乐性可给人们提供精神享受，许多软新闻都有这种价值。各种趣闻、体育新闻、幽默事件，代表大众文化潮流，使受众得到快慰。

为受众提供消遣和轻松活泼的文化休闲方式，满足受众酷爱欢愉、幽默和追寻离奇的心理，大量有关轶闻趣事和娱乐圈的报道出现在媒体上。当人们有一定的闲暇时间和经济条件，就开始关注环境的畸变、市井杂谈和怪异事件，以便缓解工作重负和心理压力。媒介市场的激烈竞争，使媒体的娱乐化倾向日益突出，进一步激起人们对娱乐新闻的关注。

从严肃的政治、经济新闻中挖掘娱乐价值，突出故事性，搜寻和加入人情味或戏剧性，也可能给受众带来快感。当大量媒体过度追求新闻的愉悦性，崇尚绯闻和各种笑料，就出现了**新闻的娱乐化**。在新闻里加入有趣的情节，带有一定的煽情性和刺激性，可能对严肃内容造成冲击。新闻娱乐化适合低层次文化群体的口味，容易降低媒体的格调，形成媒体的低俗倾向。

（五）抑恶价值

任何社会都有邪恶势力、贪官污吏和各种犯罪，制恶不能缺少法律惩治，但新闻曝光则有更大的预防与惩治作用。新闻曝光将作恶者置于千夫所指、万众怒视的社会法庭，使其声名狼藉，无颜面对亲友，许多怀有恶念者不得不收手。新闻抑恶总是迅疾、无情地揭穿报道对象的老底，烁现他们的嘴脸，成为恶魔的照妖镜。在新闻揭露备受重视、充分发挥作用的社会，各种陋行会大量减少。

新闻**抑恶价值**对净化社会产生多种作用，延伸出更大、更全面的价值：一是使社会蠹虫被置于众目睽睽之下，敦促司法机关将其绳之以法；二是媒体明察秋毫，广泛揭发、声讨坏人坏事，使一切恶势力的保护伞浮出水面，最终挖出社会毒瘤的总根子；三是揭露性新闻使公众明辨是非，看到正义力量的强大，增强人民战胜邪恶的信心。

第三节　新闻价值的判断与选择

新闻价值包含在新闻事实中，记者、编辑通过长期的新闻报道积累了对价值的经验认识，形成对新闻价值的判断标准。自觉运用这些标准指导报道，成为记者成熟的标志。从这一角度看，记者的价值判断是新闻报道的导向性活动，需要深刻把握受众的价值追求。但新闻价值判断仅仅是媒体的经验判断，并不等于新闻价值本身，不能把两个不同范畴的东西混为一谈。

一、新闻价值观与价值判断

从广义上说，新闻价值与价值观有时可以通用，但前者偏重于认定某一条新闻是否有价值、对受众有什么作用；后者则是对新闻价值的认识，构成新闻价值理念，记者、编辑以此对新闻做出价值判断。

新闻价值判断实际是记者、编辑运用价值观鉴别新闻是否有价值、有哪些价值以及价值的大小。新闻价值观对记者、编辑施加影响，协调媒体各部分、媒体与受众对新闻价值的看法，引导他们对新闻效用产生相近或一致的认识。

现代新闻价值观形成于新闻报道与传播实践，既是现实新闻实践的反映，又是对传统新闻价值观的扬弃。社会实践和各种观念影响新闻价值观的发展，在现实的政治观、经济观、社会观和文化观的制约下，新闻价值与价值观始终相互作用，形成持续的互动关系。

新闻价值观不是单一的或一元的，不管是从历史过程看，还是从现实的新闻传播效果看，它都是多样的、多元的。19 世纪 50 年代兴起的**猎奇新闻观**，认为离奇、古怪、异常的事件才有新闻价值。19 世纪末的**黄色新闻观**，极力渲染凶杀、灾祸、色情、犯罪等刺激性内容，并将其作为新闻价值的重要标准。而新闻价值观的怪胎——德国法西斯根据极权意志把政治需要作为最高的新闻价值，一个事实是否值得报道，主要看它能否强化纳粹的统治地位。这种**政治需要价值观**遭到各国新闻界的唾弃。在当代的公共社会，媒体依据新闻满足受众和社会的有益需要来判断新闻价值，是**积极的新闻价值观**。

以上四种新闻价值观都持续较长的时间，在同一个社会中，它们也可能同时存在。新闻价值观的基本思想形成后，就有了相对的稳定性，使新闻传播沿着一定的价值轨道运作，如果不随社会发展及时调整价值标准，势必造成记者、编辑墨守成规的惰性。新闻价值观伴随社会进步不断提升，越来越向受众需要这一方向倾斜。因为它不断吸纳一切优秀的价值追求，产生自我变革的动力，为新闻服务于受众提供认识目标。

二、记者如何确定新闻价值

一条新闻是否有价值，一个事实能否满足受众的某种需要，首先由记者作出判断，然后确定是否选择这一事实加以报道。这一新闻价值判断过程，又称**新闻价值评价**。报道的首要工作是对有新闻价值的事实进行选择，选择的目标和标准都围绕价值确定，使价值选择成为报道活动的中心。在新闻价值选择时，记者首先确认事实对受众是否有效用或效用的大小，这种鉴别能力称为**新闻价值的判断力**。

新闻价值的判断力是由多种因素构成的。一是记者、编辑对新闻价值具有较强的认识能力，形成对价值的判断经验，自觉运用这一经验准确地判定新闻价值。二是记者、编辑的价值判断服务于受众，要对受众的价值需求做出全面、精细的考察和把握。三是正确的价值判断立足于对新闻属性与公众需要的预测，对新闻的效用有推测能力。四是正确评价新闻价值，依赖记者、编辑的评价立场和评价方法的科学性，对新闻事实真相的认识准确、透彻。

新闻价值判断要对新闻效用做出准确的评估，需要掌握五个标准：一是新闻事实能否给人们带来利益，包括物质利益或精神利益；同公众的生活是否有直接关系，关系越密切、对受众的利益越大，价值也越大。二是新闻事实能否构成轰动性事件，引起人们的震动。凡有关人类生命安危、社会安全、社会道德和国际关系的重大变动，都会引起人们的震惊，事件的轰动性越大，越有价值。三是新闻事实越是人们从未听说和见过的事情，而且又十分重要，就越有价值。四是新闻事实能增进人类的知识和认识能力；对自然和社会的最新发现，能满足人类的求知欲，都有新闻价值。

用上述四个标准评估新闻价值，不是指每个事实或每条新闻同时具备这些标准，而是指一条新闻具备一两个这类标准。判断新闻价值需要经验、信仰和意志保证，如果充满主观随意性，用错误的社会观去观察分析事件，就容易产生误判。因为正确的新闻价值判断，需要客观、公正、全面地分析社会现象。

记者的评价接近或同绝大多数受众的需要一致，才是正确的新闻价值判断。记者揣摩受众的需要，把握受众的追求，才能发现和选择价值较大的新闻事实。新闻对公众的吸引力取决于它和受众的关系，记者依据大多数受众的口味确定新闻价值，才是新闻价值评价的基本标准。

三、记者选择新闻价值的准则

记者是新闻事实的寻找者,到处追寻有价值的事实,并把它们挑选出来写成新闻。在许多平常的事件中发现有价值的事件,需要记者有“新闻敏感”,准确区分社会现象的真伪、利害和效用。如果以新闻的意义作为衡量价值的准则,记者首先应崇尚真理,依据事实的真相作出结论。如果是亵渎或歪曲真理的事件,记者要毫不留情地揭露它,新闻就有了抑恶价值。鉴别重大事实的新闻价值,不能不使用真理这把尺子。

记者对事实的选择经由现象到本质、由不深刻到深刻和更深刻的认识过程,需要对新闻价值作出理性判断。一桩事件的发生和发展在结束之前其本质是不变的,但它表现出来的现象则处在经常变动中,因此它的价值可能被现象所掩盖。事件的现象可以为人的感官直接感知,但内在的价值则很难看见,只有靠理性思维才能把握。为了确认新闻价值,记者需要在采访中观察大量现象,尽可能占有丰富和真实的感性材料,依据片面事实,不可能认识事件的真正价值。

新闻工作历来被视为一项高尚的事业,而不是娱乐业,它给公众提供的是理智、智慧和敏锐。为此,新闻价值的选择还要遵循以下准则:一是要符合新闻报道的规则性与目的性的统一,既按广大受众的需要、又按事实的客观真相作出判断,不能把受众的需要凌驾于事实真相之上。二是要遵循社会需要和受众需要相一致的准则。新闻价值的社会需要除了受众需要,还包括满足社会进步的要求。有时受众的需要和社会需要是不一致的。受众需要大都是一部分公民的需要,而社会需要则是整体人民的追求,代表社会的发展方向。只有选择二者共同需要的事实,新闻才具有最大的价值。三是不能把衡量事实的积极意义作为新闻价值选择的唯一准则,真实地报道一切重要事件和社会问题,是对媒体的基本要求。重要的事实和问题发生了,尽管它可能没有什么积极意义,但仍要及时、准确地报道它,让人们清醒地认识面对的环境,这是一种不可低估的价值。

练习与思考

1. 如何认识传统新闻价值说?
2. 论述传统新闻价值说与现代新闻价值理论的差别。
3. 谈谈现代新闻价值的内涵与效益类型。
4. 记者如何对新闻价值作出判断?
5. 对比新闻价值的判断标准与选择准则,指出二者的区别。

第六章　新闻报道与报道方式

新闻报道是指媒体组织稿件，对新闻文本进行加工、编辑，并以一定技术手段制作介质或安排播出的过程。广播电视和网络的直播不需要制作介子（录音带、录像带或光盘），由播音员、节目主持人或字幕向广大公众直接播出消息。记者的采访写作是新闻报道的起始，为报道提供基本内容和文本。新闻报道都是以一定报道方式完成的，包括一次报道、多次报道、组合报道、热点报道、参与式报道；从意媒形式划分，有文字报道、口语报道、图像或图片报道。总括而言，"所谓报道，是认识、判断和表现事实。"①

第一节　新闻报道的规范和环节

作为社会意识活动的特殊类型，新闻报道是媒体进一步完善和排列若干文本、准备向受众报告新闻的最后程序。现实生活和客观事实决定新闻报道的内容，要求媒体以某种适当的形式如实地反映社会现象，不能把主观想象和粗糙的原始材料硬塞给受众。否则，报道就失去了可授性，新闻的真实也会遭到破坏，所以，新闻报道必须遵循一定的规范。

一、新闻报道的六个规范

任何新闻报道不仅向公众披露客观事件，还要立足全局，瞄准社会动向，揭示社会发展的趋势，让国内外公众知道世界每时每刻究竟发生了何种变化。因此，新闻报道

① 和田洋一. 新闻学概论. 吴文莉，译. 北京：中国新闻出版社，1985：67.

要遵循多种规范,依据新闻规律和社会目标,力求达到最佳的传播效果。

第一,保证新闻是对客观事实全面、准确、切实的反映,一切虚构或脱离实际的愿望、猜测都不能纳入报道内容。在新闻报道中尽可能披露事实真相,不能停留于现象和片面事实,让受众产生种种误解。暂时无法抓取事实真相的新闻,对事件的内幕和发展结局不要盲目作出结论,了解多少事实就报道多少事实。重要的表象新闻可能有很多假象,应在后续报道中指出这些假象,否则是对受众不负责任的表现。

第二,记者以服务公共利益为宗旨,防止新闻报道产生负效果。记者的报道要符合社会良知与道德,维护社会公益,不能给公众带来任何损害。新闻报道的根本目标是为公众服务,让公众知道世界上发生了什么,公众及整个人类面临何种危机,最大限度地体现人文关怀和善意。

第三,新闻报道必须客观公正,维护真理和社会正义。**新闻公正**体现为尊重事实,捍卫公民正当权益,披露信息和发表意见要防止偏见和偏私。对不涉及重大是非问题的报道,记者以中立的立场全面介绍事实,不偏向报道对象的任何一方。这种**中立原则**不是无视善恶是非的中庸态度,而是在报道公共事物时坚持当事人的平等权利。过去把报道公正无条件地解释为不偏不倚,而把不偏不倚又无条件地解释为记者的中立立场,是片面、不恰当的。在错误与正确、欺压者与受害者、施暴者与遭难者、侵略者与被侵略者之间,媒体绝不应站在中立立场评判是非善恶,只能站在受害者、正义者一方大声疾呼,为他们伸张正义。新闻公正是一种正义原则。

新闻报道的客观和公正是相互依存的,不客观也就谈不上公正。为了实现报道的公正性,记者在新闻中不能为维护某个集团的利益而掩盖事实,只讲一面道理。强势群体和权力阶层总是拥有较多的话语权,弱势群体和边缘人群则普遍缺少利益表达渠道,报道公正的首要含义就是要反映大多数普通群众的正确呼声,为他们提供表达意志的机会。

第四,新闻报道必须维护人民的知情权,及时报道政府的公共政策,增强政府的透明度。媒体的治国理政报道如果只提供单面事实,抓住一点不及其余,就陷入片面性和绝对化,以井蛙之见愚弄受众。新闻界长期存在的报喜不报忧、只讲一面而不讲另一面,养成受众一叶障目、浮躁盲动的思维习惯。政策报道要提供社会及政府管理的全面和充分的事实,让受众冷静、理性地认识公共事务。

第五,新闻报道要及时、迅速,力争在第一时间报道新闻。特别是突发事件报道,要分秒必争,让广大受众及时知道外界的变化,主动应对各种挑战。

第六，新闻报道要遵守法律，符合法治。记者目无法律尊严，想报道什么就报道什么，以至侵害公民权益和国家利益，要承担法律责任。记者一方面要尊重公民的隐私权、名誉权、知情权与合法的财产权，保护公民的人格尊严；另一方面要尊重法定的国家权力，维护国家尊严、国家安全和各级政府在法律范围内的社会管理权，保护国家利益。

二、新闻报道的环节

媒体以严格的规范指导编辑部组织新闻稿件、编辑新闻文本，通过一系列环节完成报道。其中有信息鉴别、文本完善、版面（节目）编排和介质生产四个环节，又可分为充实事实、加工和表现事实、新闻把关和文本复制四个流程。

新闻报道的前期工作是由记者单独完成的，信息搜集是记者获取新闻线索和选择信息的第一步。**新闻线索**也称采访线索、报道线索，为新闻采访提供有待证实、扩展和深化的讯息，给记者提示新闻的所在。它比较零碎、散乱，多有一知半解的特征。记者采访若能直接获得第一手材料，包括记者的直接观察、现场物证和亲自询问事件当事人得来的信息，就可完成初步的文本，为编辑鉴别新闻稿件提供可靠的保证。利用互联网搜集新闻素材，为记者完成文本获取更多的原料，也为编辑部发现文本的纰漏、进一步加工文本提供根据。

第一手材料具有实证性、重叠性和差异性，越丰富越有提炼的余地。这个世界不缺少信息，缺少的是发现信息的眼睛，在信息的海洋中，编辑鉴别信息的能力十分重要。凡成功的编辑，无不在鉴别信息这一环节高人一筹。

新闻的语言表述、图像与话语的融合，构成**新闻文本**，承载新闻事件的全部内容及意义。编辑新闻文本是新闻报道的主要环节，包括审视事实、框架和新闻叙事，经过严格把关后，精心进行版面或节目组合，完成可复制的最后文本。编排新闻文本不单是补充事实，使新闻成为事件的精彩再现，而且要让事实显露出某种意义。高明的编辑没有更高的奢望，只是把事实本身蕴含的意义让事实自己“说”出来，通过突出关键信息来自显。不高明的记者和编辑则要制造意义，夸大某些事实的分量，或用空洞的阐释为事实说话。

在以上环节中，记者和编辑对事实的审视和媒介内部的逐级审稿，构成隐性和显性的两种新闻把关。记者的构思与写作同编辑的加工一样，都要按照所在媒介的报道方针进行，否则难以通过把关。这种自我审查对外人来说是看不到的，因而是**隐性把**

关。媒介的审稿尽管在不同国家有不同形式,但在文本制作中这种**显性把关**都不会缺席,有关方面还常常用封杀的方式让记者的稿件夭折。

介质生产也称文本复制,作为新闻报道的最后环节,由编辑部转向车间(报纸的印厂和广播电视的制作间)的机械操作。如果说文本是集结多人智力的作品,那么介质生产就是将个性化的新闻文本复制成可以进入传播渠道的产品。由于介质的差异,纸媒和电子文本的复制技术迥然不同,耗费的时间和人力物力也不同。现代报业采用电脑设计、第八代激光照排或CTP直接制版印刷技术,编辑部提供电子文稿及其版面设计,然后由印刷部门负责印制,整个过程的智能化程度较高。经过这一环节,新闻的文本变成可供发行的报纸。广播电视节目的文本(直播除外)借助自动化的编辑机,经过紧张的剪辑、镜像调度,将图像、字幕、音响合成为可播放的电子介子,新闻便可准时播出。

三、达到报道质量的新闻标准

在每个报道环节,特别是在编辑部把关中,都以**新闻标准**作为运作的尺度,以保证报道质量。达到报道质量的新闻标准,可简称新闻标准。编辑部各部门的协调合作,都严格按照新闻标准进行,直至报道工作的最后完成。这些标准包括:

第一,新闻有明确的时空概念,六要素不可缺少。新闻六要素不仅是新闻报道的重要内容,也是新闻区别于其他意识形式的重要标志。一个没有时间地点等关键信息的新闻,其真实性是值得怀疑的。新闻报道在导语部分除了说明新闻来源和见证者,要交代事件发生的时空,媒介内部的把关在很大程度上要认真检查新闻六要素是否周全和准确。把六要素作为新闻标准之一,是受众对新闻的起码要求。

第二,报道的内容一定要有价值,给受众产生教益或警示,这也是新闻的重要标准。不同时期或性质不同的媒体,宣传标准、媒体的利益标准常常左右新闻标准,使媒体忽视人民所关心的问题。如果媒体把报道仅仅当成提高发行量或收视率的手段,以换取最大的广告收益,那么,任何耸人听闻的花边消息,都会占据宝贵的版面或节目时间。这是市场经济条件下许多媒体忽视新闻标准的重要原因。无论什么性质的新闻媒体,只要进行新闻报道,就应自觉按照社会公益原则,选择那些与人民群众切身利益和健康兴趣相关的事实作为报道内容,让新闻给社会和民众生活带来或多或少的好处。

第三,新闻披露的事件要真实准确、清晰可鉴和通俗明白,能够经受住历史的检验。这是新闻把关的主要内容和新闻的基本标准。每个时代的新闻都是该时代的晴雨表，只有真实、清晰的事实，才能让人们把握时代的脉搏，认识现实生活的动向。人们之所以把新闻看作是明天的历史，正在于它忠实地记录现实，给人类留下珍贵的历史记忆。如果新闻报道没有完整、全面、清晰的事实，受众看不懂，或只能获得模糊、浑浊的印象，那么新闻就是一堆冗杂不堪的乱象的反映。

第四，新闻介质要达到精品的要求，承载生动、流畅和简洁的新闻内容，给受众的受阅带来快感。报纸版面有美感和冲击力，文字清秀，版幅适宜，并及时送达用户手上。广播电视的播音声容并茂，楚楚动人；电视画面清晰简练，环环相扣，才能引人注目。网络新闻的网页疏密得当、赏心悦目，图文比例合适，标题多有震撼，广告不给受众带上“眼罩”，网民的点击率自然节节上升。

第二节　新闻报道的方式

如果说采访是事实转化为新闻文本的起点，那么编发则是新闻与受众见面前的环节。新闻编排借助媒介意识消化新闻事实，判定事实的重要程度，进而确定特定的**报道方式**。报道方式主要有一次性报道、多次报道（连续报道、追踪报道）、组合报道、热点报道、谈话报道、参与式报道等。报道方式不是指新闻的体裁和写作形式，而是指设定新闻推送的规模和文本容量。

一、一次性报道

大量新闻仅报道一次就结束了，新闻生命短暂，只展现事件的一幕。动态新闻多采取一次报道方式，因为时空有限，不用多大篇幅就能反映事件的过程和结果。这类新闻的文本短小，事实脉络简单，多为生活中影响力较小的事件。2016 年 2 月 14 日《楚天都市报》报道湖北省秭归县一棵高 30 米枯死的千年油杉被群众拜祭的鞭炮引燃，最终烧得只剩一段残余的树干。消息尽管被几百家传统媒体和网站转载，却始终没有后续报道，一次报道就给受众提供了足够的信息。

对什么样的事件采取一次性报道，是媒体与记者每天都遇到的问题。以下几类事件一般采取一次性报道：世界每天出现的大事无穷无尽，如果事发当天就终结了事件过程，不再延续；倘若一个事件虽然发生后延续几天、甚至十几天，但对发生地以外的受众没有意义；一个事件尽管比较重大，也有后续性，即使像发生在天安门广场这样具有象征意义的地方，由于是负面事件，对社会和个人没有任何教益。

1982年"天安门广场驾车撞人事件"、2009年3月2日"辽宁省颁布《农民工权益保护规定》从5月1日开始实行"、2016年1月9日"爷孙俩坠入冰窟双双身亡"、2015年12月24日"中国社会科学院及社会科学文献出版社共同举办的《社会蓝皮书：2016年中国社会形势分析与预测》发布会24日在京举行"等新闻，都采取一次报道方式。因为这些新闻没有后续性、全局性，新闻价值不大，或是没有任何启迪的负面事件。

凡有后继动向或涉及国家命运与公众生活的事件，如2017年4月1日中共中央决定设立雄安新区、2016年10月1日"人民币纳入SDR篮子成世界货币"、2015年10月29日"二胎全面放开大幕开启"、2015年11月13日晚"法国市中心一家餐馆遭遇持枪者袭击，至少197人在恐怖袭击中死亡"等新闻，波及面广，产生令人瞩目的结果，媒体不断跟踪事件的发展，必然采取多次报道方式。

二、新闻事件的多次报道

许多重大事件涉及面广或有后续发展，媒体无一不采取多次报道方式。即使某家媒体仅报道一次，但大多数媒体用多次报道反映事件的影响力，把受众的注意力吸引过去，只报道一次的媒体就陷于被动。常见的多次报道有连续报道和追踪报道两种。

连续报道是指对持续发展的重要事件在一段时间内进行三次以上的报道，把事件的全面信息或延续动态及时告诉受众。这类新闻事件大都涉及全局性的政治生活、经济生活、社会问题和模范人物的先进事迹，包括长篇通讯、新闻专访、新闻调查和深度报道。连续报道的内容无论是正面还是负面事件，都需要投入很大精力搜集相关材料，按照事件线索和新闻主题制定报道计划，用较长的时间才能完成。

从总体安排看，连续报道多按时间顺序展开，各次报道承上启下，事态呈线性延伸，每篇文本围绕一定的情节展开。报道的间隔也有规律性：各篇报道在时间上应相隔近一些，不能今天发一篇，十天后再发一篇，一般安排两三天报道一次。在内容上具有递进性，多篇文本由浅入深，一环紧扣一环，节奏感突出。如果事件发展快，每天都有新的变化，可增加报道密度，紧跟事件的进展。

连续报道的文本大多数是纵向的，即从事件发生、发展走向事件的完结，各篇报道依次展开。每次报道都有新信息、新内容或新观点，抓住事件的新变化突出一个议题。记者把变动的最新事实呈现在受众面前，使受众渐次深入地认识事件，看到事情发展的脉络和真相。因此，各篇报道的顺序不能任意变动，一旦变动，可能打乱受众的思路。

连续报道的每篇文本多是预定的专稿，也可能是突发性消息，二者都有及时性的特点，但内容都较详细，多数篇幅较长。有的报道除抓住关键情节进行描述外，还用夹叙夹议的方法进行精彩的思想概括，突出新闻主题。连续报道开始后，媒体特别注意社会反响，及时把社会反应写成动态新闻，造成舆论强势，产生更好的报道效果。

追踪报道是指关于社会冲突事件的连续性消息，以生动描述或设置悬念，接连披露冲突的下一步发展。如果事件本身扣人心弦，追踪报道能迅速提高收视率或增加报纸的销量。追踪报道由若干条消息构成，每条消息都有曲折的情节和疑团莫释的结尾，把受众的注意力紧紧抓住，很像中国古典章回小说的手法。

追踪和连续这两个概念有重合性，但意境并不一样。追踪报道不是一般的连续报道，而是对波澜起伏、复杂曲折的冲突性事件的跟踪写生。记者追逐事变的进程，带有紧追不舍的意味；而连续报道的含意比较宽泛，报道的事件多带全局性，不一定是冲突、曲折性事件。追踪报道可能是人间的冲突，也可能是人与自然的冲突，还可能是政治斗争，充满浓郁的反常性或人情味。这类事件解决起来极不顺利，往往矛盾重重、节外生枝，与其说记者、编辑注重追求结局的完美，不如说更偏重再现事件的波折。

追踪报道既可以反映正面事件，也可以反映负面事件以至各种丑闻，因此能产生动人心弦的效果。受众对冲突事件具有天然的兴趣，报道一旦把受众的兴趣撩拨起来，就很难熄灭。因此追踪报道虽然不必每日见诸媒体，但它的发表间隔要比连续报道密集，绝不能有较长的间断性。一般应在两天左右披露一次最新进展，“步步惊心”，把报道推向高潮，“章回”味让人期盼不舍。

追踪报道还运用多种体裁使报道内容立体化、多维化，让受众不仅了解事件的发展，而且理解事件为什么产生，如何解决矛盾纠葛。为此，在追踪报道中同时穿插按语、短评、受众来函、政府有关人士的谈话、知情者的“专访”，消息、言论、来信、调查报告、访问记等多种新闻体裁交叉运用。

三、组合报道

组合报道又称整合报道、版块报道、系列报道，尽管这三者之间存在细微差别，但它们都是用一组稿件在同一版面或同一期新闻节目中围绕同一个主题揭示某种现状、社会问题或最新观念。其中，**系列报道**略有不同，除延续较长的时间，组合的同类事实系统性较强，突出同一个新闻主题更为明显、深刻。广播电视的组合报道多有系列报道的特性。组合与系列报道的共同点是:选题现实性强,各文本内容具有共性和内在联系,报道形式或体裁大致相同(一组短消息、一组短通讯、一组短特写、一组专访,等等)。例如2016年春节一过,中央电视台每天推出几篇街头专访,就“孝顺观念”报道中国老百姓的最新精神面貌和道德体验。观众从多次组合报道中,看到各类人群对长辈的敬爱和感恩之情有了大幅提升。敬重、体贴和关心长辈是这次组合报道的中心议题。

组合报道的各篇新闻同连续与追踪报道不同,不是对同一个事件发展的持续报道,而是就同一个议题选择不同事件,或组织不同侧面的事实集中反映社会某一方面的变化或问题,加深受众对新闻主题的认识。记者整合新闻资源,进行全方位、多角度、立体化的报道,加重了每篇新闻的分量。由于组合的各篇新闻之间建立了有机联系,有点有面,信息多维,思想厚重,形成规模优势。正像“整体大于部分之和”,多篇围绕一个主题的文本形成版面或新闻节目的强势,容易引起受众的注意。

组合报道对稿件经过周密的安排,对各篇新闻的作用和意义做出充分评估,具有彼此互动、前后呼应和步步深入的作用,较之单发的新闻有更强的冲击力。这需要优化组合方式,强化不同事件和内容的组合机制,其中包括:一是多方位的新闻组合,即把发生在不同区域、不同领域的事件组合在一起说明一个问题,证明某个观点的正确性;二是因果机制组合,把表明原因和结果关系的若干条新闻组合在一起,说明客观事物变化的内外因素,让受众认识某个事物前进的动力是什么,如何遵循事物的发展规律来生活和工作;三是新闻内容的对比组合,把正好相反的事实组合在一起,通过比较,突出事物的是非正误、美丑善恶,加深受众对事物特性的认识;四是集中同类事实的组合,以多篇新闻把同类事实集中起来,多侧面或递进地说明它们的害处或好处,加深受众的理解;五是多种体裁新闻的组合,围绕一个议题,把新闻、短评、新闻分析、特写(电视可用口播新闻、图像新闻、字幕新闻、现场报道、专家评述、本台评论)等多种体裁的稿件组合在一起,既让受众获得生动的事实,又能了解媒体的观点,同时获得感性和理性认识。

四、热点报道

突发事件和尖锐的社会问题一旦发生,立刻把广大公众的注意力吸引过去,引起人们的思考和热议,有时还充满不同意见的争论,称为**焦点事件**。媒体对其迅速投入报道,产生**焦点新闻**。这类新闻对事件的纠集和社会焦虑作出反应,激起激越广泛、起伏跌宕的舆论，被视为**热点报道**。

社会始终存在关乎人们切身利益而又长期无法解决的矛盾，突发事件一旦成为这类矛盾的爆发点，随即触动公众的神经，有越来越多的公众加入讨论的行列，出现社会热点。媒体围绕社会热点展开报道，进一步强化人们对热点问题的关注，把社会矛盾推向紧要节点，引起政府或社会有关部门的重视，开始着手解决相关问题。

媒体对社会热点往往做出连续或系列报道，既剖析社会问题的深层要害，对事件的严重性提出警示，又把群众的强烈呼声反映出来，要求管理部门采取有效措施解决面对的问题。这种干预生活的报道，是媒体履行社会责任的突出表现。许多媒体把焦点新闻摆在重要位置，派出能力强的记者亲赴事件现场，全力挖掘事件内幕，力求写出振聋发聩的新闻。在一定意义上，热点报道是社会和谐与发展的动力，是媒体影响力和公信力的用武之地。

许多热点报道尽管已过去很久，发生的空间离受众也很遥远，但仍给公众留下深刻的印象。2015 年 4 月 3 日晚一组男童背部被继母打得血肉模糊的照片出现在网上，立刻在全国网民中引起义愤，各类媒体卷入报道，最终引起司法部门的干预。到 11 月 20 日，这名 9 岁男童的养母被二审判处有期徒刑 6 个月，南京虐童案持续发酵多半年才平静下来。

媒体选择哪些焦点事件来报道，体现出记者的敏感和对社会矛盾的认识，洞察各种不公、犯罪、人间不幸和官僚作风的滋生，随时都能看到震慑人心的事件。焦点新闻重在“热”，广大公众积压在内心的不平一旦喷发，往往和社会管理者的冷漠与不作为有关。选择这样的事件，通过反映各方面的强烈呼声，给政府及相关部门造成压力。热点报道形成舆论的高压态势，既是媒体的出发点，也是报道气氛与节奏产生的效果。即使如此，烂尾新闻仍不时出现，社会管理者的惰性和对抗，往往使热点报道发生异变。

烂尾新闻又称断头新闻，指热点报道发出第一篇新闻后，有关机构迫于舆论压力立即表态“对问题一查到底”，但由于涉及关键人物，最后却杳无声息，热点报道没了下文。烂尾新闻多源于有关部门对违法事件的当事人“不敢查、不想查、不能查”，随之压制所辖媒体“不准发声”，以装聋作哑平息公众的“怒火”。2014 年南阳“艾滋病拆迁队”以满墙标语恐吓尚未签署拆迁协议的居民就是一例。媒体第一次报道后，官方立刻表态，幕后黑手是开发商，但此后再也见不到媒体的后续新闻。“艾滋病拆迁”的内幕和真相究竟如何？没人给出答案。热点报道成了烂尾新闻，击碎了民众的监督期待,助长了邪气,也摧毁了媒体的公信力。

五、参与式报道

参与式新闻(Participatory Journalism)的概念来自美国。20 世纪 90 年代美国曾兴起公民新闻运动,许多公众亲自写稿或向记者反映身边问题,参与媒体的新闻报道。网络在美国普及后,公众借助网络和手机主动发表自己的所见所闻,把参与式新闻推向高潮。丹・吉尔莫(Dan Gillmor)在《我即媒介》(*We the Media*)一书中,把参与式新闻界定为公民搜集、报道、分析和传播新闻和信息的积极行动,为民主制度提供所需要的独立、可信、准确、广泛的信息。

公民参与网络和传统媒体的报道,以普通人的身份和角度写稿、录影或拍照,发出一篇篇新闻,形成庞大的**"公民记者"**队伍。网上出现的大量博客、微博、微信、BBS 新闻,把大众亲自看到的事件晒到网上,表达他们内心的诉求,许多声音产生了全球效应。媒体吸引公众加入报道活动,雇佣大众中的新闻线人,采纳他们提供的新闻素材,听取他们对记者新闻稿件的意见。这种**参与式报道**,是记者与民众密切合作的产物,扩大了媒体对社会信息的占有率,使媒体增加了无数双眼睛。依据受众观点与情感提炼新闻主题,使新闻同公民的切身感受更为密切,新闻的针对性从来没有达到如此高的程度。

一家好的媒体要有民众基础,一条好的新闻应成为民众的代言人,参与式报道作为实现这两个目标的直接形式,对传统媒体干预生活提供了动力。这首先需要媒体加强同民众的联系,建立足够的**新闻线人**队伍,经常深入社会底层,听取民众的意见和他们掌握的信息,重视或采用他们提供的、有价值的新闻线索和稿件。

谈话新闻是参与式报道的重要种类,通过记者面对面的采访和一问一答的形式,把被访对象引进新闻报道。电视较多采用谈话新闻,边披露信息边推介被访人的观点,使各种访谈节目亮点纷呈。电视参与式报道以新闻事件为由头,主持人同新闻嘉宾进行对话,对事件作出分析,启迪受众的思考。正如美国脱口秀主持人奥普拉・温弗瑞所说:"一个好的脱口秀应该激发人深思,引发一个新思路,也许在绝望时给你一点希望,使你有一点受到鼓励的感觉。"

作为谈话新闻的主导者,记者或主持人设置关键性提问,向被采访的民众或专家学者探寻对事件的见证及其真相,倾听他们提供的情况和见解。记者头脑清醒,尊重事实,不耻下问,让嘉宾畅所欲言。对分歧较大的社会问题,邀请数位观点对立的人士介绍他们掌握的信息和看法，各抒己见，对受众了解是非大有裨益。一次对话没有解决话题的纷争，还可安排下次对话，让受众对社会问题的答案怀有殷切的期待。

第三节 新闻报道的主要规律

新闻报道规律又称新闻报道的法则，表现为新闻报道的因果效应、形式对内容的促进性、方法对效果的制约性而产生的致效关系。这是遵循报道规范和新闻标准的必然结果。媒体依据择优原则完成报道，对受众和社会产生积极的影响，形成重要的新闻致效法则。许多知名记者和媒体经过长期实践，总结出以下主要报道规律。

一、事实选择规律

记者在众多事实中辨别、选取具有知悉意义的事实制作新闻，是新闻报道的首要规律，包括事实选择、角度选择和价值选择。任何报道都是通过**新闻选择**开始的，没有选择就没有新闻。记者选择事实越精细、越突出新闻价值，新闻报道的效果就越好。准确地选择事实，是提高新闻报道质量的前提。

大千世界每时每刻都发生各种事件，媒介不可能、也没有必要对所有事件进行报道。新闻报道只能再现世界主要动向的事实，而不是对现实世界的全盘复制。报道什么或不报道什么，是媒体对现实生活过滤的结果。凡是符合媒体取向的事实，特别能引起他们的注意，派出记者采访，进入新闻选择和编排的流程。新闻选择首要的是事件选择，把认为值得报道的事件确定下来，成为当日采访或编排的对象。凡有价值或价值更大的事实，就把它们筛选出来。其次，哪个或哪几个角度最能代表事实的真相和本质，体现编辑部的报道意图，记者和编辑就选择哪个角度。与主题无关的事实或影响人们准确理解事件的无用细节，都要剔除。

新闻报道要有选择标准，究竟按照哪个标准进行新闻选择，要看新闻事件的具体情况。一是对重大和涉及全局的新闻，要遵循政治标准。国内外媒体大都选取对媒体的政治立场有利的事实，对不利的事实就舍弃较多的材料，或不予报道。二是遵循事态标准。不管事件的政治倾向如何，只要事实具有影响力或轰动性，就选择出来报道，至少要进行简要的报道。三是遵循公众利益标准。凡关乎大众切身利益的事实，不管事件大小，都应选择出来报道，特别是与公众收入、财产和安危有关的事件，决不能弃之不顾。四是遵循公众兴趣标准。凡能引起公众趣味的事实,能给公众带来精神愉悦的事件,也要适量、及时地报道。

二、用事实说话规律

通过新闻事实和角度表达编辑部的意图,对受众产生潜移默化的影响,构成用事实说话的规律。这一规律来自新闻的客观性,又称新闻的**客观报道规律**或**涵化规律**。以披露事实而不是直接说出媒体的观点,给受众以深刻的印象和难忘的教益,是媒体用事实感化受众最好的策略。记者的观点隐蔽在事实中,看不到记者扬弃了哪些事实,有意保留、突出了哪些事实,是运用事实说话这一规律获得成功的标志。

"新闻是一种无形的意见","学会用事实发表意见"[①],能揭示出朴素的真理。**用事实说话**,要报道能说明问题的事实,让受众认识客观事物的是非正误。如果媒体害怕公众知道事实,不愿意让人们看到事实,就会用反复的说教掩盖事实。一切坚持谬误立场的媒体,总是喜好用空话、大话代替事实,强行用自己的意见解释事实。即使它们用事实说话,用的也是片面的事实或策划出来的事实,说的是远离事实真相的话。新闻用事实感化受众,以事实揭示新闻蕴含的意义,能产生征服人心的力量。因为事实胜于雄辩,通过事实得出的结论令人信服,而确凿的事实正是真理的化身。

记者一旦选择了确当的事实,事实就把媒体要说的话表达出来,变成无形的意见。记者既不能随心所欲地删除重要事实,也不能主观地突出或贬抑重要的事象。因为"每个事实本身都在说话,你不让它说是不可能的。你报道这个事实,它说这个话;你报道那个事实,它说那个话。"[②]新闻用事实说话,而且是说正确的话,就必须向公众提供能反映事件真相的事实。如果记者根据个人的好恶选择事实,有意保留或突出自己喜欢的事实,新闻说出的可能是假话、大话或片面的话。

新闻报道不排斥记者对事实发表观点,但在大量新闻中不宜无拘无束地大加议论,除非事实本身非常复杂,假象严密地遮蔽了真相。只要真实、客观地披露出主要事实,就能显露出事实蕴含的观点,就要进行客观报道,用事实说话。如果记者的立场错误,注定背离客观事实,不可能正大光明地全面报道事实。新闻报道用事实说话的规律,总是符合媒体的正确追求,而与媒体的错误立场相冲突。记者根据事实的全貌,选

---

① 胡乔木.人人要学会写新闻[N].解放日报.1946-09-01.

② 李普.记者甘苦谈[M].北京:新华出版社,1997:46.

择反映事件真相的事实加以报道，就能正确引导受众的认识。

三、反涵化报道规律

涵化是指媒体用事实说话，用特定事实暗示新闻的意义。但在报道实践中，大量反涵化的形式也普遍使用。比如深度报道、新闻通讯、述评新闻、谈话式新闻等，没有完全用事实说话，而是频频抛出精湛深邃的观点，同样可能得到受众的认同，有时比"用事实说话"有更显著的影响力。因此，"反涵化"也是一种报道规律。这一规律说明的是，什么样的事件适于**反涵化报道**，采取哪些方法进行反涵化报道，才能引起强烈的社会反响。

有许多复杂事件，涉及面广，背景和演变过程纵横交错，不经记者分析，多数受众很难正确、全面地认识。对这类事件的报道，不能只是告诉受众新鲜的事实，还要向受众提供记者对事件的解释，引导受众知晓事件的深层联系。这同"用事实说话"的涵化规律正好相反，媒体的条分缕析，让受众直接了解事实的意义。

反涵化报道在今天的各类媒体上大量出现。1980 年日本学者新井直之认为："今后的报纸，解说的重要性将日益增加。如果说，报业史的第一阶段是'政论报纸'的时代，第二阶段是'报道报纸'的时代，那么，今后即将带来的第三阶段就可能是'解说报纸'的时代。"[①]反涵化报道的实质是记者站出来说话，解说世界。这一般有三种方式；一是先说观点后加事实；二是先陈述事实后加观点，三是夹叙夹议，事实与观点相互穿插。不管哪种方式，记者在反涵化报道中都要分析事件的因果关系，揭示事物的内在联系，提升受众对新闻事实的理性认识。

反涵化报道突破了单纯事实的框子，把揭示生活的意义放在首位，使受众的认识直达事实的真谛。如果说纯消息以"事实说话"见长，那么深度报道、长篇通讯、谈话新闻等则以见解新颖深刻、阐明事理而见长。

记者的观点是否建立在事实之上，是检验反涵化报道能否符合规律的一把尺子。如果记者的观点脱离事实，纯属空泛之论，对受众难以产生影响。如果事实本身就能说明问题，记者洋洋洒洒地发表意见又属画蛇添足，必然陷入苍白无力的说教。新闻中记者的观点言之成理、持之有据，因事论理，理从事出，是**反涵化规律**的严格法则。新闻遵循这一法则揭示的事理，符合事实自身的逻辑，既能触发受众的思考，又能点拨

① 和田洋一，等. 新闻学概论[M]. 北京：中国新闻出版社，1985：70.

受众认识的迷津，产生“用事实说话”无法达到的效果。因此，用事实说话的规律是潜移默化影响受众的法则，而反涵化规律则是激发受众接受媒体观点的法则。

四、及时与时机性规律

一切新闻都有时效性，不迅速、及时报道，最新事件就成为旧闻。这是许多记者和受众都懂得的新闻规律。但有些新闻恰恰不需要快发、快报，而是在特定时间报道才有最大的价值，这就是**新闻的时机性**。这一新闻规律不具有普遍性，是一部分新闻的报道法则。如果依据时机性否定新闻的时效性，不仅混淆了两个规律的适用范围，而且割裂了新闻时间属性的内在统一。时机性是一部分新闻需要适时的属性，这部分新闻在最佳时机报道，才能产生最好的效果。而新闻的**及时性**则是一切动态新闻的普遍规律，新闻报道不及时，就不再是新闻。

新闻报道要及时是普遍规律，但没有普适性，有些新闻事件等到一定时机报道，才能产生好的效果，才有利于社会和广大公众。这里的关键是，要辨别哪类新闻需要依据最佳时机来报道，不能随意扩大这类新闻的范围。时机性这一规律发挥作用大致有两个前提，适用于两类新闻。第一，有些事件刚一发生，特别是司法和有关公民权益的事件，其真相没有显露出来，匆忙报道可能铸成大错，等到一定时机再报道才能让人了解它是什么样性质的事件。有时，这样的事件能否成为新闻，都需要时间验证。第二，发生在局部环境或仅有少数人知道的事件一旦立刻报道，也能引起轰动。若发表的时间适当，将产生更大的社会反响，显露出更大的价值。如公布国家的重大决策、披露有纪念意义的事件，公开贪官污吏的罪案，宣布重大科技成果等，抓取最适合的时机报道才更稳妥或有重大意义。把这类新闻搞成“今日报道”，不仅不能充分发挥新闻的功能，还可能出现某些副作用。

但是，新闻报道的时机性规律不具有普遍性，只适用于少数新闻事件。新闻发生后不及时报道，或新闻遭到扣押，都与新闻及时性规律背道而驰。借口没有搞清全部事实就不报道，把新闻拖成旧闻，使媒体的公信力遭到损害。只要不涉及国际关系、全局利害和公民的正当权益，不搞清楚全部事件不会造成大错或恶果，就需要及时报道，搞清多少事实就报道多少内容。在一段时间内通过多篇及时性新闻，渐次把全部事件披露出来。

有人提出，对群体事件不宜盲目报道，以免引起或扩大社会冲突，等到群众的情绪稳定下来再报道才是最佳策略。事实恰恰相反，群体事件一旦发生应当立即报道，说明事件的大是大非，指出事件中是否存在非法行为，提高群众的警觉，这是稳定社会情绪、遏制恶性事件蔓延的最佳策略。有人强调，有些新闻在什么时候报道能产生好的舆论导向，就在什么时候报道，报道及时不一定有利于舆论导向。这种荒谬见解无疑是把受众当阿斗。报道能不能正确引导舆论，不完全取决于在什么时机发表，而在于新闻是否披露事实真相，是否说真话，反映群众的呼声和根本利益。

在传播技术高度发达的今天，网络和手机新闻实现了**实时传播**，新闻报道和事件发生同时相随，并肩而行。广播电视的随时插播和滚动播出，也把新闻的时效推向极致。在网络和手机新闻的倒逼下，新闻时机性规律的适用范围越来越小，在大多数情况下已经做不到了。传统媒体不报，网络和手机早已传播得沸沸扬扬，这样的事例屡见不鲜。新闻的及时性和时机性规律，都以社会效果为准绳，以真实性为基础，只要不给受众造成错觉，不损害公民和社会利益，一切新闻都要抢发快发，一旦出现差错，要勇于纠正和澄清。

练习与思考

1. 简谈新闻报道的含义。
2. 新闻报道有哪些环节和报道方式？
3. 论述新闻报道的规范与新闻报道标准的区别。
4. 新闻报道有哪些规律？

第七章　新闻传播与社会效果

新闻传播与新闻报道是两个既相联系又有区别的概念。**新闻传播**是以媒介发出新闻为起点，受众收受新闻为终点的传受(communication)过程，主要指新闻的传播方式、传播模式、传播效果和传播规律。与此相反，新闻报道不包括介质抵达受众的环节，不涉及新闻的社会效果。新闻传播与新闻报道的区别还在于，新闻报道主要受媒体的支配，新闻传播除了受媒体支配外，还受传播环境和受众取向的制约。

第一节　新闻传播方式与要素

新闻都在一定社会环境中传播，多种社会因素对新闻传播发生作用。社会制度、社会意识、物质生活方式、民众生活状况、社会习俗等因素构成**新闻传播环境**，影响新闻传播效果。适应信仰环境、制度环境和文化环境的新闻，传播得更快，有更多的受众。同社会环境格格不入的新闻，很难取得预期或持久的传播效果。

一、环境对新闻传播的制约

不管在哪种社会制度下，由国家权力或媒介机构决定报道什么样的新闻，符合新闻政策的新闻总是获得充分传播的机会。反之，违背新闻政策的新闻总要受到制度本身的约束，制度对政治新闻的约束力尤为突出。**新闻政策**是新闻制度的具体化，表现为新闻报道的标准、要求、禁限等一系列规定，由此构成新闻传播的制度环境。

受众的追求，构成新闻传播的意识环境，理想、信念和价值观形成的主流意识形态，决定重要新闻的传播内容和信息量。适合人们意识环境的新闻，容易获得传播优势，与意识环境抵触的新闻不会成为常规的传播内容。每个正常的人对一定事物总是表现出某种信念，而不是无动于衷，无数具有同类信念的人，构成信仰弥漫的社会空间，适合这种信仰的新闻会受到欢迎，而遭到相反信仰的人群的冷遇。比如宗教新闻，在西方国家传播的速度和效果都很显著，在我国却很难找到大量受众。

各民族人民都在一定文化环境下生活，符合本民族文化的新闻及其传播方式，传播空间十分广泛；但受众对异质文化又总是产生好奇，此类新闻也会发生暂短的传播，但不可能多次传播。西方电视关于橄榄球、斗牛竞技的实况报道，那里的受众观看得津津有味，在中国电视台频繁播出这种报道，效果恰好相反，观众会大呼无聊！新闻本身也是一种文化，各民族人民都在一定文化环境下生活，习惯于接受符合本民族文化的新闻。

二、新闻传播的环节与方式

新闻传播环节构成新闻传播的不同阶段，包括信息发送、受众接收、受众反馈和反馈搜集等四个环节，又称**新闻传播的四阶梯**。新闻能够满足受众需要，在被复制为介质后，便进入由以上四个环节构成的传播过程。

媒介以特定的手段将新闻推送出去，受众通过接触质媒或接收终端获取新闻，这两个环节连接贯通，新闻才能发生真正的传播。信息发送决定受众受阅，而受众受阅决定受众反馈，有了反馈，媒体才能在搜集反馈信息后作出必要的报道调整。在整个传播过程中，信息发送是起点，受众受阅是终点，由受众检验新闻价值的大小。反馈表明社会对新闻作出的评价，搜集反馈是改进新闻报道的手段，对提高新闻质量发挥重要作用。

发送新闻要借助**传播方式**，以信息的不同频率、节奏和时律（时效律）向受众传播新闻，会产生不同的传播效果。常见的新闻传播方式有应时传播、集中传播、时宜传播、反复传播四种。**应时传播**，作为新闻传播的常态，当事件一发生，就争分夺秒地完成采写和报道，并及时把它传播出去。这种传播方式看重时效，把实时传播视为最佳形式。**集中传播**却不重视新闻时效，把不同时间发生的新闻集中起来，围绕一个主题大信息量地连续向社会倾泻，实际是一种宣传活动。**时宜传播**同应时传播正好相反，新闻虽然已经发生，稿件早已写好和编辑完毕，但要等到最佳时机再传播。媒体这样做主要基于效果考虑，也可能出于慎重。媒体对重要新闻反复传播多次，特别是同一条广播电视新闻在一天之内多次播出，是常见的**反复传播现象。**这种反复传播方式在纸媒上也经常出现。同一个议题的新闻有时在报纸上连续报道多天，尽管每天报道的内容有所不同,但都是围绕同一个主题展开的,这是纸媒特有的反复传播方式。

各种传播方式试图依据新闻内容和媒体意向左右受众,以改变受众的认识为目的。很多新闻在什么时间传播、传播多少信息,都服从于这个目的。媒体以不同方式发送信息,作为新闻传播的首要环节,都以把新闻介质送达受众为目标。作为媒体的一项重要工作,把报纸送到读者手里、把电视信号清晰地送到千家万户,网站让网民便于打开网页,都是传播新闻的关键性环节,标志新闻已经“开门进屋”。只有当受众受阅新闻,新闻传播才算走完“最后一公里”。新闻还没有被受众收受,只是附于载体上的物理存在,毫无实现新闻价值可言。

受众反馈和媒体对反馈的搜集是新闻传播的最后两个环节。**新闻反馈**(news feedback)又称受众反馈、受众反应,包括网络反馈、电话反馈、来信反馈、面谈反馈和私下议论等形式。媒体对前四种反馈容易获得原始材料,了解民间议论则需要受众调查,耗费人力财力(如发放问卷、组织座谈)在确定范围内主动去搜寻。受众对媒体及其新闻发表肯定或反对意见,表明新闻是否符合实际或他们的想法,以及他们如何理解新闻。反馈有助于媒体检验传播效果,改进和优化传播内容和方式,提高新闻报道及传播质量。

三、新闻传播要素的互动机制

新闻传播由传播主体、传播对象、传播媒介、新闻内容和传播效果五大要素构成,传播过程的五要素不断产生互动,显露出各要素间的互适或龃龉。这些要素紧密接续,相互促进和制约,构成**传播机制**。

新闻传播主体由媒体、记者和编辑构成,发挥关键作用的是媒体的掌门人。他们不仅制定具体的新闻报道与传播方针,而且对新闻实施最后的把关,决定某条新闻能否传播。对新闻接受者而言,新闻传播者处于主动地位,传播什么新闻及以什么方式传播,媒体拥有决定权。在媒体处于垄断受众注意力的情况下,不接受这家媒体的新闻就没有第二个渠道可以获得信息,许多受传者只得被迫接收。但这些受众受阅新闻总是心不在焉、勉强应付,大都不会接受媒体的信念和立场。新闻传播者要想占据优势地位,吸引广大公众接受新闻和媒体的理念,就要讲真话,真实地反映世界的变动,在公众心目中建立起公信力。

媒介的公信力和它的覆盖率是一致的,有了公信力,媒介的覆盖率必然居高不下。公信力与媒体的名称、实力和规模无关,主要取决于媒介信息的权威性与正义立场。

媒介拥有一批权威记者和评论家，为广大公众伸张公理、正义，就有更大的影响力，公信力就耸立在受众心中。当公众需要了解和理解新闻事件时，就会优先选择这类媒体。所以，传播者的优势地位是建立在媒介公信力的基础上的。

使用何种媒介传播新闻，产生的传播效果是不同的。进入21世纪，网络媒介使用率最高，我国网民数量已经攀升到7.8亿，而报纸的销量却一直低迷不振，读者日益减少。同一条新闻在网络上的传播会高于报纸几十倍的受阅量。传播者选择何种媒介传播新闻，受到它拥有何种渠道的限制，不是所有传播者都可做出随意的选择。到2016年，所有门户网站都没有纸质媒介，只能利用网络传播新闻，但各大报纸和电视广播台先后创立了网媒，新闻传播空间不仅没有缩小，而且比以往更大。

在媒介融合时代，影响传播效果的关键因素是**新闻的品质**，渠道的作用正在下降。新闻的内容是否符合广大公众的需要，新闻的表达形式和传播方式能否对受众产生吸引力，决定新闻传播的速度和影响力。新闻传播者及时告诉受众世界上发生的一切，介绍社会各种新理念，给人们提供丰富的信息，就会吸引更多的受众。新闻及时披露重大事件，敢于触及时弊、维护公民切身利益，能显著改变一些人的观点，传播效果就会非常显著。

新闻接受者是新闻传播的末端，他们是新闻的需要者，但不是媒体的需要者，媒体不能背弃他们，但他们随时可能背弃媒体，把注意力转向其他媒体。新闻接受者是不能得罪的，因为他们是消费者，是上帝，他们对付媒体的手段极其简单而奏效，就是抛弃它、不光顾它，让媒体失去梦寐以求的接受者。受众对权威性的新闻和言论总是紧追不舍，媒体不是没有受众追捧，而是缺少受众追捧的新闻。

第二节 新闻传播的四种模式

新闻走向受众是以不同模式实现的。**新闻传播模式是**指新闻抵达受众的渠道呈现出的路径和接续样式，分为媒介的一级直接传播、借助网络的密集传播、多路广众的延伸传播和后续媒介的转载传播等四种模式。有多少受众从媒介获得新闻，以及获得新闻渠道的多少，使新闻覆盖的空间有巨大差别。

一、一级直接传播模式

一级直接传播是大多数新闻的传播模式，又称新闻走向目标受众后的终止模式，即媒体将新闻直达受众后即为传播的终点。新闻在一定范围内被受众选择后,再没有向其他受阅者转传,完成的是一级直接传播。大部分新闻都按照这种模式沿着固定方向走向受众,受众从报道新闻的媒介获得新闻后,新闻的空间延伸也就终止了。

这种模式表明,报道新闻的媒体是受众获取新闻的唯一渠道,也是新闻传播的单一渠道。这一模式的特点是,新闻一次完成全部传播过程,受众一般保持常数,每个接受新闻的人自我知晓后,没有向他人转传的愿望,也没有反馈。

这是一种**新闻默知**现象,即新闻在受众那里陷入自知而泯默的状态。这一模式之所以称为新闻的一级直接传播,是指它直接传播到固定受众那里就达到了最后空间,再没有出现二级或三级转传,传播空间十分有限,标志新闻只在一定区域内影响部分受众,多为小事件或是某个单位发生的事情。全国性媒体上的新闻如果以这种模式传播,表明新闻的价值仅限于预期关注它的人,大多数人对这类信息没有需求。

二、网络密集传播模式

各类传统媒体建立网站后,报纸、广播电视和新闻期刊发表的新闻随即上网,出现网络的二次传播。各类门户网站每天大量转载传统媒体的新闻,同时形成内容相同或相近的新闻组,随即网民的爆料也源源不断地涌现,大有一发而不可收之势,出现网络新闻的密集传播,形成巨大的舆论声势。

为适应网民的口味,传统媒体的新闻在网络二次传播中多数经过改写,变成原来新闻的衍生品。当新闻进入移动网络传到广大手机用户,二次传播的空间极度扩展,很多新闻成为热点。许多有关民生、民瘼和违法新闻的网络传播,很快形成信息密集、多种文本集结的新闻潮。一条新闻调动大量参与者进入网络,加上微博、微信、短信等的互动和点评,形成**网络密集传播模式。**这种模式呈现扇形扩散状态,夹杂多维互动和争议,在极短时间把新闻推向全国以至全世界,极易在大范围形成新闻冲击波。

网络新闻的密集传播是对新闻事实的再造和重生,由于受众纷纷闯入新闻,发出激烈或尖锐的对立意见,产生**网络事件**,形成信息强势。这主要表现为:第一,网上首次或二次传播的新闻内容大都被进一步充实,出现多种表达形式,新闻的各种面孔有更大的吸引力。第二,网络二次传播的新闻覆盖面急速扩大,民间反馈不断涌现,时效更是以分秒计算,一分钟内可能出现几百几千条跟帖,事实的真象和假象被充分揭示,加上网民粘贴的图片或表意符号,传播气氛波澜壮阔。第三,网络新闻的密集传播大都与不道德事件、犯罪事件、意外事件、暴力事件、淫秽事件和冲突事件有关,多为负面新闻。第四，正如前述，网上二次传播的重要新闻呈现多种文本的汇集，网民的点评及情绪，使新闻的感染力和影响力被空前放大。

三、多路广众延伸传播模式

某条新闻传播后，引起民间的关注与人际信息的延伸，出现多路人际传播。新闻价值较大，生成一种动力，受众受阅后通过人际交谈主动把新闻转传给身边的人，出现二级、三级人际交流，形成**多路广众延伸传播模式**。

多路人际延伸使新闻产生广泛传播，人际受传者从其他受众那里间接得知新闻内容，同直接从媒体获取新闻相比带有“级差”的意味。新闻一级传播的受阅者主动进行人际传播，可能在不同人群中多次发生，呈现多次人际再传播，无限扩大了新闻覆盖空间。好新闻正是这样不胫而走的。价值较大的新闻刺激许多人的“呼告欲”，极度扩大了新闻的知晓人数，延长了新闻的寿命。媒介受传者与人际受传者的互动，促成新闻的多级延伸能达到多大空间，取决于新闻事件的重要程度，难以用同一把尺子给出答案。

四、后续媒体转载传播模式

这种模式又称多媒多级传播模式，传播范围快速超越首先报道新闻的媒体覆盖区域，比如省级媒体的新闻被中央媒体转载，在全国传播；新闻被其他国家的媒体转载，传播到其他国家。一条价值非常大的新闻由某个媒体报道后，可能有多种媒体转载，发生二级、三级媒体的依次传播。转载的媒介称为**后续媒体**，因为它们报道的新闻是从首先报道新闻的媒体来的，不是自身发现、采写的，带有接力、延伸传播的特点。

新闻被转载，把新闻快速扩充到若干媒体的固定受众群，称为**后续媒体转载传播模式**。新闻超越原有媒体的覆盖空间，被推向更大的传播区域，并连续出现人际传播，使新闻的覆盖率极度扩展。转载的媒体数量越多，新闻就可能被更多的受众收受，表明新闻传播的效果越好。

能被转载的新闻取决于下列因素，第一，新闻的内容非常重大，涉及广大公众的利益和命运，各类媒体都很关注。第二，新闻价值突破了某一地域的局限，适应更广阔地域的价值观，各区域的媒体就可能转载，新闻传播的路径不断向外延伸。第三，新闻反映政策或工作方面的重要事件，对全局有指导意义，其他地区的新闻媒体又无法直接采访、获取这类新闻素材，只好转载，让自己的受众群也了解这一新闻。

第三节　新闻传播中的受众

受众又称新闻的受传者、收受者或阅听人，是指新闻传播另一端的读者、听众、观众与网民的总称，同时也是新闻信息传播的终点。这一概念在新闻学与传播学中广泛使用，研究它的特点、类型和作用，有助于提高新闻传播的针对性和传播策略。

一、新闻受众的类型与特点

按接触媒体的机会划分，新闻受众分为目标受众和随机受众。**目标受众**是指经常接触某个媒体的固定受众，受阅群很少变化，成为媒体传播的长期对象。**随机受众**指不固定受阅某个媒体的阅听人，随时判断(或听说)哪家媒体上的新闻有可受性就选择受阅，受阅的媒体经常变化。按媒体稳定占有受众的规模划分，新闻受众又分为广众与小众。**广众**是人数众多的、长期收阅某个媒体(包括频道、节目)的受众群，一般在25 万人以上，占公众总量的 20%人口受阅的媒体称为**大众传播媒介**。**小众**是指长期受阅某个媒体的少量受众，一般在 2.5 万人左右。根据上述定义，大众阅览、视听的媒体叫**广众媒体**，即**大众媒体**；小众阅览和视听的媒体叫**小众媒体**，若干小众媒体又称**分众媒体**。我国新浪、网易、人民网等几大网站的网民数量巨大，归属为大众媒体。

新闻资源按政治需要和社会职业进行配置，受众可能存在严格的等级序列，通常划分为精英受众和平民受众。**精英受众**由社会管理人员、知识界、各党派和社会舆论领袖所构成，多受阅严肃报刊、网络新闻与评论频道和广播电视新闻。**平民受众**主要指下层普通公众，通常受阅通俗报刊和广播电视娱乐节目。在传媒多样化的当代社会，受众的职业、收入、兴趣及其背景差异，越来越有扩大的趋势，受众的新闻取向不断转移，追求时尚的周期也逐渐缩短。

有越来越明显的趋势表明，受众最关注的是新闻内容，“内容为王”毋庸置疑。在不同媒介形态相互竞争的条件下，受众选择新闻的主动性不断增强，选择的目标也越来越具体。文化因素、利益因素、职业因素、心理因素以及生活观念、消费观念和价值观支配受众对新闻的选择，受众接触媒介的盲目性正在减少。

在当代社会，新闻媒介的个体差异与受众差异的扩大，将出现大量分众化传播，社会分层和多个利益群体的存在，形成收受新闻的不同习惯。在媒介进入市场的条件下，受众都有消费者的特点，大众传媒把传播内容作为商品销售，必须有一定的使用价值。这样，媒体与受众的关系有时被固定为“卖方”和“买方”，受众在媒体提供的信息产品范围内进行消费。但二者的关系不能被简化为单纯的买卖关系，因为二者主要是思想互动关系，特别是大量网民通过自媒体又变成无利可图的“卖方”。所以，受众并不单纯是消费者，还是社会公共事务的参与者，是拥有传播权利的主体。

二、受众对新闻媒介的使用

进入 21 世纪，新闻媒体的种类、结构（网络、电视、报刊、广播的分布与交互性）与作用正在发生深刻的变化，受众使用媒体的频次和方式出现了新趋势。网络的使用率已占第一位。至 2017 年，全国网民有 7.8 亿多人。电视的观众利用率占第二位，成为各类人群的主要信息和娱乐工具，这与它传播信息的图像性、连续性和快捷性直接相关。而报刊、广播的使用率正在逐年下降，尽管在个别年份报刊的发行量和读者数量可能略有增加。

绝大部分青、中年人每天都离不开网络，因为网络能迅速提供新闻和人们要查询的大量资讯。对网络的使用不但不受时间限制，而且实现了全球信息资源的初步共享，适合人们快节奏的生活方式，也符合一些人追求个性化、效率和时尚的心理。网络和手机信息的融合，让人们随时都可搜索到所需要的专业和行业信息，在网上完成某项工作已成为可能，实际成为许多人工作的操作系统。但长时间使用网络进行阅读，影像、声音、文字产生的光信号，对人的视力和身体都会带来损害，当人们深刻认识到这一点，每天在网上受阅新闻会被控制在一定时间内。

网络新闻具有更强的表现力和感染力，大量深度报道和历史新闻异常丰富，许多图像内容对于男性更有吸引力。许多网民实际已有新闻报道者和受众的双重身份，随时把看到、听到的新闻和对新闻事件与社会问题的看法写成博客或微博发到网上，社交媒体和自媒体是他们最活跃的场所。社交媒体刊发网民提供的重要新闻，大都在三五天以后才被主流媒体转载或作出报道，网民的业余记者队伍正在日益壮大。本书作者对网上新闻的初步统计，网民提供的新闻篇数和线索，占据全部网络信息的 70%左右。许多网民还会在瞬间由新闻报道者转跳到受众的角色，对自己发出的新闻化名发表“畅言”和“推荐”，一篇来自某个角落的网民新闻引发千万受众的追捧，顷刻出现舆论高潮。新闻受体和新闻主体的相互转化，使网络新闻充满活力，网络数据库的大量信息来自网民的所见所闻。

在 21 世纪中期以前，电视新闻仍受到大多数观众的欢迎，是人们晚间接触媒体的首选。在21世纪后半期电视将同网络完全融合，人们会津津有味地在家庭大屏幕电视机上收看世界各国的网络新闻，它的观众将大幅增加。达到这一步需要两个条件，一是世界政治共同体迈出关键一步，全球民主制度形成大体一致的模式，多数国家不再封锁其他国家的新闻；二是电视机具有世界主要语言(英语、汉语、法语、德语、西班牙语、俄语)的自动翻译(或打出字幕)功能。今天在中国，青年男性看电视的时间明显减少，但女性和老年人却没有冷落电视，恰恰是他们获取新闻的主要媒体。电视新闻对推广现代生活、女性解放、防止家暴、改善环境和身心健康提供了丰富的图解。“网络狂飙，电视衰败”的想法，只是一部分人的杞人忧天，这种恐慌心理产生于对电视技术的未来缺乏全面了解。

今天中国报纸的读者多为各级社会管理者、老年人和某些专业人士。许多报纸新闻严重失血、苍白无力，缺少新闻活力，宣传气息仍较浓厚，把大量青年读者挡在门外。即使如此，也有部分中青年人在特定时间阅读报纸：地铁里专注阅读流行小报的人并非个例；每天在电脑前工作的人回家吃完晚饭，要换一下思考方式，把兴趣转向报纸；注重深度报道的报纸多有现实与史实汇聚的文章，思想撞击的火花很有魅力，吸引一批习惯于理性思考的人从中寻求启迪。大部分主流报纸的前两版政治色彩鲜明，不大讲究时效和新闻叙事，但便于读者抓住时事政策的精髓，更适于社会管理人员阅读。

三、受众选择新闻的偏好

受众选择新闻不会有统一的偏好，但他们却有一定的共性，即根据自己的工作和兴趣对新闻进行选择，决定受阅什么和受阅多少。受众按自己的认知接触媒体，选择同自己的追求相一致的信息，长期形成特殊的**新闻偏好**。碰到什么媒体和新闻，就不由自主地受阅，是非常罕见的现象。

一般来说，受众都有求新心理，追求最新的信息而排斥陈旧的信息。在受阅新闻中，多数受众以事实是否新鲜作为选择标准，重大事件和新奇事物的新闻不管发表在哪种媒体上，都会拨动部分受众的神经，引起他们的注意。其次，受众都有求异心理，对异常新闻感兴趣，日常生活中异类的事实和变动的消息和时评，常常引起人们的注意，因为这类新闻有时能满足人们的好奇心，又涉及切实的生活，不能不引起人们受阅的迫切感。在新闻传受关系中，不是求同存异，而是求异弃同，这种受众偏好具有普遍性。

更为重要的是，受众都有“求是”心理，在不公平、缺乏正义感的地方，大量受众急切想了解社会是非的新闻。“求是”不仅要求新闻尽最大努力如实反映事实真相，更主要的是渴望媒体对社会不公表达真理和正义。对社会问题表明是非态度的新闻，从来都有大量受众；如果媒体对是非问题态度暧昧，不敢站在民众立场上发声，时间一久，就会遭到受众的谴责，流失大量忠诚的受众。

最后，受众还按照同自己关系密切的程度来受阅新闻，表现出求近心理。求近心理是指受众喜欢知道自己所在地域或同自己有关的事情，和他们日常生活和切身利益相关的时事消息容易引起他们的关注。不仅社会管理层重视媒体如何报道他们的工作及其相关问题，广大公众更希望媒体站在他们的立场，报道他们的生活坎坷和遭遇，为他们的切身得失发出呼吁。

选择性与排他性是受众接受新闻的两个相反方向，在选择时坚持排他，保证受众在可利用的时间内获得他们急需的信息。受众接受新闻的时间、精力是有限的，不可能阅读一切报纸、24 小时都看电视和上网。据有关资料显示，受众对新闻的选中率只有 5%，95%的新闻他们不看或仅仅视听一下标题。既然他们对绝大多数新闻不屑一顾或没有时间受阅，大量新闻就没有发生传播，或仅仅发生的是半传播。新闻传播是个信息分享过程，新闻虽然走出媒体，但没有被受众视读，或受众只是受阅了标题、导语，完成的只能是**半传播**。只有受众迫切需要和关心的新闻，才能完成整个传播过程，被广大公众全部受阅。

第四节　新闻传播的社会效果

新闻传播效果又称新闻传播效应，指新闻传播后的社会反响与后果，包括新闻传播的范围、引起受众注意的程度、引发受众行为等。受众对大量新闻的注意力和记忆力都是短暂的，但也有许多新闻引起社会轰动，在人们的脑海里打上很深的烙印，这类新闻属于**显效果新闻**。新闻传播在总体上能产生导向效果，可分为正面效果和负面效果、积极效果和消极效果，以及逆反效果。

一、新闻传播的导向效果

导向性是新闻传播的直接效果，也称新闻的第一效果和总效果，指新闻引起公众的思想变化或引发某种行为，表现为新闻的舆论效应。新闻的导向效果实际是舆论引导的成效。重要新闻一旦传播，被广大受传者收受，受众的认识就会发生变化，随即会发表意见,形成社会舆论。一切真正的新闻都程度不同地引发舆论,只不过舆论出现的范围有很大差别。新闻如果没有引起受众的反响(哪怕是在小范围内),它便没有新闻价值,或者根本就不是新闻。真正的新闻,都会生发舆论效应,舆论成为新闻的“分泌物”。

新闻导向带有普遍性,不是导向正确,就是导向错误,总是把受众的思想引领到一个方向。一切真正的新闻都“带响”,只不过产生反响的性质、范围和声势不同。同类内容的新闻报道量在一定时间内越大,报道的内容越新鲜、充分,导向性越强,改变公众的认识越明显,社会舆论也越活跃。

新闻报道塑造的是当日意见,不断增强人们的思考力,以润物无声的特点改变受众的认识。在一定程度上,新闻报道的许多重要事实都能引起人们的沉思,跟随媒体思考某些社会现象,出现受众“引而思发,衔尾相随”的传播效果。记者选择这样的事实或作出评论,相当多的受众就会这样想;记者选择那样的事实或作出评论,他们就会那样想。对多数受众,这种导向效果是无法避免的。但是,媒体的报道如果扭曲事件,背离事实真相,大量受众最终会产生同媒体相反的认识,出现与媒体相反的意见。

新闻的导向效果还同新闻传播的事实分量和频率有关。在有效时间内,报道大量真实而有说服力的同类事实才能有效地改变人们的看法,受众形成的认识也越加牢固。导向的**有效时间**,是指接受者仍然感觉新闻的内容是新鲜的,仍迫切需要接受它。过了一定时间,人们感到报道内容陈旧,不再受阅它,新闻就不再产生导向作用。

二、新闻传播的积极与消极效果

新闻传播的积极与消极效果又称正、负效果,多由正面报道和负面报道所致,但正面报道也可能产生消极效果,负面报道也可能产生正面效果。新闻反映社会的积极现象,对受众和社会产生有益的影响,引导受众正确理解所发生的事件,是媒介的**正面报道。**这类新闻大都对社会产生积极效果。

正面报道包括反映进步的思想道德,反映国家和社会各领域的成就和进步,报道先进的经验或先进人物,报道国家管理中实事求是的思想路线和方针。新闻媒体发表的言论和消息影响千百万人的情绪、思想和行为,使人的精神面貌发生奋发向上的变化,使创造力不可估量的提高,这类积极效果主要来自大量正面报道。

正面报道使公众获得新视角,确立新观点,在某个问题上改变保守落后的观念,对人有鼓舞、激励作用,增强受众前进的信心。这种报道还能增强国家、民族和人民的凝聚力，有助于顺利解决社会矛盾，增进社会和谐。正面报道反映社会发展规律，让人们的思想和行为有明确的方向，不断把社会推向前进。

正面事物是有分寸的，违背事物分寸和实际的所谓正面报道，会导致消极效果。第一，超越事物界限的正面报道，违背事物的性质，以荒谬的观点误导受众，民众对这类新闻疑团满腹，直至丧失信任。第二，带有片面性、绝对化的所谓正面报道，引导人们的认识背离事物的主流和主要倾向，在实践中会遭受挫折。第三，新闻的大轰大嗡和"说教味道"，引发受众的反感，时间一久，人们根本不会收受这类新闻。

负面报道是指对有悖人类精神道德、对社会发展有害的报道，包括肯定工作的错误、失败、社会丑恶、天灾人祸、犯罪、暴力、色情和观点极端（诋毁公共利益、是非不分、否定真善美、反社会和蔑视人权等）的新闻。确切地说，负面报道不是有关负面事实的报道，而是指对负面事实认识错误、处理不当的报道。这类新闻颠倒是非、引人向恶、抹杀健康的人性和人类的正当追求，给受众和社会带来严重的消极影响，以至毒化社会，造成贪利忘义盛行。

媒体依据新闻规律和新闻政策报道和传播新闻，要对社会发展和人的精神面貌发挥良性的促进作用，引人向善、尊重事实、维护公共利益。媒体背离社会实际，说假话、说大话；对国家政策、司法案件和各种社会关系做出歪曲的反映，传播恐怖主义、邪教迷信、种族歧视、宗教歧视或性别歧视，都会产生严重的后果。在网络新闻中，许多危害社会的新闻难以消除，成为各国难以根除的社会毒瘤。

三、新闻传播的逆反效果

新闻传播的后果有时与报道者动机相反，产生传播悖论，出现**逆反效果**。例如，一则表扬先进的报道，不仅不能"扬善"，反而引起受众的恶感，使被报道的先进人物十分尴尬；某些揭露性报道，不仅无助于克服社会的阴暗面，反而教唆了社会犯罪……产生诸如此类的负面效果，尽管有其复杂的原因，主要是由于媒体忽视**事实悖论**的法则。社会事务都有一定的度，都在某个临界点上相互限制：宏观与微观、整体与部分尽管相互联系，但二者有时却相互背离；事物一旦发展变化，量变导致质变，前后的两种"质"出现相互否定的趋向；只看一点，不及其余，必然走向事物的反面；正确的东西过分强调，宣传唱高调，吹牛无度，致使物极必反，盈极必亏。媒体往往忽视事实悖论的这些根本法则。

记者对事物的肯定或否定如果超过临界点，做出与事实真相完全相反的判断，就会引起受众的怀疑。对事实的分析不合逻辑,背离事物的内在规律,也会引起受众的误解。对客观事实缺乏全面把握,从采访到写作只注意某一面,而忽视另一面,任意曲解事实,媒体的报道就会遭到猜疑。媒体对不那么重要的问题,宣传规模过大,形成灌输强势,令受众莫名其妙、迷惑不解,自然对其不屑一顾。

社会进步不断把一定时间内的先进事物甩在历史的后面,把更进步的人和事及话题推向现实轨道,但媒体却抓住过去某个时段的"先进"不放,把一般的、甚至是落后的当作先进的东西宣扬,就会引起受众的抵制。先进的东西不仅具有动态标准,而且在一定时空中还有静态指标,有些单位这方面的经验先进,在别的方面却落后;有些人物从静态看居于先进行列,但从动态看就不具先进性;有的工作经验在一定程度上是先进的,超过这个程度不仅不先进而且具有破坏性。新闻传播避免出现逆反效果,只能用确凿、恰当的事实揭示事物的意义,不能用落后或过分的鼓吹代替事实的实际价值。

四、好新闻、大新闻的显效果

在各种新闻评选中,判断一条新闻的好坏优劣,主要依据其显效果。**好新闻**给受众提供值得知晓的内容,消除大范围内公众的未知性,以生动、感人的形式让人们正确认识现实生活。这是好新闻的第一个标准。引起受众思考,激发受众对事件的思索,从中获取经验或汲取教训,是好新闻的第二个标准。散发强烈的感受性,从内容到形式都具有强烈的感染力,是评价好新闻的第三个标准。好新闻都能引起强烈的社会反响,产生全方位的社会震撼,促成某个社会领域的重大转变。这是好新闻的第四个标准,也是产生显效果的主要标准。

报道的是负面事实还是正面事实,不是衡量新闻好坏的标准。美国的"9·11"事件对人类是一次巨大灾难,对它的报道则被评为普利策新闻奖。新闻的好坏不是指新闻事实的利害,而是说它是否生动记录了一桩不平凡的事件,引起社会震动,深刻说明社会的某种动向,让受众获得深刻的启示。

在好新闻中,凡引起全国或全世界轰动的新闻,每年都被评为全国大新闻或世界大新闻。**大新闻**更偏重于事件的巨变、震撼、全局性或惨烈性,专指报道的事件特别重大,而不是指报道的内容和形式的绝佳。大新闻引起各家媒体的高度关注,往往由众多媒体踊跃报道和不断转载成就的,一般不会成为独家新闻。大新闻具有历史标志性,新闻性不会很快损耗。人类登月,日本福岛核电站泄露,深圳成为中国第一个经济开放特区,等等,这类具有永久意义的事件被报道,成为人类难忘的大新闻。大新闻作为文化积淀物保存下来，虽经岁月涤荡，但在受众心中长期不会消失。因为它们深刻再现了时代的巨变，代表着一段生活、一个事变、一种情感或一次突如其来的转折，成为历史震人心弦的一幕。媒体报道的事件不管多么重要，报道后如同泥牛入海，无声无息，就不是一条好新闻，更不是一条大新闻

第五节　新闻传播的主要规律

媒介十分重视传播方式的实用化和高效化，以期对受众产生巨大的吸引力，由此形成四种传播规律，即媒体获取受众注意力规律、受阅新闻的首选规律、受众的欲求规律和受众定时随同受阅规律。**新闻传播规律**是新闻内容和传播方式产生预期效果的法则，不管媒体是否意识到它的存在和作用，新闻报道转化为社会效果，都表现出一定的规律性。

一、获取受众注意力规律

调动和广泛占有受众注意力，是新闻传播的根本目的，达到这一目的要遵循特定的规律。媒体以某种新闻内容与传播方式满足或培育受众的信息需求，使新闻得到受众的广泛认同和接纳，就能充分占有受众的注意力。由于新闻的千变万化，受众的注意方向和眼光也不断变化，媒介紧随时代和时尚的发展，依据受众的迫切关注选择事实，才能获取广泛的注意力资源。

媒体与绝大多数公众取得共识，双方的认知方向一致，就把受众的注意力吸引过来。获取受众**注意力资源**，既能把分布在社会各空间中受众关注的目光收拢在媒体上，给媒体创造经济效益；又能提高媒体新闻的公信力，创立媒体的品牌。但这不意味媒介必须以受众为中心，新闻报道恰恰不能以受众为中心，这同广播电视的文艺节目决然不同。新闻在什么时候发生，究竟是什么样的事件，不以受众的希望和预想为转移，“新闻以受众为中心”实际是个伪命题。

受众总是盯住最新、最重要的事件，大量新闻事件可能是受众不愿看到、不可理解的，但它们发生了，媒体不能不报道，这就需要媒体以特定的形式去吸引受众，实现二者的共识和共鸣。媒介明知新闻和某些受众情绪相反，也必须把它报道出来，疏导群众的不当情绪。当媒介发现真理时，一定要把它说出来，不要对某些受众背离真理的行动有所避让。媒体以亲和的话语和暖新闻的形式，让受众喜欢他们原来不愿看到的

东西,深刻认识同他们的利害相关的问题。所谓**暖新闻**,是指能为生命倾注力量,为心灵点亮明灯的信息。"当人们在愤怒、彷徨时,新闻为他们提供前行的力量和指引,对生活充满希望,拥有克服困难的决心和跨越难关的勇气。"①这样的新闻,对受众的目光有一种天然的吸引力。

新闻传播既满足有需求的受众的需要,也要培育、激发没有需求的受众的渴望,最大限度地获取受众的注意力。受众分为"有需求"和"没需求"两类,对"没需求"的受众,要培养他们潜在的信息需求,以实现媒体的传播意图,这就是通常意义上所说的"引导"。对"有需求"的受众,传播者要了解他们的新闻饥渴,满足他们的渴望,这就是通常所说的"迎合"。受众有的需求是隐性的,需要传播者去发掘、去激发;有的需求是未来的,传播者要潜移默化地"创造",但不能主观臆造。②

有效占有社会的注意力资源,媒体要准确找好市场定位。随受众注意力差距的拉大,高端与低端内容的受众空缺同时显露出来。实力强大的媒体应打造不同栏目、频道和新闻产品,既伸向新闻的高端市场(严肃新闻的市场),也要抓住低端新闻市场(通俗新闻、娱乐新闻的市场)。大多数媒体要依据自己的特点,走媒介市场细分和窄化的道路,根据人才和资本潜力,依据注意力资源的分布和量度,实现最佳的覆盖率和传播效益。

二、受众对新闻的首选规律

新闻在传播中能否被受众首先选择,例如读者站在报摊前决定买哪份报纸,首先阅读报纸上哪条新闻;观众打开电视机,究竟选择哪个电视频道,都是受众首选新闻的表现。受众首选新闻,自然是从选择媒体开始,在选择媒体中实现对新闻的首选。

首选某条新闻主要由下列因素决定:一是"抢眼"新闻——新闻的显赫性抓住了受众的眼球,变成受众必受的"猎物"。如果新闻标题或新闻提要十分打眼或震耳(电媒),受众立即把注意力转向这条新闻。二是爆炸性新闻——震人心魄的突发事件、政局突变、意外灾难等,如雷贯耳,让人目瞪口呆,能立即吸引公众争分夺秒地受阅。三是焦点、热点新闻——揭示社会问题的焦灼状态,捕捉社会矛盾的纠集之处,新闻就有震撼力,就能紧紧抓住受众。四是独家新闻以差异与个性取胜,别的媒体已成漏缺之

① 王琼丽.暖新闻为什么受欢迎[N].荆门日报,2015-08-08.

② 参见栾铁玫.有效传播?——受众意识对新闻工作者行为意向的影响[M]/刘京林,新闻心理学原理,北京:中国广播电视出版社,2004:90.

地，无法与之匹敌，强有力地吸引受众眼球。

一般而言，媒体和新闻丧失首选效应的原因，主要是报道陈旧、相似的新闻，充斥空泛的旧话和套话，没有一点新鲜感，这样，公众就会转向别的媒体。时效较低的媒体，总是在别的媒体报道后随风跟进，销蚀受众的求新心理，他们不可能被首选。报道形式平淡，很少发表"横空出世"的新闻，广告较多、广告持续时间长的广播电视节目，都会丧失观众的首选。

由于新闻资源有限或其他因素，一个媒体不可能天天都有轰动性消息，媒体的独家新闻也很罕见，但独家观点、独家编排、独家制作也会产生首选效应。合理配置新闻资源，办出新闻栏目的特色，都可能产生独特的吸引力。站在受众角度捕捉新闻，解答受众思索的疑难问题，增强新闻与受众的有效互动，往往吸引受众抢先关注。

三、受众对新闻的欲求规律

新闻传播能否达到最佳效果，还取决于新闻是否是受众欲求的信息，具有让人专注阅听的可受性。新闻的可受程度较高，传播速度快，越能迅速被某个地区或全国的受众所收受；新闻价值大并以显要的内容与形式引起受众注意，成为公众欲求的主要因素。媒体新闻的整体可受程度高，覆盖受众的范围也会越大。

新闻可受性是指受众渴求并主动寻找的信息，包括多种因素。首先，任何重大事件和有用的新闻，受众都想知道，他们到处搜寻来满足自己的需要。其次，在第一时间报道的生活新闻，会有许多受众关注。新闻一发生，如果不在第一时间报道，就会发生腐烂，无人再去过问它。凡涉及人们切身利害和生存问题的事件和政策新闻，人们总想从中寻找答案，受众欲求这样的新闻具有普遍性。

一提到受众的新闻欲，某些记者就想到名人隐私、低级趣味及奇闻轶事，把新闻的可受性与低格调等同起来。这是蔑视公众水准的偏见。可受性强的新闻吸引的是绝大多数公众，是对广大受众有价值的新闻；低格调的东西只对少数素质不高的群体有吸引力，只能满足少数受众一时的感官刺激。从了解国家大事到求医购物，从寻找职业到搜寻金融市场行情，凡与人们的生活密切相关，都是公众欲求的新闻。

要闻作为公众必选的精神食粮，每天给受众提供切实的思想指导，这种**高度可受性**的新闻有以下三类：一是，新闻涉及形势或环境的变故，披露变故的原因和走向，指导人们认识社会最新动向，受众最想受阅。二是，报道社会管理政策的重大新闻，指引受众认识公共事务和公共利益的新发展或存在的问题，能校正他们平日的思考与观点,受众更想受阅。三是,对社会分歧或社会矛盾的报道,常常引发各种争论和犀利的见解,受众把它视为思想明灯和教科书,也想全面了解。以上这类高度可受性的新闻,被受众选择的几率不仅持续、稳定,而且在社会转折关头尤其成为受众欲求量最大的新闻。

四、受众定时随同受阅规律

这一传播规律来自一件实例。2014 年中共中央纪委监察部网站在一段时间多在每周五公布最新案件。几周后,一些新闻媒体和网民发现这个定时发布新闻的现象,按时进入这个网站浏览案情网页,形成受众定时受阅新闻的规律。①

有的人还得出这样的结论,周五最适合公布负面、利空、害怕别人知道又不得不让人知道的坏消息。因为随周末的到来,人们进入轻松的休闲时间,可能会淡忘坏新闻,使发生或发布坏新闻的部门逃过舆论压力。实际上,在周五政府公布负面信息固然可以在某种程度上避开公众的关注,但在周五公布重要新闻,特别是政治和政策新闻,关心"国家大事"的受众有充裕的时间看电视、上网或买来报纸阅读。这种定时受阅新闻的行为,是媒体定时发布信息、支配受众注意力的结果。

许多媒体还观察到,政府部门有关重大民生政策的公布,往往也选在周五傍晚。早在 2011 年 69 家中央单位晒账本(公布"三公"经费),在周五公布的单位达到 23 家,占三分之一多,另外还有 4 家是在周六或周日公布。广州行政部门也出现类似的情况。有几次楼市调控政策,也选在周五发布,停车费调整的听证会也定在周五。②

新闻发布的时间固定,促使许多受众按时随同媒体受阅新闻成为一种规律。把这一规律仅仅概括为受众对新闻的定时受阅,是一种浅层次的总结,实为受众对新闻的定时随同受阅。"随同"二字更有规律性的含义,主要表现为:(1)社会管理部门发布重要新闻如果定时,受众就会在同一时间把注意力转向发布新闻的媒体。(2)媒体经常在某个固定时间报道重要新闻,受众的注意力就会紧跟媒体走,出现新闻受阅节奏的高度一致。(3)受众定时随同受阅新闻达到相当大的阅听率,具有规模性,就会在同一时间形成新闻热点。(4)产生这一传播规律的一般是管理和政策新闻或市政新闻,时效性较差。时效性强的新闻不应定时报道,而应随时、及时报道。

---

① 参见桂田田. 中纪委自曝为何周五"打老虎":运用传播规律[N]. 北京青年报[微博],2014-12-18。

② 参见注意政府信息发布的"星期五现象"[N]. 南方日报,2014-04-24。

练习与思考

1. 新闻传播与新闻报道的区别。

2. 传播环境对新闻传播产生何种作用?

3. 阐述新闻传播环节和传播方式。

4. 新闻传播有哪些机制和模式?

5. 举例说明受众受阅新闻的偏好。

6. 新闻传播有哪些效果?怎样避免新闻传播的负效果和逆反效果?

7. 新闻有哪些传播规律?它们同新闻报道规律有何不同?

第八章　新闻的二度功能

新闻功能是指新闻对受众和社会的作用。概括说，它能传播社会政策、记录时代风云、守望公平正义、推动社会进步。具体说，新闻功能包括两个层次，一是显度功能，又称直接功能；二是深度功能，可称间接功能。新闻的显度功能让人凭感官就能察觉到新闻对受众和社会的直接影响；深度功能则具有促进人的成长和推动社会进步的作用，需要漫长的过程才能显露，表现为渐次改变世界的能动性。

第一节　新闻的显度功能

新闻的显度功能指新闻能产生明显而迅速的作用，主要有守望环境、实施舆论监督、促进社会管理、提供服务和消遣娱乐等。从根本上看，新闻的显度功能表现为维护公众的正当利益和安全，使受众按照新闻的指引而行动，能迅速达到行为的目的。

一、守望生存环境的警钟

许多新闻能及时把外界的变化告诉人们，引导他们对环境的认识，及时采取措施应对环境的挑战。媒介反映社会和自然界的变动及其利害，让受众知道自己的生存境地或危机，增强人类改善或战胜恶劣环境的能力。新闻的这一功能，让人类不断总结经验教训，成为环境的主宰者，促进人类建设良好的社会环境和生态环境。

新闻以源源不断的事实反映大气污染、水质恶化、土壤毒化的现状；反映社会繁荣和谐或人心动荡、经济失衡、战争阴影；反映气候异常，暴雨和干旱的肆虐，揭示人类面对的种种威胁。环境新闻时而敲响警钟，延伸人们的耳目，扩展受众的视野，激发人们预防或应对可能遭遇的不幸。传播学家哈罗德·D. 拉斯韦尔(Harold D. Lasswell)在

《社会信息交流的结构与功能》一书中说，新闻传媒扮演“哨兵”的角色，成为人类生存与发展的守望者，引导人们齐心协力战胜各种危险因素。美国学者C·R.赖特在《大众传播：功能的探讨》一书中也指出，媒体及新闻具有警戒外来威胁的作用。

新闻媒体每时每刻、全方位地对环境进行监测，及时向受众发出警示，新闻成为人类重大变故的预言者。媒介对自然环境、社会环境、政治环境、经济环境和国际环境的突变作出及时、全面的报道，把骇人听闻的事件迅速传播给受众，让人类在自然与社会灾变中采取果断措施，永远处于主动地位。

新闻引导人们克服、战胜环境的有害因素，不仅能在一国之内把人们动员、组织起来，而且也能加强国际联系，整合国际力量。报道环境突变和巨大自然灾害的国际新闻，随时能协调和调动各国的力量，形成抢险救援或遏制战争的国际统一战线。在全球化和国际合作深入发展的历史时期，新闻守望环境的功能越来越带有国际性。

二、社会治理的助推器

党政新闻把社会治理的方针、计划和措施告诉受众，让人们了解政府的执政理念、重大决策和当前的任务，配合政府积极、主动投入社会建设，使社会发展顺利达到预期目的。新闻为全社会提供了交流意见的平台，政府通过媒体听取群众的呼声与要求，进一步完善管理政策和措施，政府的各项工作将有更强的针对性和实效性。新闻在社会治理中的这种“上传下达”的作用，犹如强有力的助推器，把社会各种积极因素凝聚到一起，显著提高社会的管理水平和管理效率。

社会治理的重要任务，是引导民众的精神追求，把人民群众的思想道德、世界观和价值观引向维护社会公共利益和公共秩序上来。我国政府不断发布新闻，提倡社会和谐、法治、惠民和公正的治国理念，教育国民团结友爱、坚持公共利益第一的原则，遏制极端个人主义、拜金主义、腐朽糜烂、损公肥私和利己害义的错误行为，形成良好的社会风尚和道德面貌，为各项事业的发展扫除障碍。对不同阶层、不同利益群体之间的利益冲突，政府通过新闻报道协调不同立场，化解矛盾，使复杂、突出的社会问题得到解决。社会新闻反映一部分人的不满情绪，作为社会的“排气阀”，能及时缓解社会压力，维护社会的稳定与发展。

政府吸引群众参与公共事务，借助新闻推行民主管理、法治管理和以德治理的并举方针，培养群众的参政素养，为民主管理制度的完善开辟了道路。今天，人们的生活已离不开新闻，它把每个人同社会连接起来，也把政府与民众结合在一起，使民众成为社会的主人。对参政典型的不断报道,增强了官民的合作精神和工作信心。许多好的管理意见在媒体上涌现。

大量市政新闻能迅速发挥动员与组织民众的作用。当政府急需集中群众力量完成某项任务,通过新闻发出号召,讲清道理和任务的迫切性,广大民众就会积极响应,齐心协力地团结在政府周围,共同投入工作。这就是**新闻的组织功能**。社会是人类生存的共同体,它本身有一种潜在的黏合力,新闻使这种黏合力迸发出来,形成巨大的合力。当社会出现严重的形势与危机,例如突然面临紧急情况、重大自然灾害、严重事故或战争威胁,政府以新闻发出强烈的呼唤,能立刻把千千万万群众动员起来、组织起来。

发挥新闻在社会治理中的上述功能,各级政府要尊重媒体,尊重新闻规律,善于运用媒体推动工作。各级官员要提高执政能力,就包括提高对新闻媒体的认识和使用能力。各级政府及时召开新闻发布会,定期向媒体提供重要信息,充分利用媒体这一"耳目喉舌"了解社会、宣传和组织群众,就会出现百业俱兴、和谐进步和井然有序的局面。

三、舆论监督的巨大威力

媒体向大众揭露背离社会准则的行为,动员公众采取一致行动反对官僚主义、社会腐恶和不良风气,对保持思想和道德的纯洁性发挥巨大威力。新闻媒体发现社会的丑恶事件,通过公开报道产生抑恶的作用,称为**新闻监督**或**媒介监督**。在民主社会,媒介揭露错误和丑恶已经形成制度,成为民众抵御腐朽与罪犯侵害、进行自我保护的利器。

新闻监督培育和激起大众的自卫意识,无限增强社会的反腐防恶能力,激发人们坚守公平正义的执著追求。在新闻媒介的监视下,任何丑恶和犯罪行为都难以藏身,随时被媒体曝光而受到法律惩处。因为害怕媒体揭露,某些贪赃枉法者投案自首,某些为非作歹者打消作恶念头,新闻传播成为净化社会的有效武器。这种社会自卫,给社会公共利益设置了保护屏障。没有新闻监督,社会有害因素受不到广泛揭露,公共利益就会被肆无忌惮地破坏。新闻监督作为预防社会伤害的警钟,是消除社会有害倾向的重要力量。

新闻舆论监督的巨大作用来自揭露性新闻的公开性和广泛性,并迅速转化为全民的舆论监督,最有效、最广泛地抑制社会丑恶现象的发生。在许多情况下,媒介报道民众的揭发和批评意见,反映民众对丑恶现象的不满情绪,放大了社会舆论监督的力度,让贪官污吏和丑恶行为如同过街老鼠。

媒体的眼睛无所不在，耳闻目击，疏而不漏：监督立法执法和政府施政；监督公务员的言行；抑制经济颓败；鞭挞市场乱象；监督社会风气；等等。凡社会的失范行为，新闻媒介都能发挥重要的扼制作用，提高全民的公共意识、公共道德和社会责任感。当新闻监督调动社会舆论制止各种违法行为和丑恶现象时，民众的遵法守法和公序良俗的公民意识就很快形成，新闻媒体便成为社会正义力量的推动者。

四、为公众提供多种服务

新闻媒介最普遍的直接功能是增长人们的见识，让人们了解各种各样的知识，服务于受众的日常生活和工作。新闻媒介对每个受众都有供给信息、掌握科学生活方式、提高其生活质量的作用。从这一意义上看，新闻对人类来说是一本读不完的教科书。

媒介开办各种教育和知识节目（专栏），打开人类智慧的大门，不断培植公众的科学素养。新闻中的科学知识和人们的日常生活、生产和工作有密切关系，受众掌握了最新的科学理念和科学常识，就能不断提高生活能力和工作效率。

人类最初注意新闻，决非出于好奇，而是由于生存需要，同生存关系密切的新闻首先引起人们的关注。新闻告诉人们如何购物、饮食、治病或从事体育锻炼，满足人们的消费和健康需要。人类每天都需要吃穿住行，从事社会交往，新闻提供的大量信息，指导人们如何生活，如何处理好各种社会关系。新闻报道的服务性成为一切新闻媒介的重要功能。

进入新世纪，媒体上的大量民生新闻在更深层意义上体现出媒介的服务功能。以给百姓排忧解难为目的，把平民在生活、生存和生计中遇到的疾苦报道出来，是**民生新闻**的基本含义。民生新闻不是一般的社会新闻，它关注平民的生存状况，以反映平民的苦难与不幸和如何解决他们的疾苦为内容。民生新闻的最大价值不在于“平民视角、百姓立场”，而在于帮助平民摆脱困境，让平民获得生存权和发展权。

五、满足受众消遣的需要

有些新闻内容涂上娱乐色彩，对内容或形式作出娱乐化处理，使受众产生快乐，缓解他们的精神压力。这是当代新闻的消遣功能。新闻的消遣功能是新闻娱乐价值的延伸,其主要含义是,以软新闻、文艺新闻、各种趣闻、体育新闻以至名人逸事,激发受众的快感,丰富人们的闲暇生活。

新闻的娱乐内容张扬人性对快乐的追求,扩张受众的质朴兴趣,进而使其获得情感幸福。如果媒体忽视公众的健康消遣,它的功能就不健全,失去对生活的全面接触。互联网普及后,媒体上的娱乐内容大量增加,受众陶冶性情的机会无穷无尽,对提高网民的雅兴和精神浪漫有一定的价值。

健康的消遣以传播高尚、幽默、智慧和知识为目标,引导受众的修养与道德追求,让受众在娱乐中认识人的美德。消遣以其特有的公共属性承载社会责任和意识导向,给受众提供怡然酣畅的欢娱,以促进人的身心健康。媒体不能用别人的灾难和危机取乐,更不要把弱势群体的不满和不幸当作“消遣”的素材,这会践踏人的尊严和同情心。媒体不应拿他人的正当隐私取乐,追踪明星的个人偏好,窥视官员的家庭生活,幸灾乐祸地披露明星的爱情挫折。这些**新闻狗仔队**的手法除了培植人的窥视欲,没有任何积极意义。网络和电视上的“性挑逗”,对个人秘事的渲染,对堆积脏话小品的报道,都是娱乐新闻对积极消遣功能的破坏。

第二节　新闻的深度功能

新闻的深度功能,主要包括培育人的现代化素养、促进先进文化的成长和普及、推动经济形态的发展和政治进步。这些功能对社会转型发生深刻的作用,在一定历史进程中显现出来。新闻传播不断积累的正能量,对社会产生久远而纵深的影响,最终导致社会的深刻变革。

一、培育人的现代化素养

媒体同家庭教育和学校教育一道,为人的成长提供丰富的“养分”,成为人的社会化和现代化的摇篮。人们从新闻中获得丰富的知识、社会经验和生存规范,促进人的成熟,提高人对现代社会的适应能力和生存能力。在电视时代,婴儿稍一懂事就开始了这个过程,电视为人生提供了各种参照物,把人的社会化时间大大提前了。在网络耳濡目染下,少年们已经过早地了解世界,初知真诚与虚伪的界限,萌发对是非的判断,任何言不由衷的说教都引起他们的蔑视,也导致一部分人的盲目自大和淫秽心理。

人们从新闻中获得优劣美丑的范例,思想观念迅速定型,驾驭社会的能力不断增强，但也有少数人走向反面。如果没有新闻传媒，没有国内外各种新闻的陶冶和引导，大多数人的社会化步履就会减缓。由于新闻的广泛渗透和感染，孩童在电视机前过早成熟，人的社会化悄悄在加速。

媒体上不断涌现境界高尚的新闻人物，培育人的现代化素养显露出清晰的方向，随之会结出光彩夺目的硕果。获得诺贝尔生理学和医学奖的屠呦呦历经380多次失败，发现中药青蒿素对疟原虫有100%抑制率的新闻；全身投入研究歼击机的设计师终于倒在工作现场、永远告别亲人的新闻；企业家把自己的财富捐献给慈善和教育机构的新闻；多次献血挽救他人生命的新闻；以捡废品为生的老年夫妇收养几十个孤儿和弃儿的新闻；跳入大江拯救溺水儿童的大学生牺牲生命的新闻，等等，都展示了崇高人性之美，使许多受众摆脱个人的狭隘性，看到无私献身民族和他人的精神。

爱人利物、施仁布义、自强不息和崇尚科学，是人的现代化的主要内涵，新闻培育人的这些美德，是媒体追求的最高目标。许多新闻展示了人的本质力量：各种职业的人发挥其全部能力，弘扬科学精神，贡献于社会和他人；追求平等、自由和仁爱，珍爱他人的生命、尊严与幸福；揭露专制腐朽和封建没落思想，影响一大批人憎恶特权、腐败、专制，并投入反对一切不合理、不人道现象的正义斗争，让广大受众认识到民主与科学是现代思想的核心。这类新闻正在培育大众的高尚人格与价值观。

新闻把高尚的生存目标和手段传授给大众，让人对现代化素养产生美好的追求，赋予人更多改造自我与社会的勇气。高尚的新闻让受众意识到：在当代，每一个关心自己命运的人，都应当关心自己的科学文化素质，关心自己的道德水准；每一个尊重他人价值的人，都应当尊重知识，促进自身能力不断提升；人的思想道德素养不仅是人的价值观的重要部分，也是价值观形成的动力。网络新闻使人达到对生活的全面体验，加快了人对生存目标和实现目标手段的认识，缩短了多数人融入现代社会的过程。今天一个人如果没有现代思想，就不可能融入社会，也不可能有朝气蓬勃的生活。

二、促进优秀文化的成长

离开物质生活和意识文化，社会就不存在。**媒介文化**借助新闻传播把人类的思想成果和生活方式记录下来，为社会文化的积淀与进步提供了动力。新闻传播的文化样式、文化价值和对不同文化的评价，称作**新闻文化**，构成文化的“媒介化”或媒介化的“文化”。人类文化储存于网络、书籍、影视片和报纸上，更好地保留和延续文化的火种，对社会文化的发展和繁荣发挥催化作用。

新闻文化具有开放性、多元性、包容性和多样性,包括雅文化和俗文化、中国文化和外国文化、优秀文化和大众文化等各种类型。有史以来,人类创造的文化形式在新闻里应有尽有,但任何媒介都限制对腐朽、落后文化的正面表现,在多元文化的传播中更是排斥消极、没落文化。个人通过媒介接触新闻文化,看到的多是媒介过滤的文化,媒介大量传播高雅文化,就会加速促进人的社会化与现代化。

高雅文化作为精神创造活动的成果,体现出人类的高尚追求与情趣,受到道德和美学的肯定,积极、正派的媒体以反映和促进这种优秀文化为己任。在当代,流行文化占据媒体的主要空间,成为大众的消费品,因为大众特别喜爱浅显易懂的娱乐品及其形式。这种**流行文化**主要指"那类普遍可得的人工制品,电影、录音录像带、CD 或 VCD、时装、电视节目、沟通和交流的模式等"。[①] 许多新闻成为流行文化的载体,借助新闻传播得更广,也加重了媒介文化的商业色彩。

新闻反映人类的**主流文化**,提倡奋进、创造和有生机的文化范式,成为培植优秀文化的前提。主流文化支配社会的主导价值观,表现为奋发图强、友爱合作、利公利人的思想品格和勇于奉献精神。一切落后、颓废、腐朽和低俗的文化都与主流文化格格不入。新闻传播主流文化都以高雅内容为核心,提倡进步、宽容、平等和美德,具有积极向上的思想范式。这类新闻文化引导人类的道德和思想健康地发展,使社会呈现朝气蓬勃与和谐进取状态。

三、推动经济形态的发展

经常受阅经济新闻,会看到经济发展的状况、存在的问题和如何克服这些问题的各种主张。经济的健康发展或无情衰退总是在媒体上反映出来,让受众预知可能到来的经济繁荣、困难或危机。媒体的经济信息加强了人和生产的联系,让企业和经济管理部门了解生产与市场的变化,加速经济政策的调整,催发经济的快速或常态性发展。如果人们想了解经济困境的症结在哪里,媒体的大量报道会直接告诉他们,这样,个人的经济行为以至政府的经济方针与计划的制订,就不再是盲目的了。

新闻还能指导人们找到经济发展的动力,认识先进生产力的重要作用。在 18 世纪初的欧美报刊上,关于珍妮纺纱机、风力动力机、蒸汽机及各类手工工厂的报道比比皆是,走出手工磨房的工业繁荣成为报刊上的壮丽景观。那些新闻表明:自从装上"科

---

① D. Strinati, An *Introduction to Theories of Popular Culture*, *London*, 1995, *xvii*.

学技术”这个强大的发动机，人类历史的车轮开始加速，新兴生产力对社会制度和意识形态产生了不可估量的影响。社会发展的动力是千百年来社会科学寻求的最大密码，没有一门学科给人以满意的答案，报纸却能告诉人们，科学技术是第一生产力，人类对物质利益和物质享受的追求，成为经济和社会发展的引力。

媒体用铁一般的事实揭示经济发展的规律，展示生产力进步的前提和条件。媒体上种种经济挫折的报道向人们证实，阻碍生产力发展的因素，首先是少数人对财富的非法掠夺。当广大劳动者被剥夺、社会处于严重的两极分化状态，经济危机迟早要到来。马克思和恩格斯在伦敦图书馆阅读了大量报刊资料，为人类设计了一种新型的经济制度，使经济学家、社会活动家和管理者对实际的经济状况开始反思，在 20 世纪上半期出现了广泛的世界性社会主义运动，新福利主义经济思想开始发展。二战后福利主义陆续转化为一些国家的经济政策。媒体的经济报道在一定意义上比经济学家和政府的实际经济考察更能揭示普遍的经济状况，新闻中的经济动态、统计数据和现实分析，对倡导经济变革的政治家和思想家弥足珍贵。

媒体对经济发展有预测功能，许多经济报道都揭示出未来的经济走势。40 多年前，美英法德等国报刊上不断证明经济学界的一种新发现，即“人人成为股东”的经济模式，能为提高职工收入和生产主动性开辟道路，创新了资本主义企业的股份公司。这种经济形态为我国后来的国有和民营企业的股份制改革提供了借鉴。

不管多么万能的人，个人无法为经济发展找到出路，只有大量媒体把整个经济领域微缩为一个原点，让人们了解企业与市场需求之间出现的梗阻，才能找准生产发展的路径。媒体不断披露、解释生产与市场的变化，介绍先进企业的生产与管理经验，让人们深知如何应付新的经济挑战，对经济的顺利发展提供了方向，注入了活力。

四、促进社会政治的进步

进入 19 世纪，报刊成为政治报道和政治宣传的新工具，它的影响力远远超过传单和小册子，不断推动政治制度的变革。政治新闻传达党派或国家宣言，告诉人们政治动向，激发人民的政治觉醒，使其卷入政治运动。传媒与政治的互动，不断对落后的社会制度发出挑战，为政治进步提供思想发动机。

政治变革的首要任务是运用媒介宣传先进的政治思想，让广大公众认识进步的政治主张，鼓舞他们积极参与政治变革。新闻与评论对政治的性质作出的观察与透视，如同思想灯塔，为人们找到政治的反光镜，深刻洞察政治的底色成为可能。从封建社会末期起，政治新闻不断培植人民的民主意识和解放意识，引发了一次次政治斗争。作为社会的公共领域，新闻媒介给社会精英和民众的参政议政提供了平台，革命者发表意见不再感到困难。在网络时代，这个公共领域无限扩大，凡生活受到某项决策影响的人，参与决策的制订已成为可能，加快了社会政治进步的节奏。

新闻媒介对揭露弊政、克服堕政有强大的号召力，使陷入政治危机的政党和官员为之猛醒。社会发展至今，几乎所有的政治制度都有难以克服的弊端，传媒把大众的呼声报道出来，构成清除弊政的重要力量。媒体一旦发现弊政，能够提出消除弊政的主张，吸引民众为实现这种主张而参与政治，一场政治变革就要到来。在民主制度中，新闻反映群众强烈的政治要求和行动，能不断把社会制度和政治体制引向新的文明。

第三节　新闻功能实现的中介

新闻媒体的重大报道总是反映社会亟须解决的问题，表现为报道、宣传、舆论和议程引导的互动关系。无论新闻的显度功能还是深度功能，大都是借助宣传、舆论和议程安排的作用实现的。特别是它的深度功能，离开议题设置、宣传和社会舆论就无法转化为社会的普遍意识，促进各社会领域的一系列变革。

一、新闻功能实现的议题中介

新闻功能的实现，需要媒介不断设置受众关注的议题，把受众吸引到媒介报道的问题上来。媒介只有和受众关注的问题方向一致，新闻才能对受众产生重要影响，推动人们对社会问题和相关信息的认识。媒体在一定时间内围绕一个议题进行反复报道，让受众忽视对其他问题的注意，形成媒介议程与受众议程的一致。美国学者把这一效果称为大众传播的**议程设置**，这是媒体深度功能实现的重要途径。

正如美国学者科恩1963年在《新闻与外交政策》一书中所说："在多数时间，报纸或评论不能让读者怎样想，但在让读者想什么上却是惊人的成功。"[①]这是议程设置理论的最初表述，说的是媒介对公众思想的引导作用，也就是说，新闻中提出来的问题能转化为大众的思考，加深他们对面临问题的认识。

---

① 转引自沃纳·塞佛林，小詹姆斯·坦卡德．传播理论——起源、方法与应用[M]．北京：中国传媒大学出版社，2006：248.

媒体选中某类事实或话题作为报道中心，及时反映现实问题和动态，构成媒体的**议程性事件**。新闻对受众产生的导向正确与否，很大程度上取决于媒介议题设置的是否正确，这又决定新闻功能能否转化为大众的思想与行动。

媒体选择大众关心的、涉及他们切身利益的议题，能引起他们的注意和反应，同时也能达到和受众议程的一致。媒体如果在事关公共利益的事件中失语，既不主动设置议题，又不选择典型事件进行报道，就成为丧失功能的大众媒介。反之，媒体对重要事件和问题及时作出反应，作出正确的判断和合乎逻辑的说明，不仅吸引受众的注意，甚至能强悍地改变错误的舆论，发挥新闻的引导功能。国有媒体如果始终设置正确的议题，就构成一个国家的**软实力**，使社会的主流思想具有强悍的同化力。软实力包括文化的吸引力，意识形态的渗透力、制度的影响力、国家政策的感召力和话语的说服力。增强软实力的核心问题，是用什么样的观点看待世界和自己，以人道、平等、民主与合作互利的精神设置国内外议题，媒体的影响力和公信力就永远不可摧毁。

究竟由谁来设置媒介的议题？大多数人认为由意见领袖设置，也有人认为由媒介提出议题。这两个结论都不全面。如果媒体贴近和立足于社会生活，媒体的议题首先是由生活本身设置的，通过大众的呼声和要求提出来，意见领袖和媒体只不过对这些议题进行了加工和升华。媒体一旦不断搜集、提升公众的呼声，并真实地提出有关民众切身利益的问题，借助新闻这个中介就能实现其政治与经济功能。

二、新闻功能实现的宣传中介

宣传是一种普遍的意识现象，通过连续不断地阐扬和传播一种主张，统一人们的意见，动员民众为实现某个目标而付诸行动。新闻深度功能的实现，主要取决于新闻宣传这个中介。有人否定宣传的积极意义，认为一切宣传都是欺骗，是以强制灌输的手段把意见强加于人。这种误解导致“宣传蛊惑论”“宣传有害论”“宣传无用论”的出现，产生宣传的虚无主义理论。世界上一切媒体都有宣传行为，宣传本身没有过错，错误的是宣传谬论、歪曲真理，以蒙蔽大众、控制思想为目的。凡是传播真理、让人们知道事实真相、划清是非界限的宣传，是无可非议的，是新闻功能实现的主要手段。

新闻以明示或暗示的方式，反复传播某种思想和观点，称为**新闻宣传**。新闻和宣传各有特点，两者的联系是有条件和相对的。许多新闻背后总有一种观点或意见占有突出地位，这种新闻就带有宣传的意味。如果新闻中的意见不是外加的东西，而是新闻内容本身能够体现出来的，一旦进行反复和集中传播，引导人们接受它，就显露出宣传作用。借助这类新闻告诉人们某种事实和道理,使人们对客观世界获得明晰、正确的认识,就可能转化为受众的观念和行动。

新闻宣传以扩大某种思想的影响为目的,让民众获得丰富的感性认识的同时,欣然接受以事实为佐证的思想诱导。新闻宣传多采取反复传播同类事实的方式,以期有效改变受众的态度,劝诫他们按照新闻指引的方向行动。这就要避免概念化、公式化和思想僵化,善于以理服人、以情感人,防止片面化、极端化和枯燥的说教。宣传形式要力求生动活泼,通俗易懂,入脑入心。

从总体上看,新闻宣传具有宣告性、暗示性和引导性,让受众领会新闻事实的主旨,认识客观世界的发展趋势。媒体发表重大新闻,借以说明某种道理,一旦进行反复传播就带有宣传的特征。新闻的深度功能大都通过宣传的中介,改变人的认识,逐渐转化为文化、政治和经济成果。

三、新闻功能实现的舆论中介

当新闻宣传的观点转化为大众认识,民众形成一致意见并纷纷表达出来,标志社会舆论已经出现。通俗地说,**社会舆论**是公众对社会问题抱有的一致态度,即多数人持有的共同意见。在大多数情况下,公众舆论是分散的,正确意见与错误意见总是混杂在一起,许多人无法很快辨别舆论是否正确。只有占公众整体 70%以上的公民的一致意见构成民意时,社会舆论才表现出更大的正确性和强大声势。新闻宣传如果符合真理,最终能转化为大规模的民意,变为人民的意志和共同行动。社会舆论不仅是新闻功能实现的中介,也是新闻功能实现的重要标志。

社会舆论是社会的表层意识和集合意识,许多人都能感受到它的存在,在它的裹挟下通常出现从众行为。媒介通过新闻不仅反映舆论,同时又是社会舆论的引导者,作为社会舆论的放大器,媒体的报道强有力地凝聚广大公众的意志,为新闻功能的实现创造"社会同意"。新闻每日都在引导群众认识环境的变化与社会发展,吸引公众按照媒体的观点思考世界,促使形成新的舆论。在新闻的影响下,如果受众的意见高度一致,他们的政治、经济行为也会大体一致,新闻改变人、改变社会的作用就是这样实现的。

练习与思考

1. 新闻有哪些功能?

2. 试论新闻如何培育人的现代化素养。

3. 试论新闻宣传的性质与特征。

4. 媒体的议题和议程由何而来?

5. 试论新闻功能与社会舆论的关系。

第九章　新闻自由与媒体的社会责任

倡导新闻自由不仅是为了新闻事业本身，更是为了维护社会公共利益和公民的权利，寻求社会的理智。但在记者中总有破坏新闻自由的癖性，专制势力也常常弹压新闻自由，在迄今为止的任何社会，新闻自由都难兼善天下。严格的法治是保护新闻自由的屏障，也是抑制滥用自由的手段，但所有国家的法治都有缺失，新闻自由仍时时危如累卵。

第一节　新闻自由思想的发展

新闻自由思想产生于16至17世纪欧洲反对皇权特许出版制和罗马教皇原稿审查制的斗争，经历了从古典到当代的演变，极大推进了人类的思想解放。即使在马克思著作大量发表、出版的年代，“书报检查”这个文明的怪物也在恣意横行，书报检察官“每天都在有思想的人活生生的肉体上开刀”。但谁也挡不住社会的进步，真理的风暴不断冲毁管制思想的专制堡垒，新闻自由日益深入人心，直至形成当代的新闻自由理念。

一、古典出版自由的天赋论

古典出版自由是指封建社会末期欧洲各国争取出版物传播的自由。反对教皇出版审查制和皇权特许制，成为当时欧洲知识界思想解放的直接目标。16世纪的西欧，资本主义生产关系有了一定发展，市民阶级及知识分子登上历史舞台，小册子和新闻书开始在民间印制、出售，但思想传播自由受到封建统治者的压制，争取出版权成为新兴阶级向皇权和代表皇室意志的早期国会进行斗争的手段。

当时西欧各国出版物的发行控制在国王和教皇手里，印刷品受到严苛的审查。1538 年英王亨利八世颁布"皇家出版特许制度"，规定所有出版物均须经过允许才能出版；1586 年和 1637 年英国两次成立出版法庭，以《星法院印刷条例》管制印刷品的出版。同一时期，罗马教皇禁止出版反对梵蒂冈教会的书籍和传单，严令各国大主教对印刷品实行检查。① 随着资产阶级的壮大，其代表人物提出废除皇家特许制和宗教审查制的要求，打开了古典出版自由的大门。

英国思想家约翰·弥尔顿(John Milton，1608—1674)最早提出出版自由的口号，开创了古典出版自由的理论。他的思想集中体现在《为英国人民声辩》《论出版自由》等著作中。1644 年 11 月 24 日，他被召至国会答复质询，发表了著名的《论出版自由》的演说，向当局申明：国会控制出版事业，沿袭天主教法庭的不正当权力，毁灭了无数优秀作者的心力，可谓以暴易暴；管制出版及新闻检查不仅是危险的，而且是人类的重大灾难。

《论出版自由》一书的核心观点是：(1)谴责压制真理。出版物的品质是理性的结晶，压制出版就是迫害真理，压制人民认识和接受真理。(2)呼吁给予人们发言权。给人们根据良心自由获知、自由说明、自由辩论的权利，赞扬他们认为应该赞扬的事物，反对他们认为错误的东西。(3)出版自由是人类的天赋权利，人人都应享有这种权利。上帝赋予人类的自由是神圣不可侵犯、不容剥夺的。(4)人们运用理性可以辨别真理和错误，让真理参加自由而公开的斗争，真理就有不可战胜的力量。(5)出版自由是人类幸福的保证。因为有自由才能有选择，有选择才能有幸福。自由比任何东西都更为重要。写作自由和言论自由是一切伟大智慧的母乳，是一切自由中最重要的自由。(6)反对书籍检查。《出版管理法》是限制人民出版自由和言论自由的法律，让人变得愚鲁，扼杀正义和理性。②

《论出版自由》一书奠定了资产阶级新闻自由思想的基石，具有十分重大的意义：(1)批判了思想专制主义，捍卫了民众的基本权利，成为人权理论的奠基作。(2)传播了民主、自由思想，动摇了封建专制权力的统治，为资产阶级革命提供了思想武器。(3)顺应人类本性的要求，反映了时代潮流，指明人类思想解放的道路。(4)确定了新闻出版自由的政治地位：没有新闻出版自由就不可能广泛地反抗任何压迫，它是人类

---

① 参见李瞻. 新闻学[M]. 台北：三民书局，1985：33；小野秀雄. 新闻学原理[M]. 1947：157. 中国人民大学新闻系内部译本，1960.

② 弥尔顿. 论出版自由[M]. 北京：商务印书馆，1959：40—46.

解放的斗争武器。(5)推动了出版和新闻事业的发展,为人类科学文化的进步开辟了道路。

英国内战期间平等派的领导人李尔本(John Lilburne,1614—1657)作为古典出版自由理论的另一位提出者,在1645年曾宣称出版自由是英国人民的天赋权利,向教会要求公开辩论出版自由问题。同年10月10日,他发表《天赋人权辩护书》,再次强调出版自由。但是英国压制出版自由的专制势力十分顽固,1712年又颁布了《印花条例》,除了以税收限制报纸刊载广告,还限制报纸报道议会有关政治问题的辩论,严禁报纸批评政府。

古典出版自由思想提倡出版自由的天赋论和自然权利说,反对限制言论的任何措施,具有一定的局限性。一是,在客观上纵容发表破坏性、侵害性言论,可能导致思想混乱和违法言论的泛滥;二是,放任的言论自由,还会导致出版物质量的降低,使谣言、谬论或淫秽作品肆无忌惮地传播,给人们认识真理和精神健康造成危害;三是,不受约束的言论有了市场,那些辨别能力弱、知识不足的人首先成为言论自由的受害者。由于古典出版自由思想受到许多人的盲目赞扬,它的负面作用被忽视,其消极影响一直延续到今天。

二、现代新闻自由的法治论

现代新闻自由是指18世纪后半期至19世纪中期在西方兴起的以讨论政治问题和批评政府为主要内容的发表新闻与意见的自由。这一思想贯穿资产阶级推翻封建专制制度、建立宪政国家的整个历史过程,并被写进宪法或专门法律中。现代新闻自由思想推动了资产阶级革命的发展,促成以民主共和为中心的宪政制度的建立,正如夏托布里安的名言——"并非宪法给予我们出版自由,而是出版自由给我们带来了宪法"①。

现代新闻自由最终促成言论和思想表达制度的建立,由法律确定新闻出版自由的规范,并受到法律的保护,开启了思想传播的新时代。瑞典于1776年制定、颁布了《出版自由法》,对新闻出版和政府干预新闻出版作出规定;美国1776年制定的《弗吉尼亚权利法案》宣称:"新闻自由是一切政治自由的基石,任何一个民主政权都绝不应妨碍这种自由。"1780年的《马萨诸塞宪法》中规定:"新闻自由对于保障一个国家其他自由

① 引自稻叶千三男,新井直之.日本的报业理论与实践[M].北京:新华出版社,1985:39.

而言必不可少。在新的联邦政府中，这一自由不容妨害。”1789 年法国《人权宣言》在其第 11 条中规定：“自由传达思想和意见是人类最宝贵的权利之一；因此，每个公民都有言论、著述和出版自由，但在法律所规定的情况下，应对滥用此项自由负有责任。”①

现代新闻出版自由培育了一些政治家、思想家投入民主革命，对新闻出版自由的理论、立法原则和法治目标作出深刻的阐述。法国大革命期间的雅各宾派领袖罗伯斯庇尔强调，借助语言、文字和出版物表达思想的权利是不能以任何手段束缚和剥夺的；法律在任何时候都不应对人们表达意见予以限制；立法的目的是保障言论不受处罚。反对和妨害新闻出版自由要受法律惩罚，法律责无旁贷地要保护新闻出版自由。后来他认为，在革命时期与宪政政府建立后，新闻出版自由应当有所不同，宪政政府可以干预和影响舆论。②

美国的杰弗逊是现代新闻自由思想的杰出代表。作为美国民主主义思想家、美国《独立宣言》的起草人、第一届联邦政府国务卿和第三任总统，托马斯·杰弗逊在许多演说和著述中论证了现代新闻自由观。他主张，政府必须以法律保障一切人的言论自由，人民有权自由地评论政府、批评政府，即使这个批评不对，政府也不应该加以禁止。新闻自由比言论自由影响更大，可以把人们的意见传播给成千上万自己无法直接表达意见的人，是防止野心家篡权的最好方法。③ 他写道：“我们政府的基础是人民的意见，所以政府的首要目的就是要捍卫人民发表自己意见的权利。如果在无报纸而有政府与无政府而有报纸二者之间必选其一，我将毫不犹豫地选择后者。但是，这样一来，让所有的人都能读报，就必然是我选择后者的先决条件。”④

1804 年，杰弗逊受到联邦派报纸的恶意攻击，他仍以压倒性优势连任总统，更加坚定了他对新闻自由的信念。他说：“报业应予自由。自由发表真理与谎言，最后真理一定获胜。我确信人民的智慧，经得起新闻自由的滥用，这证明人民在真理与谎言之间，可以清楚地分辨出来。人民可以充分信任，去听任何新闻与意见，包括真实与虚妄，他们在两者之间，自会有正确的判断。”⑤

英国哲学家、经济学家约翰·斯图亚特·密尔于 1859 年出版了《论自由》一书，成为现代新闻自由思想的集大成者。他认为，真理是在讨论中发现和完善的，新闻出版

---

① 引自稻叶千三男，新井直之. 日本的报业理论与实践[M]. 北京：新华出版社，1985：39.

② 罗伯斯皮尔. 革命的法制与审判[M]. 商务印书馆，1986：135—159.

③ Frank L. Mott, *Jefferson and The Press*, (LSU Press, 1943), p. 8.

④ 参见美国史论文集[M]. 北京：三联书店，1980：190.

⑤ 参见李瞻. 新闻学[M]. 台北：三民书局，1973：94、95.

自由提供了讨论的机会,也提供了人们认识真理的机会。密尔坚决反对剥夺任何人发表意见的权利,压制人们发表意见,就是压制对真理的发现。在精神奴役的气氛中,可能有伟大的个人思想家,却永远不会有智力活跃的人民。①

基于这一认识,密尔提出三个极为重要的原理:(1)人的错误是能够改正的。所有观点都应当接受自由辩论的考验,借着讨论和经验,人能够纠正他的错误。(2)习惯于倾听一切反对的言论,从中吸取教益,构成对错误意见的自我修正原则,这是寻求真理不可缺少的途径。(3)在任何社会,若是言论自由不受尊重,那就不算自由,不论其政府形式怎样。在任何社会中,若是上述这些自由是绝对的和没有规限的,也不算是完全的自由。

密尔同时提出言论自由的道德原则:(1)一切意见应当允许其自由发表,但在方式上须有节制,不能越出公平讨论的界限。(2)防止似是而非的观点论证、对案情的各项因素举陈错误,或错误地表述反对意见。(3)防止以谩骂、讽刺、人身攻击等此类态度对待反对意见,不论自居于辩论的哪一方,只要缺乏公正而表现出情绪上的恶意、执迷和不宽容,那就应予以谴责。(4)每个人,不论他持什么意见,只要他能够冷静地观察、诚实地说出他的意见就要给以应得的尊敬。②

现代新闻自由理论的重要意义在于,(1)强调新闻自由的目的是为了达到对真理的认识,不是为自由而自由,提升了新闻自由的重要地位;(2)提倡自由讨论,各种意见通过交锋才能发现真理,人们应当习惯于听取不同意见,自觉接受正确的意见,开辟了人类认识真理的道路;(3)防止发表错误、荒谬的言论,不允许对不同意见的人进行谩骂、讽刺和人身攻击,批判了新闻与言论自由中的恶劣作风,为新闻自由划出界线,否定绝对的新闻自由;(4)强调新闻法治原则的重要性,提出法律保护新闻自由的要求,新闻出版的法治观念开始形成;(5)指出政府是新闻自由的批评对象,政府不能以任何理由堵塞和压制批评;(6)确立现代新闻自由是政治上的管理器,利用新闻自由可以揭露政治阴谋和丑行,遏制各种腐败与社会恶行,新闻业在民主政治中成为政府的公共监督者。

但现代新闻自由理论仍有某些历史缺陷。一是,还没有彻底摆脱天赋人权论的影响,在一定程度上认为新闻自由能决定一切,过高估计新闻自由的社会作用;二是,提出新闻法治思想,开创了新闻法治的时代,但还没有树立健全的新闻法治理念,其中有

---

① 约翰·密尔.论自由[M].北京:商务印书馆,1959:17、55.

② 约翰·密尔.论自由[M].21、35.

三种倾向：一是，有人过多强调法律对自由的保护，不主张法律对滥用新闻自由的惩治；二是，更多的人则重视法律对滥用自由的惩戒，强调法律保护新闻自由不够；还有人认为法律对滥用新闻自由的惩治必然产生压制自由的结果，个人的道德修养在新闻自由中的突出作用更为重要。三是，认为有新闻自由就会发现真理，没有认识到真理在根本上需要通过实践来获得，还需要消除权力的压制来实现，新闻自由只能为发现和实践真理打开大门，扫除障碍。

三、当代新闻自由的责任论

从 20 世纪中叶至 21 世纪初，新闻自由理论不断修正、调整和充实，确定了新闻媒介和民众的新闻自由权和崭新的法律规戒。到 20 世纪 60 年代，“没有国家干预，只要将思想投入自由市场中去，就可以自动调整自由”①的观念开始改变。

资本主义报业从 19 世纪后半期开始，转向垄断和大型化，在经济利益的刺激下，黄色新闻、揭丑新闻和低俗炒作泛滥起来，社会各界对媒体的过度自由提出强烈谴责，呼吁报纸、广播公正地传播多种意见，有效保护公民权益。新闻学术界要求媒体承担社会责任，重视受众的知情权和维护公共利益，新闻自由不限于媒体和记者的行业自由，还要赋予受众使用媒介、表达意志的权利；新闻自由不仅是“禁止危险言论”的自由，更是培养公众良知的自由。

1919 年美国最高法院大法官奥利弗·温德尔·霍姆斯在审判一战中一桩煽动叛国案时说：“人们所追求的最理想的善，只有通过观点的自由交换才能实现，换言之，真理的最佳判定标准是在市场竞争中获取人们的承认。”“我们所憎恶的思想也有表达的自由，对美国这个国家来说，限制那些明显的和现实的危险的言论是迫不得已的。”②禁止发表“明显而现实危险的言论”，成为美国的一则“新闻条文法”。在霍姆斯看来，只有“明显而现实危险的言论”，才应禁止，对“观点的自由市场”不应再设其他栅栏。

1947 年，美国的“新闻自由委员会”（又称哈钦斯委员会）出版了小册子《一个自由和负责的新闻界》，修正了霍姆斯的上述观点，提出新的“法律矫正原则”，即凡是侵犯个人权利和重要社会利益的言论和新闻都应受到法律限制。该委员会委员维廉·厄内斯特·霍京在专著《新闻自由：一个原则框架》中阐述了当代新闻自由思想的主要内

---

① 稻叶三千男，新井直之. 日本的报业理论与实践[M]. 北京：新华出版社，1985：56.

② 参见刘建明. 当代西方新闻理论[M]. 北京：中国人民大学出版社，2015：166.

容:(1)新闻自由和言论自由是国家不得侵犯的精神权利,新闻界应当享有新闻自由,反对集权势力和金融寡头对新闻界的控制。(2)人类的思想和行为并非完全合于理性,新闻界的自由放任主义是有害的,具有危险性。仅追求摆脱束缚的自由是消极的;对社会有作为的自由才是积极的(freedom from,freedom for)。使人民能利用报刊表达自己的意见,"向一切有话值得向公众诉说的人提供自由"。(3)报刊必须承担社会责任,新闻自由以社会责任为前提,报道新闻要准确、真实、全面而有意义;报刊要阐明社会目标和价值观,提供公共讨论和批评的园地,对报刊的侵害行为要问责。(4)政府不仅允许自由,还必须积极推动自由、保护新闻自由,对新闻界滥用自由加以干涉,但政府禁止言论的范围是有限的。(5)对报刊以公开诽谤、栽赃陷害、猥亵、挑动骚乱和煽动叛乱的方式,侵害个人权利和至关重要的社会利益,法律制裁具有正当性。

显然,当代新闻自由理论重视公众的信息需求、政府的积极作用和新闻媒体的责任,修正了古典和现代新闻自由思想中自由放任的观点。这一新闻自由思想的重大进步,主要有如下意义:(1)扩大了民众的新闻自由权,新闻成为监督政府,防止出现"坏政府"的重要手段。(2)当代新闻自由思想要求新闻界承担社会责任,提高了媒体的法治意识和伦理意识,维护了新闻界的纯洁性。(3)遏制了破坏和滥用新闻自由的低俗风气,对报道虚假新闻、黄色新闻及名人绯闻进行了批判,维护了新闻自由的真正价值。

第二节　新闻自由的价值与属性

今天许多国家都宣称新闻媒体受宪法保护,享有充分的报道自由,保障人民的知情权。但不管哪个国家的媒体,享有这种自由都是有限的。全面认识新闻自由的本质与属性,才能有效规范新闻的传授行为,依法处理新闻传播中的责任与侵权问题。

一、新闻自由的地位与界定

新闻自由包含在言论自由中,因各国历史条件、政治制度不同,表现出种种差别。如果说18世纪法国启蒙思想家们追求的是以自由为目的、以民主为保障的自由,那么,当代新闻界追求的则是以民主为目的、自由为手段,以新闻保卫民主政治和社会公共利益。政府和媒体这两个强有力的实体既是新闻自由的保护者,又可能是新闻自由的破坏者。政府无端限制媒体或公民发表意见和消息,新闻自由就遭到破坏;媒体堵塞公民的言论或对政府滥加攻击，也要丧失新闻自由。这两者倘若不是追求纯洁的自由，而是被自由之外的欲望所支配，都可能破坏新闻自由。曼哈依姆在其著作《出版自由的根本原则》中指出："出版自由意味着出版内容远离外部力量的影响，即使是非本质的影响。"[①]在他看来，新闻自由只能是没有任何其他动机的行为，它的唯一企图就是让大众知晓他们需要获知的东西。

新闻出版自由是人类社会进步的加速器。当人们有权自由地思想而不是被禁锢头脑，有权获取消息而不是局限在狭小的框子里听命于信息封锁，才处于一种自由状态。当新闻媒体传播有价值的新闻和积极的言论，就掌握了自己的命运，其运作才是必要和有意义的。所以，新闻自由作为真实反映和认识社会生活的手段，是人类探知政治经济发展和获得彻底解放的途径。因而在一切自由中，新闻出版自由比政治自由、思想自由、言论自由、人身自由更重要。因为没有新闻出版自由就没有科学文化研究的自由，一切卓绝的科学成就很难推广。新闻自由是民主政治的核心，也是社会加速进步的动力，因为通过新闻自由可以发现改造社会的最好意见，有助于促进各国、各民族的彼此了解和互信，保障世界的和平与发展。

新闻自由是法制概念，法律是它的灵魂。除了法律之外，对它的任何限制，都是对这种自由的破坏。在公正的法律范围内，新闻媒介才有发布消息和讨论公共事务的真正自由，使人民拥有表达或获知公共信息的权利。媒体的权利受法律限制，是社会对媒体滥用自由的强悍的约束，媒体应像一切公共机关一样依法行事，负起真正自由的责任。

新闻自由的主体实际是公民和媒体，而媒体则是公民新闻自由的保障者。当人们谈到新闻自由时，有时是指媒体采访、报道和传播新闻的自由，有时是指公民利用媒体表达思想、获取消息、讨论社会问题的权利，或二者兼而有之。但从根本上看，新闻自由是记者与公民利用媒介把握社会和自身命运的自由。

根据上述分析，正确界定新闻自由这一概念，涉及新闻自由的指向、主体和法律关系等诸种范畴，而不仅仅是媒体与民众的表达自由。本书认为，**新闻自由**是媒体依法报道新闻、发表意见和满足公民知情权和表达权的自由，包括使用媒体的自由、采访自由、编辑自由、转载自由、传播自由和对新闻侵权的申诉自由。新闻自由不是一般的言论自由，而是媒体与公民传授新闻与政见的法定权利。

---

① 转引自小野秀雄. 新闻学原理[M]. 170.

二、新闻自由的本质与价值

媒体对事件真相的报道,被事件的发展后果所证明,才实现了真正的自由。所以,新闻自由是对事件必然性的认识,是对客观事物思想求证的过程。恩格斯指出,自由是“从必然王国进入自由王国的飞跃”[①]。媒体认识了客观事物的真相,既按法律又依照规律传播新闻,就处于主动、真正的自由状态。媒介的错误报道即使对社会和他人没有造成危害,也会受到客观必然性的捉弄,遭到人们的揶揄,享受不到自由的愉悦。所以,新闻自由首先是认识活动的自我把握,只有给社会和受众带来真理,才意味实现了自由。

这样,新闻自由的本质不能不体现为对真理的追求。凡带有认识客观必然性的动机的表达,都应享有新闻自由。无论它批评政府还是普通百姓,只要不发生根本性错误,不触犯法律,都应受到尊重和保护。要求新闻自由的真理性,是对新闻自由本质的最高认识,而不是用这把尺子堵塞言论。实际上,达到真理的认识,只有通过正确与错误意见的自由讨论,并最后经过实践的验证,才能实现。对记者而言,凡是举陈事实、尊重实际的报道都不应受法律制裁,否则就是对新闻自由的压迫和威胁。在一个自由的国家,自由讨论是很重要的,即使发表错误的意见,只要不是恶意攻击,危及他人和社会,都是可以的,他人也有反驳错误意见的权利。发表放肆的意见却是对这种权利的滥用,足以降低讨论的标准。放肆的报道或讨论总是远离客观事物的必然性,缺少良好的动机或公正目的,注定会碰得头破血流。媒体认清这一点,放弃夸张、造假、煽动、诬陷或辱骂性的言论,才能享有真正的新闻自由,并对社会有所贡献。

新闻自由的本质还表现为对人权的尊重。人是社会动物,有人格权和人格尊严,新闻自由是实现这种权利的手段。媒体保护公民的表达权和对社会问题的讨论权,不仅是尊重公民的人格,也是公民获得良知的途径和体现,同时也是政府强化正确管理的有效措施。“只有将公民权利和公众利益纳入人自身,新闻自由才能继续成为出版者的一项权利”,“公民的良知是国家保持活力的一种源泉”[②]。

新闻自由是相对于被剥夺发言权和知晓权而言的,表示新闻传播者是真正的“人”和“民众自由的监护者”。但它的深层理性是人们正确、高尚地运用表达权,惠及社会

---

① 马克思恩格斯选集:第 3 卷[M].北京:人民出版社,1972:441.

② 新闻自由委员会.一个自由而负责的新闻界[M].展江,译.北京:中国人民大学出版社,2004:9、70.

和他人，保持精神上的独立和纯洁地位。马克思认为，没有一种动物，尤其是具有理性的动物是带着镣铐出世的，“自由是全部精神存在的类的本质”，“自由确实是人所固有的”，“自由意志是人的天性”，因此“书报检查令”违背“人的天性”，是不合理的。①

在当代社会，奉行新闻自由是实行法制和民主的条件和结果，没有法治和民主，就不会有正常的新闻自由。新闻自由的这一本质常被人们忽略。把新闻自由视为可以在任何制度下生存，是极为幼稚和天真的想法。法律赋予新闻自由权，法制作为民主制度的要素和形态，也是新闻自由的要素和形态。新闻自由标志社会处于有别于专制的状态，是民主政府存在的标志。只有民主政府才能宽容地听取一切言论，让公民知道一切情况，因为任何思想挑战都无法动摇民主与法制的基石。

综上所述，新闻自由的多种价值——发现与遵循客观事物的必然性、表达和捍卫真理、尊重和呵护人权、体现和保卫民主制度等，揭示出新闻自由本质的多样性。这些本质可以概括为：新闻传受主体对世界必然性的自由驾驭，对真理的自由表达，构成民主与法制社会的意识自主状态。

三、新闻自由的多重属性

新闻自由涉及的内容和领域十分广泛，直至跨越国界而有国际性。跨越国界传播信息，满足各国人民的知情权，打通媒介的隔离状态，早已成为各国新闻界的工作目标。在所有领域，人们对新闻自由都发出强悍的呼声，各种社会组织无一不感到它的强大力量，它的属性既鲜明又深刻地留在人们的脑海里。

（一）新闻自由的政治性

新闻自由是一种政治要求，在社会斗争最激烈的时期，被压迫阶级尤其需要新闻自由权。因为政治要求只有通过新闻媒体表达出来，争取社会的广泛赞同和支持，才能够发挥更大的影响。新闻自由作为政治目标实现的手段，是获得政治权利和权力的前提，它本身也是政治自由的体现。

所以，新闻自由和政治自由是连带和不可分割的，二者虽然属于不同的范畴，但却紧密胶合在一起。新闻媒介有权评价人们争取的是什么政治制度、向谁争取，政治制度能否体现社会发展方向，是代表绝大多数人的利益还是代表少数人的利益。允许媒

---

① 参见马克思恩格斯全集：第 1 卷[M]. 北京：人民出版社，1956：63－67.

体有这类评价的自由,既是政治自由又是新闻自由,新闻自由和政治自由总是共存的。没有政治自由的社会绝不会有新闻自由,同样,没有新闻自由的社会也绝不会有真正的政治自由。

获得政治权力不能缺少新闻自由,历史上,任何阶级与政党的政治权力都不是天赋的,而是争取来的,首先是通过新闻自由争取、奋斗的结果。在以上每个环节,新闻自由都为表达政见、实现政治利益开辟道路,是一种强有力的政治斗争武器。

(二)新闻自由的相对性

新闻自由是相对的。它是一定范围、一定限度内的自由,任何自由都是有界限的;它既要求摆脱束缚和限制,又不能违反法律的限制。只有合法的表达权才有真正的自由。了解自由应受到的限制,也就了解了应享有和可能享有的自由权利。

对新闻自由的限制有两种:一种是积极的限制,防止自由过度,破坏公共利益;一种是消极的限制,对新闻自由百般挑剔,对媒体批评和揭露错误和丑恶的事物求全责备,形成新闻自由的桎梏。

对新闻自由的积极限制来自新闻自由的本质,依据新闻自由的价值阻止对它的滥用,防止背离新闻自由的价值目标。这些限制主要有:第一,新闻自由无法超越必然性的限制,包括事实真相、事物的客观规律和为实现正当目的而采取的正确手段等这些必然性,依据这些必然性使用媒介、确定新闻内容。第二,新闻自由不能超越法律限制,超越人民选择的法律法规报道新闻,就会失去新闻自由。

新闻自由的相对性还表现为它是一种历史过程,总是由低级向高级、由不完善向完善发展。任何国家和社会都不会一下子实现完美的新闻自由,绝对优越、绝对正确的新闻自由在世界上是不存在的。西方的新闻自由从古典的出版自由进化到现代和当代的新闻自由制度,尽管一个比一个进步,但无一不是克服各种弊端的发展过程。新闻自由的更高程度依赖于社会平等的彻底实现、法律的健全、民主制度的完善和人的思想道德的提升。社会发展到什么程度,新闻自由才能达到什么程度。

(三)新闻自由是公民的普遍权利

在宪政国家,新闻自由是公民的普遍权利,这种权利受到宪法和法律的保护。但必须指出,这种自由权的分配是不均等的:国家的新闻发言人要比其他官员有更多的新闻自由;事件的知情者在媒体上发表意见,他的新闻自由权便多于不知情者;媒体人的新闻自由权要远多于其他人，不仅因为新闻报道是他们的职业，而且他们还承担代替一般公民履行新闻自由的义务。人的不同能力、社会地位和职业决定一些人从事新闻活动的机会多于另外一些人，这不是阶级或等级的差别，而是社会职务和能力的差别，实际上多数人的新闻自由权是委托少数人来实施的，正因为如此，这些少数人有可能窃取公开的新闻自由权，把普遍权利变为某个阶层的特权。

作为公民的普遍权利，新闻自由必须通过具体的法律体现和得到保障。任何民主国家在宪法、新闻法或其他法律条款中都对人民的新闻自由权作出规定，要求政府、特别是司法机关对这种权利给予特别的保护。政府的权力是由人民让渡的，媒体应该体现人民的意愿，随时听取人民的呼声。政府利用媒体发表政见、公布政策，让广大公民知情、讨论和参与公共事务，使公民的新闻自由权转化为推进社会繁荣的创造活动。

（四）新闻自由的具体权利

新闻自由必须成为公民实际享有的具体权利，而不是一些自由的口号和种种虚幻的保证。如果宪法规定了人民有新闻自由权，但并没有转化为公民的具体权利，就把新闻自由变为空洞的词句。人们常说新闻自由的欺骗性，主要是指宪法有自由的规定，但在实际上没有制定具体的法规赋予媒体和公民具体的自由权，新闻自由仅仅停留在抽象的词句上。

新闻自由主要表现为以下十种具体权利：

第一，新闻媒介创办权。在私有制社会，个人或同仁创办新闻媒体被视作最重要的新闻自由权。我国的新闻出版法规规定，凡是法人单位可以申请创办媒体，被批准后便可公开发行。

第二，发表权或报道权。记者和公民都有利用新闻媒体发表消息和言论的权利，又称传播权和表达权。

第三，编辑权。媒体对新闻稿件享有独立的编辑权，有权决定和实施编辑方针，维护报道的真实和公正。所谓**编辑方针**，是指处理、编排新闻稿件的指导原则和方法，包括处理新闻事件的应急措施和要求。

第四，采访权。记者有了解社会事件、政府工作情况及各种社会动态的权利，一切机关和社会组织应当接纳记者对公共事务的采访和询问，及时、真实地向记者提供情况。

第五，保护新闻来源权，又称隐匿权、“保守职业秘密权”。记者有权不向外透露合法的揭露性新闻提供者的姓名、住所及其他有关情况。

第六,交流权。社会各方有通过媒体进行民主对话的权利。

第七,答辩权和更正权。新闻报道出现错误,媒体有义务自行更正,也允许有关方面和被批评者作出申辩和指正,媒体必须予以发表,以正视听。

第八,使用传媒权。在合理、合法、达到公开发表水准的前提下,公众有借助传媒发表言论、表演节目、展示作品、传递讯息的权利;对不善言辞的公民,记者有代其发表言论的义务。

第九,知情权。民众有获知公众事件和公共事务、了解政府决策及社会动态的权利。

第十,对新闻侵权的诉讼权。新闻记者与媒体有权控告对媒体与记者本人正当行为的侵害,公民和官员也有权依法控告来自传媒的侵权行为。

第三节　当代媒介的社会责任

新闻自由不是主体的随心所欲,而是权利和义务、自由和责任的统一。恩格斯认为,一切自由的首要条件是,一切公务人员在其职务活动中都应向每个公民负责。[①]尽到责任是享有新闻自由的前提,也是媒体实现新闻自由的重要条件。20世纪40年代提出的新闻自由责任论,是当代新闻自由思想的核心,体现出新闻自由的重要规约——媒体与公民的言论,都要为增进社会福利和公共安全负责。

一、媒介乱象与媒介责任

1947年美国新闻自由委员会提出社会责任理论(Social Responsibility Theory),确定了当代新闻自由的崇高目标,并号召报刊在新闻报道领域付诸实行。社会责任理论作为当代世界观和社会背景的产物,直接来自对媒介乱象的批评。

美国新闻学者西奥多·彼得森在《报刊的社会责任理论》一文中系统阐述了这一理论出现的背景:一是技术和工业革命改变了国家的面貌,改变了美国人的生活方式,也影响了报刊本身的性质,尤其是工业化带来了大量的广告,成为报纸、杂志和广播的经济支柱,媒体变成赚钱的工具;二是教育的普及和人口的增长扩展了媒介市场,媒体

① 马克思恩格斯选集:第3卷[M].北京:人民出版社,1972:30.

对人们生活的影响越来越大，媒体负面内容的危害也空前增大；三是媒体被少数拥有者所控制，新闻自由成为少数人的专利，变为捍卫资本利益的工具；四是为了应付日益激烈的媒体竞争，传媒业的控制者为所欲为，黄色新闻泛滥，揭丑报道充满谣言和下流的渲染；五是媒体对抗社会变革，更多关注肤浅和刺激性事件，严重危害社会道德，肆无忌惮地侵犯个人隐私。

针对这种趋势，美英等国出现了激烈的媒介批评，对媒介制度、媒介经营及媒介内容的恶劣影响给予猛烈抨击。批评家们指出，娱乐节目丧失了严肃性，走向低级趣味；在讨论社会事件时，媒体过多倚重保守的评论员，规避真正健康、有益的讨论；电视节目中犯罪和强暴的影像占据很大比重。在一片批评声中，政治家、新闻评论家和新闻学者提出社会责任是媒体的头等义务，所有新闻人都应负起责任，提升新闻报道的积极意义。在广大公众的强烈呼吁下，社会公益组织对媒体展开调查，要求媒体制定业务准则和法规，使许多新闻人开始树立社会责任意识。

与此同时，新闻研究者发表了许多论著，对社会责任理论进行阐述，强调媒介责任的重要性是：(1)人们永远有被错误告知的可能，既然人性有善与恶两面，只有推动媒介工作者树立社会责任意识，才能抑恶求善，有节制而不是放任地发表意见。(2)社会责任理论修正并代替了过去的**新闻自由主义**。以追求新闻的新鲜性、刺激性作为唯一的报道目的，无视任何责任和戒规，唯新闻而新闻，已经亵渎了新闻的公益性。彻底抛弃新闻自由主义，成为推进当代精神文明的基本要求。(3)媒体的社会责任理论作为公共意识和集体主义观念，提倡为公共福利服务。(4)社会责任理论还认为，若是依靠政府来纠正媒体的弊端，国家就会走向专制，压制媒体的积极作用。现代社会需要一些强大的传媒机构，这些机构一旦强大到足以威胁民主，仅仅限制这些机构的方法已经不能解决问题。媒体必须自己控制自己，制定业务规范，实行新闻自律，自觉负起应有的责任。

二、当代媒体的社会责任

1956 年，美国传播学者施拉姆等人出版了《报刊的四种理论》一书，对**社会责任理论**进行了综合论述，搭建了社会责任理论的初步框架。但在今天看来，媒介的社会责任应有更广泛的内容和更远大的目标，主要应包括：

第一，负有防止新闻煽情化、低俗化的责任。当代新闻媒介具有两面性，既可以推进文明的进程，又可能阻碍这种进程。媒体以大量软新闻和娱乐品把人们的视线从重要的社会问题引开,使其娱乐化、卑微化和庸俗化,降低了人们的素质。新闻媒介必须改变这种倾向,重视社会严肃问题的报道,关心国家和民生问题,负起管理社会、引导民众的责任。

第二,负有尊重事实、努力揭示社会真相、传播真理的责任。人类并非完全是理性动物,许多人的无知和愤世嫉俗,习惯于无所用心地跟风。许多媒体也往往缺乏理性,没有求实精神,随波逐流,蔑视和践踏真理。新闻媒介有责任防止和抨击对自由的滥用,坚持实事求是的原则,努力引导人们认识真理,强调"社会公益高于个人利益和个人兴趣"的原则。

第三,负有抵制拜金主义、坚持公平正义立场的责任。新闻媒介在享有自由权利的同时,要有道德与法治戒律,不屈从于商业利益与自私的目的,给民众提供公正与正义的主张。为此,有责任揭露社会腐败,推动政府的政务公开,满足大众获取信息、表达意志的需要。

第四,负有接受社会批评和社会监督的义务。政府和各种公益组织有权监督媒体,保证它为公众利益服务。新闻媒介要主动接受这种监督,经常、自觉地对报道的错失进行自律和反省。

西方媒介倡导社会责任理论尽管已有半个多世纪,新闻工作者的无良之举却日益严重,新闻界服务于公众的现状令人失望。西方"许多人认为新闻工作者是些腐败分子,他们既自大傲慢,又粗鲁无理……大部分记者都以揭露政客的缺点和诡诈为乐,但民意测验表明,公众认为政客比新闻工作者的道德水平还高一些。"①造成这种困境的主要原因是媒介的私有化和商业化,利润挂帅扼杀了媒体的思想纯洁。究其根本,只有改变新闻媒介的性质,把它变为由公共基金会支撑的社会公益组织,才能消除利润第一的弊端。这需要克服国家机构和经济组织预设的重重障碍,通过长期的媒体变革才能实现。在日常新闻工作中,媒体急需采取以下三项措施,把履行社会责任落实在全部报道和评论中,把责任意识转化为专业行为:

第一,要让公众便于获得当天的消息,让人们及时知道国内外的变化,提供真实、重要和明智的新闻,阐明事件的意义;把新闻与意见分开,让受众分清事件的真相和媒体的看法。媒体应成为交换评论与意见的讲坛,发表民众有价值的见解,同时刊登相反的意见,让受众比较、鉴别不同意见的正误和优劣。媒介要反映各阶层公众的生活,

---

① Smith, R. F. *Groping for Ethics in Journalism*, Hoboken: Wiley-Blackwell, p. 11, 2003.

再现各个集团的活动，让媒体成为人们认识整个社会生活的工具。媒体要介绍和阐明社会的目标和美德，树立公众正确的价值观，让公众知道社会的发展方向。

第二，要不断进行媒体变革，增加媒体经营权和所有权的多样性，为公众提供更多、更丰富的信息。传播领域的革新主要在于以尽量低的成本把尽量多的文字和图片传播得更远、更广阔，为建立世界共同体充分运用互联网，加强政府与传媒机构的紧密合作。[①] 政府通过大众传播媒介向公众告知它的政策及其用意，如果私人大众传播机构不愿意给政府提供这样的媒介，政府也可以使用它自己的媒介，以保障民众的知情权。

第三，新闻界的成员要开展生机勃勃的相互批评，不应由政府权力来惩罚新闻界的越轨行为，如果新闻界是可问责的，并想保有新闻自由，就必须以彼此的公共批评来相互约束。[②] 各媒体要制定自律规约，经常检查新闻报道履行责任的社会效果，使新闻界保持良知制度化。媒体一旦越轨，每个成员都不可推卸责任，每个人的自律和对每个人的追责，有助于发展一种更加制度化的媒体共有责任。

媒体承担社会责任，履行有限度的自由，必须抛弃自由主义报刊理论的某些观点。自由主义报刊理论对人类理性的力量深信不疑，过分相信媒介自身的力量，把媒体视为“第四权力”“第四等级”。**新闻自由主义**还认为，报业吸收了一些有原则、有教养的人，完全有能力掌握真理，识别一切；他们的职责就是监察社会和政府，负有鞭笞一切社会丑恶和错误的伟大使命，不需要承担什么责任和义务。**社会责任理论**则认为，宇宙中的任何事物都是相对的，自由权利也不例外，各种自由都以承担相应的责任与义务为前提。自然权利说只是一种假设，实际上不可能实现，不受干涉的绝对自由是不存在的、站不住脚的。

媒体在接受政府监督的同时，要警惕陷入新闻极权和集权主义的桎梏。施拉姆等人在《报刊的四种理论》一书中认为，**新闻极权主义**建立在苏格拉底、柏拉图、马基雅弗利、霍布斯和黑格尔等人的“精英权力中心论”之上，二战时期法西斯把它发挥到极致。集权主义从政府独大的目标出发，强制媒体必须绝对服从政府，政府有权对出版物进行检查；媒体不能直接批评政治领袖及其措施，将一切对政府的批评视为危险倾向，以叛乱罪或煽动罪把涉案新闻工作者投入监狱，或将媒体封闭。媒体责任论则主张媒体应有独立地位，鞭笞专制权力对媒体的迫害，反对媒体充当政府的附庸；但同时也强调政府在管理媒体中的积极作用，让政府、大众和媒体三者协同一致，共同促进积极的新

---

① 新闻自由委员会.一个自由而负责的新闻界[M].展江，译.北京：中国人民大学出版社，2004:41.

② 新闻自由委员会.一个自由而负责的新闻界[M].展江，译.北京：中国人民大学出版社，2004:57.

闻自由的实现。

三、建立新闻责任制度

媒介履行社会责任引起新闻界广泛的重视，它的现实意义越来越重要，成为新闻工作者首要的职业戒条。在媒介市场化的冲击下，许多记者缺乏责任感，大量不良行为败坏了新闻工作者的声誉，**新闻干涉主义**也日益猖獗。权力部门任意限制新闻报道，一些被采访部门的人员公然拒绝采访，甚至辱骂、暴打记者，却往往受不到依法惩处。加强新闻工作的道德和法纪、保护新闻工作者的正当新闻自由，成为新闻制度建设的两个紧迫问题。

完善和履行社会责任的新闻制度，首先需要新闻报道者树立服务社会的崇高目标。几个世纪以来，新闻自由的理念在新闻工作者的观念中根深蒂固，直到今天，记者想得更多的是我缺少哪些新闻自由，很少想一想我肩负什么样的责任。自由主义理论产生的是唯我主义目标，把新闻自由放在第一位。社会责任论恰好相反，要以积极的自由为基础，达到有利益于社会的目标。一个自由的媒体虽然还不能免除一切压力，但它要达到服务于社会的高尚目的，不可缺少责任意识。经常学习、认同和实践社会责任，就会提高记者履行责任的自觉性和主动性。

履行社会责任，依法为新闻工作者和新闻管理者划出底线，规范双方的行为边界，才能促进新闻工作的健康运作。责任实践告诫人们，媒介活动和媒介管理都不能违背新闻自由与公共利益，也不能随意扩展新闻自由和公共利益的边界。无论受众、媒体还是政府，都要依法用自由的尺子衡量自己的行为，从坚持社会责任中享受有效的自由。新闻自由对于一个不掌握媒体的人来说，必须由具有与他相似立场的新闻工作者来履行，由政府或非营利机构依法监督媒体的言行。

履行社会责任要培育出一些放弃单纯追求市场利润而传播健康内容、造福社会的媒体经营者，逐渐改变商业媒体难以尽责的看法。雷蒙德·威廉斯认为，“新闻媒介只要在商业体系中进行，就不可能对社会负责”，“要保证新闻媒介负有真正的责任，大众传播媒介的机构必须变更，私人所有权必须铲除，私人财产予以废除”。还有人认为，“(1)社会责任理论必然导致政府控制；(2)它得根据环境与道德需要，树立起它的伦理支柱。”[①]没有伦理与法律支柱，媒介能够自觉履行社会责任或不被外力控制，几乎是

---

① 赫伯特·阿特休尔. 权力的媒介[M]. 北京：华夏出版社，1989：221－222.

不可能的。忠实履行社会责任的媒体，除了相信这一理论的正确性，还需要严格执法，这是健全、执行新闻责任制度的保障，为此，需要培育出越来越多的为正义而战的新闻工作者。

练习与思考

1. 试论古典、现代与当代新闻出版自由的主张、区别与意义。
2. 如何给新闻自由下定义？新闻自由的内涵和本质是什么？
3. 新闻自由有哪些属性和价值？
4. 阐述社会责任理论的内容与意义。
5. 新闻媒介承担哪些社会责任？怎样履行这些责任？

第十章 新闻专业主义与新闻操守

整个社会对记者的崇敬,对他们手中权力的敬畏,使新闻工作者处于显赫地位,公众对记者的专业素养也有更高的期望。然而,在许多国家,新闻专业主义精神正面临商业利益或政治操控的威胁,一些记者变成唯利是图的商贩和任人驱使的话语奴隶。大力提倡新闻专业主义(Journalistic Professionalism),提高新闻工作者的操守,已成为新闻界和广大公众的期望与共识。

第一节 新闻专业主义的精神追求

新闻专业主义直接涉及新闻伦理问题,没有新闻道德及其伦理规范,新闻专业主义精神就无法耸立。新闻道德是新闻工作的行为准则,而伦理则是新闻工作的道德意识和理论体系,二者对新闻工作者的要求构成**新闻操守**。在西方古典哲学中,伦理(Ethics)与道德(Morality)之间保留着传统区别,“伦理观指的是基本原则,道德观指的是实践”[①]。新闻伦理是对新闻道德准则的认识,作为记者或媒体的致善规范,奠定了新闻专业主义的精神基础。

一、新闻专业主义的基石

新闻专业主义思想有悠久的历史,作为新闻工作的理想、目标和专业要求,以新闻规约为基石。我国先秦诸子在讲学中曾提出“诚”“信”“实”“公”的守则。所谓“诚”,就是传播知识和理念要诚实,出自善良愿望;“信”“实”“公”概括了传播思想的三原则,即以“信”与“实”为本,出于“公心”,不说空话和假话。“诚”“信”“实”“公”作为信息与思

---

① 克利福德·克里斯蒂安等.媒体伦理学:案例与道德论据[M].北京:华夏出版社,2000:4.

想传播的最高境界，可视为新闻专业主义的源头。

从19世纪末开始，西方大报都陆续制定“记者守则”或“报道规范”，向记者提出职业要求，对新闻专业主义作出精要的阐述，一般包括下列内容：(1)新闻事业是一种专门的职业，记者应有严格的职业操守；(2)媒体应为大众所信赖，传播真实、公正的新闻；(3)报道内容清晰，说理明白、正确而公允，是优秀新闻事业的基础；(4)新闻记者应当写出自己心目中认为有益无害的意见，引导公众至善至美；(5)新闻压制均属错误，除非是为了国家和社会幸福，任何势力不得阻挠新闻报道，媒体绝不向压制新闻的势力低头；(6)记者避免受本身偏见或他人偏见左右，不因威逼利诱而逃避本身的责任；(7)广告、新闻与社论均应纯洁、积极和健康，达到为公众利益服务的目的。这七条规约涉及新闻事业的目标、新闻从业者的工作原则及职业信条，体现了新闻专业主义精神的主要追求。

1919年，徐宝璜在《新闻学》一书中从新闻与社会、记者与报纸的关系阐述了新闻道德的重要性，对记者应具备的思想品德进行了论述：“伟大之记者，应有大无畏之精神，见义勇为，宁牺牲一身以为民请命，不愿屈于威武而噤若寒蝉。”他专门设列“访员应守之金科玉律”一节，提出“重要新闻一追到底”“不以谣言为事实”“不可受贿、隐瞒事实”等16条要求。在“新闻纸之职务”一章，徐宝璜强调报纸要“提倡道德”，指出：“恶者因其劣行登载而受舆论之攻击，善者因其善行登载而受舆论之赞扬”；“迎合社会，乃贱者之所为，与敲诈同为不德也”。这些论述形成我国新闻专业主义的早期理念。

综合中西方新闻界和学界对新闻专业主义的研究，新闻专业主义的当代精神追求包括：(1)新闻媒体是维系崇高精神的特殊职业，以捍卫人民的权益为新闻工作的伟大目标；记者集人民政治家、社会导师和思想医生的优秀品质于一身，以廓清世界、明人耳目、拯人于危为己任；(2)新闻记者树立为公共利益、公共福祉服务的志向，把受众作为自己的服务对象，时刻以他们的呼声为召唤；(3)媒体的一切活动以至善为手段，以惠及公众和社会福利为目的，把社会信誉和受众的信任视为生命；(4)遵守新闻道德，遵循新闻道德和伦理的调节作用，不损害公众、他人和社会利益，严格遵守法律。

无疑，新闻工作的职业操守应是：(1)为民众正确认识世界和自己的利益进行真实、公正的报道，忠于事实和民众，决不欺骗和蛊惑受众，敢于揭露社会丑恶行为；(2)正确使用新闻来源，对新闻事实做出诚实、全面的叙述，杜绝不雅之词的阐述。(3)对严重的事实或意见错误，不管来自何处，应做迅速而完全的更正，这是媒体与记者的重要职业责任;(4)任何新闻都不能导人于恶,绝不报道淫秽、暴力和犯罪细节,坚持健康、积极的舆论导向;(5)不参与有害于公众或国家民族利益的活动,竭力维护人民的团结和社会和谐;(6)决不唯利是图、明哲保身;绝不贿赂他人、拒绝接受贿赂或馈赠;明辨是非、坚持真理,对任何物质利诱和压制真理的强权毫不退让。

二、新闻工作的伦理要素

新闻伦理观作为新闻专业主义的精神支柱,构成新闻工作者的思想基础。总的来说,**新闻伦理**是关于新闻领域的新闻道德意识、道德活动的理论指南,成为新闻专业主义的灵魂。新闻伦理一方面具有政治道德的追求,另一方面还有不可忽视的公共道德的性质,二者的统一体现出正确的新闻伦理观。人类的一般伦理原则适用于新闻伦理,世界各国有大致相同的新闻伦理观。

新闻伦理的第一个要素是坚持真善美的标准。不道德的行为都违背真善美的思想,蔑视人类美好的价值观,往往用政治立场、阶级利益掩盖伦理观的不正当性。把阶级或群体利益建立在损害他人合理利益之上,对任何媒体、任何阶级都是不道德的,都违反伦理准则,也都背离新闻专业主义的追求。

新闻伦理的第二个要素是坚持新闻公正。不管哪个国家、哪种类型的媒体,在报道有争议的问题时,应把双方提供的事实和意见都报道出来,让公众作出是非判断。肯定性或批评性报道,要符合事实的本来面目和主要倾向,不能抓住一点不及其余。媒体揭露一个人的错误,如果是偶然性、个别性的过失,就不能把这个人说得一无是处;批评一个管理者或一项政策,不能抓住它的局部失误,就否定它的主要成绩或成效。这类片面报道是不公正的。不公正的报道来自主观性或偏私的动机,既违背新闻伦理,也缺乏专业素养。

新闻伦理的第三个要素是坚持科学精神。对善与恶、美与丑、真理与谬误、正义与非正义的评判和认识要有科学根据,符合事实逻辑,作出合乎实际的说明,不能强词夺理、蛮横武断地解释问题,粗暴地压制不同意见。科学面对的是能不能做的问题,伦理提出的是该不该做的问题,"该不该做"要看这种行为是否有科学依据。善美、真理与正义依据的是人类的整体追求、高尚的兴趣和共同利益,传受双方对这类美好事物作出的价值判断,符合社会进步的要求,构成新闻专业主义的科学精神。而这一精神正是新闻伦理坚持科学性的表现。

新闻伦理的第四个要素是要有高尚的政治意识,违背伦理观的政治都是昏暗、龌龊、见不得人的，缺乏光明磊落。任何政治报道都要经受住伦理的考验，以诚实、求真、求善为前提。政治有时需要媒体暂时沉默、不说话，但不能说假话。不说假话是媒体铁的原则，不可因为政治需要或权力压迫而改变这一原则。基于人类求真求善的共同要求，不能认为"别"的媒体说假话是违反伦理的，而"我"的媒体说假话就是符合伦理的；"别"的媒体受到权力的压制是不自由的，而"我"的媒体受到权力的压制就是自由的。这种对媒体的双重伦理标准，实际是以政治目的破坏新闻伦理的行为。新闻伦理只受政治真理性的约束，不受错误政治观念的支配。

三、新闻工作的道德要素

在新闻伦理这面镜子前，记者以"善"或"恶"、"美"或"丑"的行为从事报道，形成两种截然相反的新闻道德。新闻道德要求报道行为符合伦理，构成新闻专业主义的实践支柱。新闻媒体承载着政治和道德教化功能，以道德标准反映政治和影响社会。虚假新闻、有偿新闻、黄色新闻、不良广告都是丧失新闻职业道德的产物，给社会带来恶果。符合人类美德，善及广大受众，有益于社会，是记者的道德追求，成为新闻工作的道德要素。徐宝璜在《新闻学》中提出，"新闻纸应立在社会之前，导其入正常之途径，故提倡道德，亦为新闻纸职务之一。"提倡道德，对当时的新闻界很有针对性，因为在西方大众报业时期，许多报纸为了吸引读者，大量刊登煽情新闻，而现代报纸传入中国后，为了获得商业上的成功，许多报纸也将商业需求摆在社会责任之前。徐宝璜明确提出，提倡道德正是报纸教育读者的一种职能。

新闻道德是新闻工作者在法律范围以外的善与美的规范，作为新闻记者的行为准则，具有三个特征。

第一，具有非强制性，依赖从业者的自我意志来维系，产生于记者的高尚品质和自律。它不同于新闻法规，不是以惩治形式表现出某种强制意志，更不是依靠国家机器迫使记者遵从，而是在报道实践中内化为报道者的品格修养。

第二，新闻道德与新闻法治虽有重叠之处，但属于不同的社会规范。违背道德，不一定受法律制裁；触犯法律的，不仅受到法律制裁，还要遭受道德舆论的谴责。新闻道德更注重对从业者品质、追求和责任意识的约束；新闻法规则是对新闻侵权的戒条。新闻道德的约束力比较宽松，新闻法规的约束力则具体而严厉，由外在的法律机构实施追责。因此新闻道德作为新闻专业主义的自我信念，只有新闻工作者真心诚意地接受它，才能转化为新闻人的戒律。

第三,新闻道德的执行出于自我良心的指使和社会舆论压力,借助新闻从业者的自律发挥作用。**新闻良心**作为记者的善意动机,由诚实、正直、宽容、仁爱、慈善这五个因素构成。良心、良知是新闻专业主义的“把门人”,推动记者采取符合道德的举动,对不道德行为进行反省和遏制,并就违反道德的恶果进行自责。因此,新闻良心构成新闻专业主义的动力要素,保证新闻专业主义精神诉诸实际行动。

根据**新闻道德**的上述特征,新闻道德实际构成新闻专业主义的底线,使新闻工作者产生三种戒律:一是品德戒律,约束记者履行善行、抵制恶行,为人诚实、谦虚、谨慎和尊重他人;也包括记者自身廉洁,不贪图他人钱物,不畏惧暴戾;二是责任戒律,对受众与社会负责,对为之服务的媒介组织负责,为保护公众的尊严与切身利益勇于揭露社会丑陋与邪恶,为大众的不幸遭遇而呼吁;三是职业戒律,及时反映社会的危机或突发事件,进行真实、客观、公正和平衡报道,不说假话,不用低俗色情信息降低公民素质,危害大众的心理健康。

究其实质,新闻道德是维护公民权益和社会利益的至善行为,为实现美好的职业愿望进行惠及公众的报道。违背新闻道德,产生于狭隘的私利和缺乏良知,也是缺少行业自律的必然结果。记者遵循新闻道德,同报道对象和受众产生良好的关系,将赢得高度的社会信誉。

第二节　新闻专业主义的职业规范

一个成熟的、具有职业操守的新闻工作者,总是拥有职业理想,严格遵守职业规范。被西方新闻界奉为圭臬的新闻专业主义,特别强调新闻工作者的职业规范,主要内容包括新闻工作的职业目标、职业标准和专业素养。

一、新闻工作者的职业目标

新闻道德和伦理构成新闻专业主义的灵魂,但不完全等同于新闻专业主义,因为新闻专业主义主要是指符合道德的职业行为和境界。新闻专业主义的最高理想是传播真相或真理,维护公民权益和社会利益,在新闻操守中贯彻新闻的职业规范。

新闻的职业目标体现为新闻工作者崇高的社会价值,站在维护公共利益的高度认识新闻传播的社会使命。第一,从整体上看,新闻的职业目标约束新闻工作者沿着新闻专业方向遵守道德规范,依据新闻行业的特点,推动新闻活动为正义事业服务,向人间播撒“大爱”。用这一目标指引记者的业务操作，达到教化人类和社会的崇高目的，使之成为人类灵魂的工程师。

第二，新闻工作者要树立为“公共服务”的信念，让新闻报道服务于全体人民，而不是某一利益集团，更不是媒体自身。媒体的商业经营具有合法性，但它仅限于发行或市场部，如果以商业主义支配编辑和报道权，它便成为堕落与危险的恶疾。一旦媒体人仅仅注意商业利益，那将是媒体道德力量的终结。媒体的贪婪、向钱看、取悦广告商和以低俗色情信息开路，只能遭到社会的唾弃。引领国家前途之权，应始终掌握在富有高尚职业目标的新闻工作者手中。

第三，新闻职业目标的最高追求是发挥传媒的**社会公器**职能，努力报道公共事务的现状与前景，让大众认识共同利益或可能出现的公共危机。媒体是大众的信托人，全体人民都可利用媒体获得信息、表达意志，不受私人利益左右，履行推进人类文明的使命。2005 年 11 月 19 日，在由中国人民大学新闻学院倡议发起的“首届新闻传播学院院长国际论坛”上，61 家中外新闻传播学院院长提出“北京共识”，一致认为：“新闻传播事业是推动人类文明进程的重要力量。新闻传播工作者为社会进步和人类幸福担负着神圣职责。”①

二、新闻工作者的职业标准

新闻专业主义不断追求新闻工作的职业化，逐渐确定了严肃、高尚的职业标准。最初的新闻工作者来自印刷行业的发行人、工人及学徒，是一些东奔西走、道听途说的抄报员，社会形象不佳，经济政治地位不高，所以当时没有新闻专业主义的要求，更谈不上确立职业标准。随记者地位的提高，专业化程度的提升，新闻专业主义理论开始探索新闻报道的职业标准。

凡专业化程度较高的职业，多能自觉担当社会道义和服务公众的责任，逐渐形成它的职业标准。20 世纪前，新闻不是专业(profession)，新闻工作者不被认为是“专业人士”(professionals)。新闻工作经过百年的历练，到今天已成为成熟的职业，专业化水准贯穿在新闻报道的各个环节，有了明确的职业标准。

一方面，新闻职业同其他成熟的行业具有共同标准，主要指有完整的专业理论、专业教育科目和专业特色，具有职业教育体系和人才培养机构。同时它也有成熟和完善

① 首届新闻传播学院院长国际论坛〈北京共识〉[J]. 国际新闻界，2005(6).

的职业道德对报道行为的约束,让新闻工作者明确知道哪些行为“应该”或“不应该”,深刻认识报道行为利害相生的法则。许多媒体把新闻传播经验上升到职业规章,确定了职业任务、职业责任、职业纪律和职业禁忌,把职业标准条文化和具体化。另一方面,忠于受众是新闻职业的特殊标准。记者只有对受众忠诚,追求优异的新闻质量,才能产生良好的社会效果。这种忠诚表现为对受众说真话而不说假话,坚持真理而不顺从谬误,对不公不义之事敢于揭露而不退让。媒体不能一方面标榜高尚的道德,另一方面又给大众提供有害的、刺激犯罪的东西,导人于恶。

新闻记者作为公众利益的捍卫者,随时听从公众的召唤,反映他们的疾苦和呼声,勤勤恳恳为公众效力。了解、表达人民的心声,为他们摆脱困境而奔走,是这一职业最艰难、最具个性的标准。一个为真理而报道和解释新闻事件的记者,同一个在电视和网络上走红的歌星不同。前者是公众的勤务员,后者只是以歌喉谋生的艺人;前者按照新闻职业标准而辛苦劳作,后者为了人们的快乐而开心地献艺,在传播实践中他们体现出不同的职业价值。

三、新闻记者的专业素养

新闻记者的业务素养,属于新闻专业主义的实践规范,要求记者对操作对象具有知识性、敏锐性、技术性和科学性。**新闻专业素养**无疑是指记者具有新闻报道与传播的素质、技能、方法和水准,包括新闻采访与报道的专业知识是否丰富、专业技巧是否成熟、表达是否规范,一言一行能否遵守新闻道德和伦理。由此形成新闻操守的具体要求,这就是:

第一,以正当的方式探访新闻,不使用狗仔队之类的卑劣手段,对社会情况的把握与调查要准确全面;不可擅自闯入他人私宅、办公室和非面向公众开放的会议室;不可窃取采访对象的电脑数据、文件或其他资料;不可窃听他人的电话或私下交谈。在采访中记录他人的谈话内容或录音,要得到当事人的同意。对一般公众的正当行为和生活,不管有何重大变故及新闻价值,被采访者声明不能报道的,媒体不应擅自报道。

第二,新闻报道都应披露消息来源与见证者,证明新闻事实出自有据。消息来源尽可能对受众透明,让受众知道媒体从哪里获得消息。对匿名消息来源要严格保密。引用多方消息来源要保持平衡,不可偏向一方。新闻中的引语,除删除多余字句,不能改变引语的原意,对引语中的关键性词句不准做任何改动。

第三,新闻中使用他人的文字或作品,必须说明出处,注明归属者的姓名,这种做法不会使记者受到剽窃的指控。转载其他媒体的新闻，尽一切努力核实报道的真实性，不真实的不能转载。转载时要指明发表该新闻的媒体和作者的名字。

第四，记者对新闻内容认真进行检查核实，抛弃个人偏见和情感来编写文本。记者表达对事件的观点，避免对受众产生误导；如要表明自己对事件的态度，一定要持有客观立场。报道的事实必须准确，凡来自互联网上的文字，要进行认真核查，防止采用不准确的内容诓骗受众。

第五，报道犯罪新闻，对嫌疑人在法庭判决其有罪之前，只能把他视为无罪者，以免引起受众的错觉。对犯罪手段不做详细描写，禁止披露可能被模仿的犯罪细节。报道犯罪时，注意保护犯罪人的亲属和受害人，不透露与犯罪无关的亲情关系和社会关系。对一般罪犯报道，不指称其姓名和身份，电视报道要对其面部打上马赛克。

第三节　新闻专业主义的实现途径

遵循新闻专业主义，对减少新闻工作者与社会的摩擦，达到对自身信誉的维护，有极其重要的意义。实现新闻专业主义目标，需要身体力行、一丝不苟，但许多媒体和记者又往往难以做到。只有不断以正确的途径，积极促进新闻专业主义标准的落实，新闻工作者才能有良好的职业操守。新闻自律制度化，虔诚接受对媒体的舆论监督，认真考察和吸取媒介批评的正确意见，是贯彻、实现新闻专业主义的三个主要途径。

一、依赖新闻自律的途径

为了清除新闻职业道路上的种种障碍，新闻从业者实施自律，是维护和实现新闻专业主义的重要途径。无论媒体还是记者个体，都应熟悉新闻伦理和新闻道德要求，强化自律意识，贯彻新闻社会责任理论。

新闻自律为新闻业输入一种精神、一种自我约束的规范，成为新闻业生存与健康发展的重要前提。**新闻自律**属于记者的自我控制，通过自我检查、自我揭露和反省，防止新闻自由和媒介权力的滥用。新闻传播的强大社会影响力，赋予媒体无所不在的“话语权”，这种权力可能随时被滥用。如果经常、彻底地坚持新闻自律，对滥用这一“权力”就有一定的遏制作用。

定期检查新闻工作发生的各种错失，激发记者的社会责任感，是促成新闻职业健康发展的保证。新闻自律有助于记者克服职业观念淡薄,防止新闻事故和新闻侵权的发生。**新闻事故**是指失实、歪曲性的报道产生的社会恶果;**新闻侵权**则是记者的采访报道触犯法律,给社会和他人造成伤害。新闻自律要求记者思考和检查丧失职业道德的行为,有时需要向公众致歉,消除公众的不信任,有助于提高媒体的社会声望。新闻自律指向的是不道德和非法的新闻传播行为,既要坚持经常,又应形成制度约束。

在媒体内部定期开展自我批评,进行自我反省和检讨,提高编辑记者的自律意识;媒介机构在一定行业组织或区域性媒体会议上,集中揭露和讨论媒体存在的问题,展开行业交流,共同吸取教训;凡有一定影响的错误报道,都应在媒体上公开披露失误的原因和背景,求得公众的谅解。这些自律行为能培养记者的自我批评精神,把背离新闻操守的报道失范降到最低限度,不断促进媒体同公众的联系。

二、依赖舆论监督的途径

遏制背离新闻专业主义的行为,更有力的手段来自广大受众的监督。公众舆论有无数只眼睛,有发现问题的无限能量,媒体经常听取受众的意见和建议,自觉接受社会批评,是新闻专业主义建设的重要途径。监督媒体是一种他律,比自律有更大的压力,凡虔诚的新闻工作者不能不听取社会批评。

广大受众对媒体的不道德行为发出谴责,引起相关记者的惊醒,能极大增强新闻工作者的使命感和自觉克服报道失误的动力。没有社会广泛的批评,新闻工作者难以意识到自己的不良行为给社会造成的危害。当少数记者严重损坏媒体的良知,媒体内部人士不可能很快发现,但却很难逃过广大公众的眼睛。在社会舆论的镜子面前,任何背离新闻专业主义的行为都无法躲藏。

媒体的任何不义之举,从新闻传播到经营活动,都逃不过舆论的揭发。如果一家报纸一方面用多个版面围剿瓶装水,认为不如自来水,但同时又推出自己的“小蓝帽”桶装水,无疑就露出自身商业利益的马脚。受众把这两件事联系起来,一眼看出媒体唯利私图的动机。尽管媒体是一种权力,如果不受舆论这种准权力的监督,就难以摆脱腐败的袭扰。

新闻媒体作为社会公器,必须随时观察受众对自己的态度,听取受众提出的各种意见。广大网民在网上对某家媒体或某一条报道都可能有评论,这是自动送上门的舆论评价,认真查看网络,可以得到十分宝贵的意见。媒体也可设置义务监督员,定期召集他们对新闻报道提出批评建议,认真听取他们搜集到的意见。对媒体最直接、最关键的舆论评价来自媒体的受阅量的变化。如果以半年为固定考察期，报刊的发行量和电视的收视率显著下降，证明媒体的专业水准可能在下降。

媒体时刻警惕舆论对自己发起的攻击，设置舆论警戒线，严防发生有损专业品质的任何行为，而招致舆论围剿。多年前，曾任美国副总统的戈尔希望到拥有 ABC 电视网的迪斯尼看看，被婉拒。迪斯尼人士透露，这样做是为了避嫌，以免 ABC 电视网以后报道戈尔时引起观众的猜疑。① 新闻工作者任何有损媒体声誉的行为，都会引发舆论爆棚，媒体在监督政府和社会的同时，要接受民众的监督，及时、主动采取措施防止舆论的不满。

三、依赖媒介批评的途径

增强新闻专业主义意识，提高新闻业务水准，离不开媒介批评。媒介批评站在现实与历史的观望台，观察记者的一言一行和每篇新闻作品，分析新闻传播的正误，是实现新闻专业主义的更为重要的途径。**媒介批评**不仅是对媒体的监督，而且是站在学术或新闻政策的高度，缕析媒体与记者的活动，从科学与实践角度评价媒体的得失和社会效果。有些专业批评者的论述思想如灼，目光深邃，让媒体和记者对专业理想和新闻作风有深刻的领悟。

新闻批评家从洞悉现实生活的角度，以专业眼光分析新闻现象，对拙劣的传播内容提出精辟的见解，引发新闻工作者深刻反省新闻报道的纰缪。把媒介批评视为一种反思的过程和结果，探索媒介传播的得失，是对新闻专业主义的升华和总结。媒介批评者以科学理念对媒介存在的问题进行剖析，也为媒介优化和调整报道拓宽了思路。

媒介批评重视对新闻工作者的品德、操守的评价，抓住典型的负面事例指出他们的道德失范，让媒体人在心灵深处发生震撼。2013 年揭露的 BBC 前主持人萨维尔性丑闻，使整个英国民众感到“震惊、肮脏和愤怒”，来自批评家和民众的讨伐声浪此起彼伏，英国广播公司（BBC）陷入近 50 年最为严重的信任危机，不得不对国民公开道歉。评价某家媒体的总体倾向、专业理想或运作机制的瑕疵，尤其能推动媒体革面洗心的深刻反省。

我国大量媒介批评针对的是新闻文本的优劣，分析新闻作品的质量及其效果，对记者认识和提高业务水准有重要作用。但如果把媒介作品的内容和形式视为唯一的

① 谁来监督媒体的监督[J].荆楚网，2013－10－24.

批评对象,却很少对编辑记者的报道宗旨和价值观做出透视,媒介批评就存在严重缺陷,无法从根本上改善新闻工作。

练习与思考

1. 新闻专业主义由哪些内容构成?
2. 论述新闻伦理的内容与特点。
3. 论述新闻道德的规范及其特点。
4. 新闻工作者有哪些职业标准、专业素养和职业操守?
5. 实现新闻专业主义有哪些途径?
6. 浅谈新闻自律的机制和新闻操守的具体要求。

第十一章　新闻传播的法理

新闻活动的法治，既是新闻自由的重要保障，也是新闻管理的主要手段。对媒介滥用自由或践踏记者权益的有效制约，来自法律的正义性和公正性，这一规律贯穿新闻业整个发展进程。把新闻传播纳入一定的法理，即纳入法的正义与公平，构成新闻工作者和新闻管理者应有的法治理念。

第一节　新闻记者的法治理念

掌握新闻报道的法律限制，媒体依法报道新闻，才能形成良好的新闻秩序。不同国家或不同性质的媒体及记者，可能有不同的法治理念，但大多数记者确信，只有依法约束记者、约束政府对媒体的管理，才是公平合理的，并能有效防止新闻侵权的发生。

一、两种新闻法治思想的区别

新闻法制从创立之日起，就有两种不同的法治思想。在西方，新闻法治是在资产阶级上升为统治地位后出现的。1766 年瑞典颁布世界上第一部"新闻法"，确立了报刊有报道、讨论及批评政治的权利。1792 年英国制定《福克斯诽谤法》，认定诽谤罪由陪审团和法官依据此法共同认定，此前英国只由法官独自决定诽谤罪的成立。1881 年 7 月 29 日，法国公布《新闻出版自由法》，对新闻出版的权益、特别是对保护正当的新闻自由作出详细规定，否定了拿破仑法典镇压报刊自由的新闻专制，摧毁了独裁的新闻法治思想。

新闻法治历来就有两种性质，一种是保障媒体的正当权利，另一种是以维护统治者意志为目的，剥夺媒体的权利。我国清代康熙、雍正、乾隆三朝制定的《大清会典则例》,严禁各省抄房在京“探听事件,捏造言语,妄议朝政”。乾隆五年修订的《大清律例》,在允许民间刊印书报、从事书报销售的同时,对所谓“凡造谶纬妖书妖言,及传用惑众者,皆斩”;“捏造言论,录报各处者,系官革职,军民杖一百,流三千里”。随后文字狱屡屡发生。乾隆十六年(1751年)暴露宫廷内幕的“传抄伪稿案”和光绪二十九年(1903年)的“苏报案”,都是依据这个例律进行处理的。

1908年1月,清政府参照日本《新闻纸印行条例》制定了《大清报律》(1910年修改颁行),仍禁止刊载所谓“诋毁宫廷”、“淆乱政体”、“扰害公安”的言论,违者“永远禁止发行”。《大清律例》和《大清报律》是思想独裁的法律,虽然允许民间办报和印书,但不准批评朝政,严惩出版物“诋毁朝廷”。

辛亥革命后,孙中山提出“主权在民”的思想。报人要求制定保护新闻自由的法律刚有一线希望,就被袁世凯取缔了。1914年4月袁世凯颁发《报纸条例》和《出版法》,压制言论,钳制舆论,动辄以言治罪。北洋军阀统治时期,依照这两部新法,全国有70多名报人被捕入狱,20多名记者被杀害,49家报馆被传讯,9家报馆被捣毁,100余家报馆被查封。这两个专制的法律直到1926年才废除。

中华民国政府建立后,于1929年制定《出版条例原则》和《宣传品审查条例》,允许私人办报,政府不干预民营报馆的事务和经营。但1930年颁行的《出版法》,却公开维护一党专政,规定“意图破坏中国国民党及三民主义者”、“意图破坏公共秩序者”和“妨碍善良风俗者”的文章,均不得登载,违反者“处发行人、编辑人、著作人及印刷人一年以下有期徒刑、拘役或一千元以下罚金。”南京政府不允许政治异见存在,其新闻法理基础仍是思想专制。

新闻法治史表明,新闻法有不同的性质,专制主义的新闻法同民主制度下的新闻法,在本质上是对立的。制订和实行民主性质的新闻法,才能实现真正的新闻法治。

二、建立新闻传播的法律秩序

新闻法不是给新闻工作者无限的自由,而是把媒介行为限制在有益于社会的范围内,将法律原则转化为现实的新闻秩序。“新闻法律法规的稳定性在于定型化,这是由法律法规的本身特点决定的。它是对调整对象的存在和发展的客观规律的反映,也是成熟的新闻政策的升华,并体现为一系列的法定程序,因为法律是体现普遍性与永恒性的理性规则。"[①]这是记者和新闻管理者重要的法治理念。

新闻法治真正关心的是建立和维护传播秩序，对于法律来讲，维护现存秩序才是目的。法律上的新闻自由是新闻活动的秩序状态，以某种平衡达到维护社会公共利益的目的。法律依照公平原则，强有力地维护互惠互利的新闻传授关系。媒介既有代表社会利益的一面，也有代表个体利益的一面，也可能直接危害某一方利益，民主性质的新闻法治有效地协调各方利益关系，保护各方的正当权益。

建立法律秩序的关键在于立什么法，怎样立法。按照法律程序，新闻立法应由人民选举产生的代议机构制定，由独立的司法机构行使。其他部门不具备立法资格，即使制定了新闻法，也缺乏维护法律秩序的权威。对违法新闻行为的认定，不是由媒体和记者、行政部门或一般民众的三方任何一方，而是由法庭辩论和审理来裁定。在法律范围内，公民享有表达思想的自由，除法院依据法定程序和法律规定剥夺或限制违法者的表达权，其他任何组织或个人都不得干预新闻司法问题，无权判定新闻传播者是否违法、罪与非罪的界限。承认和遵守这种法律秩序，是新闻法治的枢要，也是记者和政府官员需要树立的新闻法治理念。

《中华人民共和国宪法》第三十五条规定："中华人民共和国公民有言论、出版、集会、结社、游行、示威的自由。"第三十八条规定："中华人民共和国公民的人格尊严不受侵犯。禁止用任何方法对公民进行侮辱、诽谤和诬告陷害。"第四十一条规定："中华人民共和国公民对于任何国家机关和国家工作人员，有提出批评和建议的权利。"第五十一条规定："中华人民共和国公民在行使自由和权利的时候，不得损害国家的、社会的、集体的利益和其他公民的合法的自由和权利。"这些法律条文体现了个人新闻自由权、国家利益和社会公共利益相统一的原则，如果真正依据这个法理行事，这些规定能够促进新闻事业的健康发展，人民的言论自由和记者的权益也能受到保护。

保障公民的思想与言论自由和惩办滥用自由，可能交织多方面的利益和思想冲突，通过法庭裁决调整这些冲突，才能平息与减少新闻秩序的失衡与混乱。现实冲突与法律秩序总是对立统一的，对现实冲突的每一次解决，都促进新闻活动达到法律秩序状态，给社会各方带来实际的利益。

三、划定新闻违法的界限

新闻传播违法，其内容与手段有严格的范围，其界限是明确、清晰的。首先要划清

---

① 郎劲松. 中国新闻政策体系研究[M]. 北京：新华出版社，2003：29.

言论与行为的界限、言论合法与违法的界限。这不仅涉及对新闻报道是否违法的认定,也关系到媒体对新闻稿件使用标准的确定。一般来说,新闻应是一种不带偏见的客观报道,而评论是对新闻事件或公众关心的问题发表的意见。前者是客观的,后者是主观的,前者是事实判断,后者是是非判断。两者虽然存在区别,但对新闻媒体来说,都属于新闻传播活动中的"言论"。

从根本上看,判定新闻传播是否违法,不是依据新闻或评论的言论,而是依据行为,因为"言者无罪""不依言治罪"是文明社会的基本标志。但许多报道都有行为的性质,是以"言论"为形式的行为,这就需要划清"纯粹言论"同"行为言论"在法律上的界限。在文明社会,法律只惩罚行为,不惩罚言论,法律上通行的准则是侵害后果认定论。凡产生侵害后果的言论均被视为行为,即**行为言论**,如诽谤、诬陷、煽动、造谣的新闻或评论都属于行为。由于这些言论侵害他人或社会,有受害对象,同时产生侵害后果,所以被视为行为。只有当新闻与评论侵害客体的法定权利时,行为言论才能成立。

不"以言治罪"是由于"言者无罪"的社会公理,凡对他人和社会的正当利益没有直接危害的言论,比如批评不良倾向,揭露丑露现象,恰恰有益于社会和每个公民,任何人无权剥夺这种**纯粹言论**。但在特殊情况或历史时期,法律对发表与政府相反的政治言论并非一律视为合法。两次世界大战期间,欧洲某些国家处于民族危亡关头,攻击国家内政的言论扰乱民心,往往被视为行为,冠以"叛乱""谋反"等罪名加以处罚。

同时,从执法方式上,要划清"预防制"与"追惩制"的界限。从世界范围看,实行新闻法治主要有两种方式:一是新闻或评论定稿或刊印后,还没有传播到社会就判定其违法,取缔其传播权利,称为**预防制**。这种方式是专制法治的普遍做法,实质是违法的。**新闻检查制**就是这种预防制的标本,往往产生不良后果。事先审查新闻稿件,把一切反对的言论视为非法,不准其发表,必然会扼杀真理。二是**追惩制**,即对新闻报道和评论的发表,事先不做任何限制,只有当新闻及评论传播后侵犯了某个客体的权益,产生违法的后果,才依法实施制裁。马克思认为:"预防性的法律本身并不包含任何尺度、任何合乎理性的准则……预防性的法律没有范围,因为为了预防自由,它应当同它的对象一样包罗万象,无边无际……书报检查制度每日都昭然若揭地证实着这一点。"①

以上两种对言论的限制,前者是警治和强制,后者才是真正的法治。任何公正的

---

① 马克思恩格斯全集:第1卷[M],北京:人民出版社,1956:72.

法治都以追惩制为主导，同时又有预防作用。在那些废除预防制法律的国家，为防止某些言论造成恶果，有时仍然实行检查措施，常常引起人们的不满。

“追惩制”很得人心，因为它保护了自由，也给了释放真理的一片天地，尽管它可能怂恿不满现实的新闻与评论发表，造成混乱，但这恰恰使法律能发挥用武之地。如果发表的言论是错误的，一定会引起人民的警觉和批评，产生的负面效果也是有限的。问题不在于预防或追惩，而在于它是取消新闻自由，还是扩大、保障正当的新闻自由；是保护公共利益还是危害公共利益。追惩制可能产生消极作用，但能够激发人们关心社会，有助于发现和认识真理；预防制如果出于善的目的，似乎对社会颇有爱意，但需要高明的新闻官作出真知灼见的判断，但这样的新闻官从来都是少之又少。

四、把握新闻侵权的要件

新闻侵权是指新闻机构及其记者在从事新闻活动时，非法侵害社会利益和他人的权益，使其在精神或财产上遭受损失。新闻侵权可分为故意和过失侵权两种，无论故意和过失都构成违法，只是处理有轻重之分。**过失侵权**是指由于疏忽大意而没有预见到，或预见到侵权而坚信能够避免，最后给客体造成伤害。**故意侵权**则是明知故犯，蓄意以新闻报道侵害他人或社会，以诋毁他人或社会为目的。

新闻侵权必须同时具备四个要件才能成立，即损害事实客观存在，致害行为违法，有致害对象，致害行为与损害后果具有因果关系。其具体情况与依据如下：(1)新闻作品发表后，损害事实在社会上扩散，必然产生违法后果；新闻作品没有发表，即使有损害性事实的存在，由于没有公开报道而导致有害后果，不能被确认为侵权。(2)侵害对象明确，指向的是某个公民或社会，受害者随之要提出诉讼。不提出诉讼的，就不会产生新闻官司，无人追究媒体的侵权责任。(3)造成侵害后果，是新闻违法的主要依据，这种后果表现为公民的名誉降低，财产遭到不应有的损失，或损害了社会公共利益。(4)新闻侵害的是客体的合法权益，否则不构成侵权。新闻记者采写批评稿件，批评得正确，导致批评对象社会评价的降低或财产损失，不构成侵权和违法，因为批评对象的损失是由其违法行为曝光后造成的。法律不保护恶行。

媒体的批评、揭露性报道是为了维护社会公共利益，代表媒体机构履行监督职责，不应与普通的民事侵权行为等同。无论记者个人或新闻媒介，恶意违法是极为罕见的，记者侵权往往是由于急切想达到某种揭露的目的，忽视必要的法律界限，或被事件的假象或某些人的诱骗搞错了事实。新闻工作是一个活跃在法律边缘上的职业，容易发生侵权行为。把握新闻侵权的要件,防止违法,是媒体与记者时刻需要警惕的。

五、谨慎使用法律豁免权

不管谁违法,都要受到法律制裁,在法律面前人人平等,记者和媒体不享有法律之外的任何特权。但有时新闻侵权是客观因素造成的,侵权行为能被社会谅解,也无人追究其法律责任,在这种情境下**记者和媒体具有法律豁免权**。这些情境是:有的新闻侵权是新闻规律导致的,有时是执行政府意图的后果,或常被某些集团或当事人设置的假事件蒙蔽,所以社会对记者和媒体的过错表现出一定的宽容。

在我国,报道国家政策和国家行为,一旦触犯法律,只能由国家机关直接负责,媒体对侵权不负法律责任。我国最高人民法院《关于审理名誉权案件若干问题的解释》(以下简称《解释》)中强调:"新闻单位根据国家机关依职权制作的公开的文书和实施的公开的职权行为所作的报道,其报道是客观准确的,不应当认定为侵害他人的名誉权。"媒体对国家机关文书的内容和职权行为的报道同社会真相是一种间接关系,政府的文书发生了错误,政府的行为侵权,自然应由政府负全部法律责任,媒体不构成侵权。但记者在采访、报道中,不能因为免责而对不合实际的内容不闻不问,大加宣扬和渲染,而应发现问题及时写出内参上报有关部门。

《解释》还规定:"报道失实,或者前述文书和职权行为已公开纠正而拒绝更正报道,致使他人名誉受到损害的,应当认定为侵害他人名誉权。"这就是说,新闻媒体如果报道了国家机关文书的错误内容或政府的错误行为,并造成损害后果,就应对国家机关后来的纠正作出报道,以消除前面报道的影响,拒不作纠正报道的,媒体则构成侵权。

转载新闻是《著作权法》赋予媒体的特权,和新闻事实构成另一种间接关系,即转载媒体没有亲自采访、核实事实。如果原新闻发生了侵权,转载媒体的法律责任可能有程度不等的豁免权。《解释》第三条规定:"当事人以转载者侵害其名誉权向人民法院提起诉讼的,人民法院应当受理。"但转载者与首发者承担的责任有所不同,有时甚至有较大的差别。原发媒体应负主要责任,转载媒体只承担连带的次要责任。如果首次刊播未侵权,但转载时作了修改、删节而造成侵权的,法律责任由转载媒体承担。

转载者责任的有无或大小,还与转载行为的情节有关。一般来说,全文转载侵权作品的责任较小,因为它全盘照抄了其他媒体的报道。如果转载的主要是作品侵权的内容,删去了其他非侵权内容,产生放大违法的效应,应承担较重的法律责任。如果对侵权作品作了某些删除或改动，保留了少许的侵权内容，降低了侵害程度，可减轻其法律责任。转载的同时或随后又刊登了针对侵权作品的平衡报道，可以不负或少负法律责任。

“公正评论”享有的法律豁免权，应建立在事实确凿的基础上。1998 年的《解释》强调，如果事实基本真实，仅个别词句不妥的评论不应判定为侵权。对于那些针对可靠的事实所发表的意见，没有侮辱、谩骂性词句，即使被认为是片面的、偏激的、夸张的，也不应追究媒体的法律责任。评论没有恶意，评论的事项与公共利益有关，评论的观点虽然错误，也不追究媒体的法律责任，但媒体应发表更正文章，澄清是非。

第二节　新闻违法与报道禁限

在我国，新闻传播有许多严格的法律限制，新闻和评论的内容越过这些界限，将被追究法律责任。这些限制的基本准则是，不允许媒体侵害国家和人民利益，不允许反对宪法确定的基本原则，不允许触犯具体法律中的有关规定。目前我国的新闻法规不完善，新闻媒体的许多法律问题仍是空白，但现有的法规禁限内容已十分明确，记者必须严格遵守。

一、司法采访的法律限定

记者有权采访公开审理的案件，但要遵守法庭秩序，服从警方和法庭的要求和安排，超越警方和法庭的规定而私自采访，则侵害司法权。公开审判的案件向全社会公开，新闻媒介进行客观、公正的报道是自然而然的事情。媒体报道公开的审判活动，是宣传和维护法律制度的表现。印刷媒体对重大案件发表消息或深度分析，电视对法庭审判进行现场直播，都表现出司法制度的进步。

对公开审理的案件，记者有权旁听和采访。《宪法》第一百二十五条规定：“人民法院审理案件，除法律规定的特别情况外，一律公开进行。”《民事诉讼法》第一百二十条规定：“人民法院审理民事案件，除涉及国家秘密、个人隐私的案件或者法律另有规定的以外，应当公开进行。离婚案件，涉及商业秘密案件，当事人申请不公开审理的，可以不公开审理。”《刑事诉讼法》第一百五十二条规定：“十四岁以上不满十六岁未成年人犯罪的案件，一律不公开审理。十六岁以上不满十八岁的未成年人犯罪的案件，一般也不公开审理。对于不公开审理的案件，应当当庭宣布不公开的理由。”对不公开审理的案件，记者未得到法庭允许不能旁听，媒体也不能报道，即使匿名报道也是违法的。

记者对法庭采访，要依法遵守法庭旁听规则。《中华人民共和国人民法院法庭规则》第十条规定："新闻记者旁听应遵守本规则。未经审判长或者独任审判员许可，不得在庭审过程中录音、录像和摄影。"新闻记者在采访审判活动时，不仅应遵守本条规定，还应遵守"本规则其他有关规定"。如果法庭场所有限或旁听人数过多，或因其他情况，记者需持人民法院发出的旁听证方可进入法庭旁听(第八条)。记者经法庭允许，方可录音、录像和摄影，但不得在法庭"随意走动和进入审判区；不得发言、提问；不得鼓掌、喧哗、哄闹和实施其他妨害审判活动的行为。"(第九条)对违反法庭规则的记者采取强制措施如没收器材等，由司法警察执行。

二、司法报道的法律规定

媒体对司法案件，在采访后要进行严格的法律权衡，作出报道或不报道的决定。要报道，还要研究是否需要向司法部门送审稿件，用什么方式、以什么分寸进行报道，要遵循哪些规定。凡涉及司法问题的新闻，都需要对照法律条文认真研究后，才能将其付诸报道与传播。

(一)不得干预司法

案件报道不能凌驾于司法之上、干预司法行为，否则触犯法律。在案件判决之前抢先对涉案人员作出报道或作出有罪的结论，违反《刑事诉讼法》关于"未经人民法院依法判决，对任何人都不得确定有罪"(第十二条)的规定。在民事案件结案之前，抢先作出倾向于一方的报道，违反《民事诉讼法》确定的诉讼当事人的平等原则。

新闻媒体要严格遵守司法宣传纪律，不刊播容易产生负面影响的内容，不披露作案细节和警方的侦破手段；不对正在审理的案件擅自进行有明显倾向的报道，对全国有重大影响的案件，报道更要慎重。对公开审理案件的报道，应与司法程序一致；允许报道的未成年人犯罪案件，不得披露该未成年人的姓名、住所、照片及可能推断出该未成年人的姓名的资料；电视需要播放犯罪嫌疑人的肖像时，面部要打马赛克。

案件报道必须维护司法尊严。媒体在报道中对司法工作人员、诉讼参与人、证人进行侮辱、诽谤、诬陷，法院可根据情节予以罚款、拘留，构成犯罪的依法追究刑事责任。

（二）防止媒体审判

媒体审判一语出自美国，原指新闻报道形成某种舆论压力，妨害和影响司法独立与公正判决。凡未经法庭允许，媒体抢先报道犯罪嫌疑人的案情和罪名，明示或暗指司法部门对案件的审理和宣判不公，称为“媒体审判”（trial by mass media）。

媒体审判违反《刑事诉讼法》关于“未经人民法院依法判决，对任何人都不得确定有罪”（第十二条）的规定。如果司法机关贪赃枉法，执法不公，媒体予以揭露是必要的、正义的，是媒体履行舆论监督的职责。此时，媒体揭露司法部门贪赃枉法的事实，可能涉及案件当事人罪与非罪的认定，一定要有确凿的证据。在报道中引用法学或法律界权威人士的话提出罪与非罪程度的判断，同样要有确凿的证据与法律依据，媒体要对可能产生的违法后果负责。

一些媒体在行使舆论监督时，没有顾及监督的是司法问题，忽视执法的独立性、程序性和权威性而干预司法判决，应立即刹车并公开道歉。媒体审判违反司法独立、诉讼公平、“无罪推定”与“罪刑法定”的原则，必须竭力避免。

三、政治报道的法律规定

世界各国对政治新闻都有内容禁载的限制，以法律条文给予明确规定。例如媒体的报道不允许侵害国家安全和公共利益，不允许泄露国家机密，等等。政治新闻涉及国计民生和国家安危的大事，内容超过法律限定就要侵害国家和公共利益，触犯严格的法律规定。在我国，政治报道应当遵守如下规定：

（1）不准破坏国家统一、煽动分裂活动，要维护国家主权的完整；

（2）在新闻报道和评论中，不准恶意解释国家权力机构的性质和职能，误导公民对国体和政体的认识；

（3）在新闻报道和时事评论中，不准煽动群众抗拒、破坏国家法律和法令的实施；

（4）在新闻报道、评论或画面中，不准出现污辱国旗、国徽的内容和构图，不准出现丑化像天安门、人民大会堂这类国家政治标志的图片或图案；

（5）不准发表不精确的全国地图，损害国家的领土完整，同时也要尊重别国的领土主权；

（6）不准鼓吹民族、种族和宗教分裂和仇恨，不准破坏民族平等、民族团结、民族进步和各民族共同繁荣，严禁煽动民族歧视。

(7)不得泄露国家机密,经法庭认定,泄露国家机密者要受法律惩处。这类机密有:国家重大决策中的秘密事项,国防建设和武装力量活动的秘密事项,外交和外事活动的秘密事项,以及对外承担保密义务的事项,国民经济和社会发展中的秘密事项,科学技术中的秘密事项,维护国家安全和追查刑事犯罪的秘密事项,国家保密部门确定的其他秘密事项。

四、新闻暗访的法律限定

新闻暗访又称隐性采访,是隐瞒记者身份,通过偷拍偷录或默记的方式进行采访。这实际是一种暗察私访,是探知丑恶事件真实情况的一种特殊手段。无论记者以怎样的身份介入新闻事件,暗访是为获得真实材料,了解一些不光彩或犯罪事实的重要途径。

对社会不公与丑恶,大都要通过暗访才能得到真相。没有隐性采访,绝大部分害怕“曝光”的采访对象都不会配合,有的甚至设置障碍,布下圈套诱骗记者。一些知情人因担忧打击报复,不敢向记者反映情况,暗访又是媒介监督的必要手段。从道义上看,记者隐瞒身份是一种欺骗,但隐瞒身份的不诚实与暗访的正义性相比,有更为积极的意义。作为记者获得重要新闻不得不采取的迂回方式,暗访被一些富有正义感和战斗精神的记者所使用,受到社会各界的理解和支持。

在进行暗访时,记者要受法律约束,不能为了掌握他人的内幕而不择手段。新闻暗访有的是法律所准许的,有的是法律所禁止的。为防止这种特殊手段被滥用,记者应确保他人的正当权利不受侵害,不使用非法手段和工具侦查探访对象。为保证记者不超越法律底线,暗访的记者需要遵循下列戒律:一是不可在采访中引诱他人犯罪或以身试法“参与”犯罪。有的记者为探访贩毒活动,深入贩毒“虎穴”,两次往返中缅边境参与贩毒,成为事实上的贩毒者,触犯了法律。二是记者只能在暗处观察,不允许推动事件的发展,记者发现重大问题,要向媒体领导或有关治安部门汇报,涉足犯罪案件要获得警方的授权。三是不能使用司法手段勘验、搜查、讯问、拘传、监视他人居住、扣押人证或物证、提取他人的指纹或档案,这些法律授予司法机关的权力,记者无权染指。四是不论我国现行法律还是外国法律,都没有赋予记者以假身份进行采访的权力,不允许记者冒充警方、政府工作人员或其他公职人员。

谨慎使用隐性采访,既要考虑社会效果和社会的容忍度,也要回避法律禁止的领域。记者采用暗访及其手段,既需要司法机关维护记者合法的采访权,又要坚决制止记者侵犯他人权益的不法行为。记者一旦获得犯罪事实，应尽早同警方联系，在警方的支持和指挥下接触作案者。

五、新闻刊载的法律限定

根据《中华人民共和国著作权法》规定，剽窃、抄袭他人作品属于侵权行为，承担“停止侵害、消除影响、公开赔礼道歉、赔偿损失等民事责任”。此类法律诉讼和法律纠纷时有发生：有的媒体转载别人的文章不署原作者名字，有的改头换面署上自己的名字；有的曲解原意，肢解原有作品，这些均为著作权法和知识产权法所禁止。

在网络、报纸、期刊、广播电视节目中，为报道新闻，可以不经作者本人同意引用已经发表的作品；网络、报纸、期刊、广播电台和电视台可以不经原报纸、期刊、广播电视台及作者的同意，重新发表这些媒体上已经发表的新闻、社论和评论。但引用和转载时，要注明这类稿件的来源，写明报道者的署名或名称。网络、报纸、期刊、广播电台和电视台未经本人许可，不可公开发表其在公众集会上或某一场合中的讲话，如果发表，应视为非法。经本人同意发表的应支付报酬，但国家官员的公务演讲除外。

虽然媒体有权转载他人的新闻作品，但如果作者声明“未经本人同意不得转载”的，媒体在转载时应征得作者同意，否则对作者构成侵权。有些报刊声明“本栏文章未经许可，不得转载、摘编，违者必究”，这种声明本身就趋于违法。原因是：如果是新闻作品，任何报刊都有转载权，《著作权法》不保护新闻作品的专用。“不准转载或未经许可不准转载”的声明主体，应是作者本人，而非报社、期刊社。不想让自己媒体上的新闻作品被别人转载、摘编，是对精神产品的消极态度，不利于增进社会的公共利益。

媒体使用非新闻作品，其著作权属于著作权人，由著作权人行使。著作权人享有作品的发表权、署名权、修改权、保护作品完整权和获得报酬权。媒体没有买断某一作品时，不拥有对这一作品的专有使用权。依据民法中的默示准则，只要没有声明不准转载的非新闻作品，其他媒体就可以转载、摘编，但应按规定署上原作者姓名，并向著作权人支付报酬。《著作权实施条例》第四十九条规定，作者或地址不明的，应在一个月内将稿酬寄送国家版权局指定的机构“中国著作权使用报酬收转中心”代转。如果由于摘编错误，造成作品侵权，由转载的媒体负法律责任。

第三节　保护公民的精神权益

在媒介法体系中，对公民的**精神权利**还没有理论上的深入研究，仅有法律上的初步界定。众所周知，人的精神需求可分为生理和心理两方面，在精神上享有人格尊严、安宁快乐的权利，要求法律保护人的名誉、隐私和肖像权，防止色情淫秽和恐惧内容对心理的侵害。新闻报道对象不受侮辱、不被丑化和亵渎，受众不被色情、淫秽和暴力内容所袭扰，应成为新闻媒体重要的法律责任和义务。

一、对侵害名誉权的认定

社会对公民的品德、才能、思想、品格的综合评价，是**公民人格权**的重要内容，包括公民的名誉权与法人名誉权。在人格权中，名誉权属于人格尊严权，体现为社会声望。**法人名誉**是对社会组织在民事活动中的信用、诚信、能力与社会作用享有的正面评价。法人名誉与公民名誉最重要的区别是，法人作为社会组织及其公共活动的主体，同公众利益密切相关，应广泛置于社会监督之下；而**公民名誉**多指自然人的尊严和社会声望，也可能同公众利益相关。

人的本质是一切社会关系的总和，而名誉反映人或社会组织的声誉同社会的现实关系，**名誉权**就是保护这种正常关系不受侵害。作为人身权利的一种，名誉权具有专有性、人身性和不可侵犯性，关系到社会或他人的信任和尊重程度，也关系到公民、法人能否进行正常的民事活动和取得正当利益。名誉或名声是价值极高的无形资产，名誉权案件的胜诉使原告获得“精神赔偿”，体现了名誉与财产的关系。按照法律规定，公民从生到死都依法享有名誉权，死者的名誉权应依法受到保护。

新闻报道侵害名誉权，往往以损害后果来认定，包括受害人被损害的事实，给受害人造成困境，以至造成精神伤害和财产损失。最高人民法院的司法解释是，“因新闻报道严重失实，致使他人名誉受到损害，应按侵害他人名誉权处理”。新闻反映的问题基本属实，但有侮辱他人人格的词语，使他人名誉受到损害的，应认定侵害他人名誉权；新闻的基本内容失实，污辱人格，使他人名誉受到损害的，应认定严重侵害他人名誉权。

新闻失实不一定构成侵害名誉权，关键在于是否诽谤或污辱人格，媒体对名誉权的侵害产生于新闻内容的诽谤和侮辱行为。依照我国法律，传播故意捏造事实的新闻，损害他人人格，构成**诽谤**行为；**侮辱**则是以肮脏、羞辱、丑化和辱骂的语言使人蒙受耻辱而造成名誉损害，包括口头方式和书面方式（文字、图像）。按照国际惯例，网页、广播、电视上的内容都可看作书面方式。

诽谤和侮辱行为必须针对特定的人，可能指名道姓，也可能暗示，但足以使受众可知或推知。诽谤和侮辱罪在主观上必须是故意的，具有明确贬低他人人格、破坏他人名誉的动机，并造成严重后果。不是出于侮辱、诽谤他人的目的，由于疏忽大意、偏听偏信或以讹传讹等失误，造成过失伤害，不足以定为侵害名誉罪，但要向被伤害人道歉，赔偿由此造成的精神和财产损失。记者的诽谤、侮辱行为构成侵害名誉权的要件有：(1)有诽谤、侮辱的语言；(2)诽谤、侮辱的语言必须是关于受害人的；(3)诽谤和侮辱的语言被公开；(4)造成受害人的名誉损害后果。

新闻报道有伤害他人名誉的倾向而没有造成后果，属于侵害名誉行为，不构成侵害名誉罪。只要新闻侵权作品公开发表，就可认定侵害事实的存在，要承担法律责任。

二、对侵害隐私权的认定

人们对隐私十分敏感，对隐私权问题越来越关注，正当的隐私受法律保护。因此，新闻报道与个人隐私权之间的冲突，只能在法律的准则下解决。同其他法律纠纷相比，隐私权的法律纠纷在法律认定和裁决上有一定难度，正确认识隐私的性质和范围，是防止新闻传播侵犯隐私权的前提。

隐私是指个人生活中不涉及公共利益和他人权益的各种私事，其中包括个人习惯、爱好、家庭内幕、社交、情爱和私人财产等。隐私概念着眼于个人、个人生活和行为方式，凡和社会利益发生冲突的个人生活就不再属于隐私性质。隐私具有隐秘性、个人性和私德性，体现为满足私欲的精神价值，与公共利益没有任何冲突。隐私权有四种：(1)阴私，即个人生活中不可告人的事，往往指个人的感情生活或不幸遭遇；(2)个人经济状况，指与个人利益密切相关的个人合法财产、个人收入、个人的消费；(3)家私，主要指家庭住址、家庭关系、生育、家庭生活习惯等；(4)偏好和生理缺陷，包括个人不良习惯和爱好、个人外表与生理状态。

隐私权是依照法律保护个人隐私不受侵害的权利，大众传媒涉及隐私内容关乎公民的情绪和幸福感，容易造成对人格和心理伤害。新闻使平民的私生活暴露在光天化日之下，使个人的尊严受到贬损，一般人的隐私不准媒体披露。公众人物（指政府官员及一切对社会有影响、成为社会楷模的知名人士）的隐私一旦违反社会公德，媒体有责任予以披露。如果他们的隐私纯属个人事情，媒体未经当事人同意予以公开，也是侵害其隐私权的行为。

最常见的侵犯隐私权的新闻，主要有下列内容：把法庭依法不公开审理或根据被害人要求不公开外泄的案情，如强奸和婚姻纠纷作详尽的报道；热衷于宣扬名人的私生活，包括其恋爱和婚变，而又未经本人同意的；披露某个公民过去的不幸历史和处理过的犯罪事实；报道某人的生理缺陷或古怪状态；报道一般人的奇异经历，反映某个公民不涉及公共利益的私生活及行为。

记者悍然侵犯他人隐私，造成违法的结果主要有下列情况：一是在新闻采访中骚扰采访对象，干扰当事人的个人生活，使其精神处于压抑、惊恐状态。二是对他人的电话、谈话进行录音、窃听；对他人的信件、有关档案材料、财产状况进行秘密调查；侵入他人电脑和手机获取资料。三是记者擅自进入他人隐私领域并把这种隐私编写成新闻，编辑的把关忽略了这一内容，新闻稿件顺利通过报道程序。

无论公众人物还是一般公众的隐私，如果有重要新闻价值，在获得当事人的授权后，都可以报道，媒体要严格把握这个界限。如果公众人物的隐私伤害公共道德和公共利益，不符合他们应有的社会地位，媒体有权不经其同意给予披露。这是媒体履行舆论监督职责的重要使命。

三、对侵害姓名与肖像权的认定

公民和企业法人的姓名、肖像受法律保护，在正常情况下，未经本人同意，媒体擅自使用他人的姓名和肖像，也会侵害公民和法人的精神权利。由此引起的法律纠纷主要有：记者在大街上拍摄的某人特写照片或录像，未经本人同意公开在媒体上发表；不用或者更改原作品的署名；新闻用错了他人的姓名和肖像，而造成恶果；未经本人同意，擅自在广告或广告新闻中使用他人的肖像，等等。以上都属于新闻侵权行为。

公民突然陷入意外灾害、暴力袭击或抢劫事件，为了展示案情，受害人的肖像出现于报道中，不能认为名誉权受到侵害，但使用受害人的名字一定要征得本人同意。当事人因各种原因不愿公开自己的姓名和肖像，记者、编辑应采用受众无法辨认的手法进行报道——隐匿当事人的真实姓名、身份、工作单位、住址等，摄像在面部、眼睛上作模糊处理，或者拍摄背影，以防产生侵权后果。

新闻报道对当事人曝光是否构成侵权，要视曝光对象是否违法或侵害公众利益。把违法或侵害公共秩序的行为的录像或照片发表在媒体上，可以不经本人同意，如某人翻越公路栏杆时被拍摄下来的影像刊登在媒体上，不构成侵权，因为这个人的行为侵害了公共秩序，报道他的行为是为了维护公共利益。如果拍摄对象没有违法或伤害公共利益，未经本人同意使用其肖像，就侵害了该人的名誉权。不以赢利为目的，擅自使用他人肖像而没有造成恶果的，属于一般侵权，应向其道歉。以赢利为目的，擅自使用他人肖像的，属于严重侵权，除道歉外，应赔偿经济损失。报道公共场所拍摄的新闻，有公众的影像，虽然没有征得本人同意，也不构成侵权。新闻中偷录、偷拍的违法和不道德行为，不涉及侵害名誉权问题，是记者履行职责的正当举动。

四、对侵害其他精神权的认定

新闻还可能对受众其他精神权利造成损害，主要是心理健康权、纯洁的性生活权和生活的安宁权。公民渴望心理健康，追求安宁快乐的生活，这是人的生理机能和幸福生活得以形成的前提。如果新闻报道用诲淫诲盗的内容引诱受众淫念横生，以生死搏杀的画面打扰他们的安宁，击碎他们庄重自守、安详自乐的心绪，都给受众带来精神损害，也可能给社会造成道德的低落。在当代社会，媒体传播的色情、淫乱和暴力内容，是传播法治所不允许的。

色情是一个众说纷纭的概念，最有名的定义是美国社会学家伯哈德和克鲁豪森在论文《色情与法律》中作出的。他们认为，色情是引起性欲反应的描述，包括过分突出人的性生理现象，突出性虐待和被禁止的形式。人类学家玛格丽特·米德把色情定义为："脱离另一个恋爱或可选择的对象，足以引起情欲的文字、行为或叙述。"实际上，媒体上的色情作品是暴露第二性器官（频繁展示乳房、臀部、秀腿以至半裸）和性宣示，引起某些受众性欲的描写和叙述，包括**色情新闻**和色情文艺作品。

色情与情色不同。无论新闻还是文艺作品，展示男女间少量的性接触和感情交流，例如接吻、示爱和缠绵的拥抱，都属情色范畴。淫秽与色情和情色有本质的不同，凡露骨描述性行为、性交及其心理感受，宣扬淫荡和性技巧，诱导受众性欲以至犯罪的新闻，都属**淫秽新闻**。在报道强奸、通奸、淫乱、性虐待、乱伦、同性恋和卖淫的新闻中，不顾社会效果，描述性交细节，尽管仅有一点点的展示，仍可定性为黄色新闻。许多网站对色情和淫秽新闻采取自由放任的态度，网页上不堪入目地展示性器官画面，以期增加网民的点击率，是一种违法的传播行为。

西方一些自由主义者打着性解放的旗号，认为不存在淫秽、色情这个"社会问题"，淫秽有自身的价值，主张顺其自然。但是，大多数西方记者对淫秽、色情新闻持反对态度,严厉批评媒体过多描写性刺激和展示女性裸体,指责这是滥用新闻自由、危害社会公德,践踏新闻操守。

在我国,新闻媒介不管采用何种体裁或形式,都不得宣扬色情和淫秽内容,凡在媒介中直接暴露性器官和性行为、刺激情欲的内容,都被严格禁止。国家新闻出版署1988 年 12 月 27 日公布的《关于认定淫秽及色情出版物的暂行规定》第二条指出:“淫秽出版物是指在整体上宣扬淫秽行为,具有下列内容之一,挑动人们的性欲,足以导致普通人腐化堕落,而又没有艺术价值或者科学价值的出版物:1. 淫亵性地具体描写性行为、性交及其心理感受;2. 公然宣扬色情淫荡形象;3. 淫亵性地描述或者传授性技巧;4. 具体描写乱伦、强奸或者其他性犯罪的手段、过程或者细节,足以诱发犯罪的;5. 具体描写少年儿童的性行为;6. 淫亵性具体描写同性恋的性行为或者其他性变态行为,或者具体描写与性变态有关的暴力、虐待、侮辱行为;7. 其他令人不能容忍的对性行为的淫亵性描写。”

新闻中过多呈现暴力现象,以打斗、欺压、伤害的细节展示残暴行为,致使受众惊恐不安,称为**暴力新闻**。网络暴力事件频发不断,大多以新闻的形式展示,从“铜须门”的人肉搜索、“虐猫事件”到“史上最毒后妈事件”,一个又一个残忍的悲剧令人心颤。法学上目前还没有“暴力新闻”的说法,更谈不上可操作性的司法解释。凡以血腥、残忍的描写或画面再现暴虐行为或恐怖气氛,信息量较大(不是一闪而过),让受众出现心悸、不安,都属暴力新闻。

新闻暴力不仅损害受众的心理健康,还可能侵害他人的姓名权、名誉权、隐私权、肖像权和人格尊严,理应承担法律责任。但现有的法律法规没有明确的界定,对有害的暴力新闻难以确定惩治标准。我国的《出版管理条例》和《广播电影管理条例》都将渲染凶杀暴力列为禁载禁播内容,其规定是:以有害方式描述凶杀足以诱发犯罪的;描写罪犯形象足以引起青少年对罪犯同情或赞赏的;描述荒诞离奇、有悖人性的残酷行为,令人感到恐怖、给青少年造成心理伤害的,一律严格禁止传播。

以“暴力”为主要内容的新闻,分为弱暴力和强暴力两种。**弱暴力新闻**是以间接和隐晦的方式表达武力对抗,摧残他人肉体,虽然攻击不激烈、时间不长,但仍给受众带来恐惧。**强暴力新闻**则放肆传播残忍的打斗与致害他人的场面和恶果,让受众惨不忍睹。像“女友肢解男友尸体”、“儿子砍下亲妈的头”这类新闻,都属于强暴力新闻,让受众感到新闻的血腥味。像“一场街头追打的较量”和“城管洗劫店铺”等新闻都没有造成人员伤亡,更没有血腥现场,则属于弱暴力新闻。

暴力是一种社会现象，既然它客观存在，媒体就有责任将其呈现出来，适度报道能引起公众的警觉。但要区别暴力的性质，给予不同的报道分量和报道方式。暴力新闻的性质有三种，一是斗殴、凶杀新闻；二是反暴力报道，以武力制伏暴力侵害分子；三是对暴力统治的武力反抗。后两种暴力新闻有正义性，无疑应当报道，但不能渲染暴力细节，突出“血溅尸横”的场面。

练习与思考

1. 记者应有哪些法理意识？

2. 新闻侵权有哪些要件？

3. 论述新闻报道的法律禁限内容。

4. 如何采访和报道司法新闻？

5. 新闻报道如何防止侵犯公民和法人的精神权利？

第十二章 新闻制度与新闻管理

新闻制度是指新闻媒介的创办、经营、新闻工作规制和新闻管理等一系列国家规定,包括新闻媒介的所有制、创办程序、报道要求及政府管理媒体的方式。**新闻媒介体制**作为新闻制度的核心,专指政府对传媒的控制方式,包括新闻机构的设置与隶属关系、政府管理媒体的方针和措施。一个国家主要有一种新闻制度,但媒介体制可能有多种,这是由国家的政治制度决定的。新闻制度的核心是媒介产权问题,媒介体制的核心是媒介领导权问题,二者互为表里,紧密相连,新闻制度往往由新闻体制体现出来。

第一节 当代新闻制度与新闻政策

当代新闻制度主要有三种。一是**私有新闻制度**,作为资本主义社会制度的产物,绝大多数媒体成为私营企业。二是**国有新闻制度**,媒体掌握在政府手里,完全由政府控制,成为政府宣传和国家控制信息的工具。三是**公共新闻制度**,媒体由社会公共组织或公众联盟运作,代表公众对媒体行使管理权。不同新闻制度下的新闻媒体,执行不同的**新闻政策**,以一定的报道思想、报道方针和相应规定,完成新闻报道使命。

一、私有新闻制度及新闻政策

私有媒体新闻制度是当代世界多数国家的新闻制度。自 19 世纪末,西方大多数国家陆续建立“媒体民有、新闻自由、报道独立、监督政府”的新闻制度,媒体就像任何企业一样,只要有资金,任何公民与社会组织都可创办和经营。在这一制度下,绝大多数新闻媒体宣称独立自主,执行“社会公器”的新闻政策。西方国家虽然建立了私有新闻制度,但仍有极少的国有媒体和公共媒体。

私有新闻制度依据登记备案的规定,只要拥有足够资金、工作场所和设施,想创办媒体的人均可向政府新闻出版部门申请,说明创办媒体的意图及名称,递交申请后,在登记半个月至三个月不等的时间内被批准后就可运营。新闻媒体作为名副其实的企业,可以自由买卖、兼并或申请上市,形成激烈的市场竞争。这类私营媒介又称**商业媒介**。私营媒介上市后,限制大资本的持股比例,允许外资进入,但拒绝政治组织的掌控。

创办新闻媒体需要巨额资金,资本家、大财团成为媒体老板是西方私有新闻制度的必然现象。媒体市场竞争导致媒体垄断集团的出现,使新闻业集中在资本寡头手里。美国《华尔街日报》、福克斯广播公司、英国《泰晤士报》等都为鲁伯特·默多克新闻集团所有;美国哥伦比亚广播公司、欧洲最大的电视广播公司 RTL 集团、欧洲最大的杂志出版公司古纳雅尔,为贝塔斯曼集团所有;《纽约时报》和《国际先驱论坛报》为美国苏兹伯格家族控制。这类私营传媒奉行独立报道、自主经营的方针,抵制政府的干预。新闻报道一般由编辑人员掌握,但有时不能不顺从媒体老板的意志;媒体可以"独立"问责政客、指责政党、批评政府,让某位政客身败名裂,但绝不会去质疑、批评、反对媒体投资方和有关联的资本集团。维护资本寡头的利益实际是其新闻政策的基点。2011 年美国十多个城市参与的上万名示威者"占领华尔街"示威,反对华尔街大银行家盘剥民众和美国社会的两极分化,资本寡头掌控的美国主流媒体很少报道,认为这种示威"没有新闻价值"。西方的所谓"独立媒体",只是相对政府控制而言,实际充当资本集团的喉舌。

私有新闻制度废除新闻审查,政府限制私营媒体主要通过新闻立法,要求媒体依法报道和传播新闻,承担社会责任。这类媒体奉行市场原则,依靠广告收入,追求利益最大化。为提高覆盖率、吸引受众眼球,私有媒体奉行传统新闻价值观,负面消息多。大量报道冲突、反常、情色和暴力新闻,这是私营新闻制度难以消除的现象。

二、国有新闻制度及新闻政策

国有新闻制度是由国家出资创办、由政府控制媒体运营的制度,代表政府观点,宣传国家内外政策,反映和推动社会发展。有些国家的国有媒体仅有广播电台和网络;有的国家有电台、电视台和政府网站;还有的国家则掌握通讯社、报纸、广播电视和网站等一切媒介。我国的全部媒体都由政府控制和管理,是大一统的国有新闻制度。

国有新闻媒体最早诞生于西欧,是为抵消私有媒体的消极信息和对抗政府、维护政府权威而建立的。基于“自由缺少节制”的理论,国有新闻制度主张发表消息和言论应受到限制,对重要的政治报道实行检查。国家新闻媒体是国家权力的附属物,可由政府直接掌控运作,属于政治机关;也可能是由议会经营的公益事业,但要完全或部分地服务或服从于政府的管理。

西方大国的国有媒体多属一两家对外广播,对国内事务很少报道。所以,国有媒体的产生与运营不是这些国家的根本新闻制度。1949年9月1日在纽约成立的“解放欧洲全国委员会”发行的杂志《东欧》和“自由欧洲电台”(1963年12月改名为“自由电台”);1942年美国建立的“美国之音”,原属美国新闻署管理,1978年改由美国国际交流署领导;英国广播公司(BBC)对外广播,德国的“德国之声”和“德意志广播电台”……以上均属国有媒体。

德国还有特例。德国许多区县级的报纸由政府主办,政府对这类报纸实施直接领导。“这些官方报纸除了刊登官方公告和广告外,包揽了区乡、协会和教育部门的所有通告,让公民随时了解本地区发生的重要事情……有时它们被指责为市长的单向传声筒。出版商十分厌恶它们,因为区县报纸夺去了他们的广告,而且还截留了商业日报刊登官方公告的收入。”[①]这类报纸具有国有性质,成为德国地方政府的宣传工具,但同私营报纸和广播电视相比,不占主要地位。

国有新闻制度始终把握一个宗旨,即必须保护绝对的东西不被媒体破坏,即保护生活的安宁和社会美德。同这一宗旨的绝对性一样,从意识形态中产生的对国家的绝对保护,是媒体的重要目标。西方国有媒体掌握在政府权力人物手里,被导入强权意志,往往以保密为借口封锁消息。德国学者曾指出这种倾向的严重性:“任何一个自称民主并以此而自豪的社会……都面临着一个明确的要求,即把被掩盖的信息减少到最低限度。这样一个社会中的行政当局必须愿意大量提供信息。相应地,这一点同样适用于活跃于这样一个社会中的新闻记者,他们必须尽可能地拓宽自己收集信息的领域,并在行政当局希望保密的问题上尽可能地持保留态度。然而,我们的行政权力中心却热衷于相反的做法,即进一步扩大保密的范围。”[②]

大多数国有媒体奉行意识形态标准,支持并参与国家的统治和管理,实行或明或

① Meyn, H. *Massenmedien in der Bundesrepublik Deutschland*, Berlin: Colloquium, p. 70, 1996.

② 贝尔恩特·恩格尔曼,阿尔弗雷德·霍尔内,斯特凡·洛赫尔和埃克哈特·施普.了解事实的权利——广播、电视和报纸是怎样向我们提供信息的[M].德国格廷根,斯泰德多出版社,1981:137.

暗的稿件检查制度。英国前首相撒切尔夫人曾说:"新闻机构成员要把占统治地位的意识形态的需要放在优先考虑的地位,而不是职业的需求放在首位;广播电台和电视台的记者进行工作,就是直接参与国家的政治活动和意识形态活动。"[①]德国国家喉舌"德国之声"遵照国家意志,对华报道几乎长期"逢中必反""逢共必反",专门雇佣所谓汉学家审查对中国的广播稿件。而这家电台反华、反共的理由之一却是中国实行"新闻检查"。"德国之声"提供了新闻检查的样板,不惜开除对华友好的记者,[②]把崇尚"言论和新闻自由"的德国置于自我嘲讽和谴责的境地。

国有新闻媒体贯彻严肃的新闻政策,为免于商业恶斗,抵制新闻娱乐化和低俗化的倾向。国有媒体的报道聚焦世界各国的政治、经济、军事、科技、体育、文化及对本国的反应,注重新闻的政治性、参考性和国际沟通作用,具有时效快捷、信息量大、内容精辟、形式鲜活等特点,成为受众了解政府外交意图、认识外部世界的窗口。有些国家的对外媒体承担对外宣传战和舆论战的使命,注重报道对象国的负面事件,煽动对象国的民众对政府不满,策动对象国的反对派挑起事端。

国家媒体的经费主要来自国家财政,但也有的来自广告收入和视听费,或三者兼而有之。不同国家对其运作的目标和模式有不同规定。有的国家不允许国有媒体刊播广告,其经费全部由国库支出;有的国家既要控制媒体,又不支出开办费,让媒体自谋经费,赢利微薄的媒体才给予财政补贴。为了更好地发挥国家喉舌的职能,国有媒体一旦成为一个国家的主流媒体,则构成国家的精神支柱。它们在向群众灌输国家意识的同时,也为国家政策的实施进行宣传,达到凝聚全国民众、争取世界舆论的目的。

三、公共新闻制度及新闻政策

在西方,公共新闻制度又称公共广播电视制度,通常指由公众组织管理的电子传媒机构,包括广播、电视、网站或某个电视台的单一频道。公共广播电视制度起源于英国,BBC 是最早的公共广播机构。非商业性、非政府频道是 BBC 的基本设计模式,也是公共媒介体制的典型代表。

公共广播电视不仅是一种制度,而且是一种传媒精神,被视作公共资产。最初,英国广播界和国会认为,电波是最基本的公共资源,广播电视必须为公众使用。1925 年

---

① 弗朗默. 英国广播公司与英国政府[N]. 世界广播电视参考,1989(6).

② 德国之声对华报道几乎是逢中必反[N]. 环球时报,2011-04-11.

英国设立广播委员会(Committee on Broadcasting),在改组私营广播公司的报告中指出:"广播应作为国民利益的受托者,属于公共事业机构,其地位和责任与其担负的公共业务相称。"这一思想奠定了英国公共广播制度的基石,1926年BBC转变为公共体制,一直延续至今。1970年美国成立全国公共广播网(National Public Radio),20世纪末已有620个加盟电台,每星期约有1500万听众。随后,德国及欧盟也成立了公共广播电视机构,2003年仅德国就建立了13家公共广播电视媒体。

国家依据相关法律承认公共媒体的法律地位与应有的发展权,公共广播电视的经费除收取执照费(按电视机收费)外,政府按时对其拨款。德国各州政府提供资金扶植各州的公共广播电视台,财政赤字也由各州政府弥补。公共广播电视的广告播出时间受到限制,英国公共电视很少播出商业广告,在周一到周五的晚间20点以前,只插播不超过20分钟的广告,周末和节假日不得插播广告。

英国公共广播电视体现出公共媒介制度的一般属性和目标,BBC的如下新闻政策基本反映出公共媒介制度的性质:(1)节目内容满足社会各类群体的需要,不允许从事营利活动。BBC认为,媒体人的职责不是为女王服务,不是为首相服务,而是为各利益群体服务。(2)为了免受政治与商业干扰,内容编排要独立公正,任何社会组织不得干预,政府只能就危害国家安全的节目提出警告或处罚。(3)保证节目的健康、有益,防止鼓吹各种偏见。例如在BBC的许可协议书、BBC经营委员会决议书和《1990年广播电视法》等三个文件中,对BBC节目内容的规定如下:排除品位低下、鼓励犯罪、扰乱秩序的内容;保证新闻的正确性,持有不偏不倚的立场;禁止播放社论;照顾青少年视听时间。

进入21世纪,西方的公共媒介开始探索"公商并营"制度。英国2003年的"传播法"界定,私营的独立广播电视系统是商业性的"公共服务广播者",要分担一定的公共服务责任。商业广播电视的传播内容也要做到:(1)具有服务的普遍性;(2)节目要多样化;(3)为少数族群特别是弱势群体提供服务;(4)提供全民均可参与的公共讲坛,促进全民舆论的形成。

第二节　西方的媒介体制与新闻管理

英国学者鲍勃·富兰克林等在2005年出版的《新闻学关键概念》一书中说:"新闻管理这个词很大程度上能够自我解释,它是指某些组织和个人通过各种手段来

'管理'与其相关的新闻并影响媒体的报道。因此,新闻管理与议程设置、议程建立和建构等问题有着密切联系。"①美国学者贝内特也指出,"管理媒体已成为成功的政治统治的重要部分。从市政厅到白宫,从基层的社会运动到庞大的利益预期组织,都是如此……就总统这个级别来说,从 20 世纪 50 年代就加大了对新闻媒体的日常管理。"②

一、商业媒介体制的柔性管理

在当代,西方大国的政府都把对商业媒体的管理看得十分重要,竭力把媒体吸附到政府的新闻政策下,按照政府的意图报道重要新闻。商业媒体包括小型的私有媒体和媒体垄断集团,都以独立报道为荣,经常挑战政府的权威。但商业媒体和政治家都依赖对方,都很机警,经常相互猜疑和警惕。政府通过柔性管理控制商业媒体,以新闻吹风会的手段诱导记者的新闻选择,很少使用新闻审查、法律制裁等强硬措施。

英国政府让记者进驻政府各主要部门,参与各领域政策的讨论,大量新闻由政府的新闻办公室、国防部、教育部、农业部等部门首先提出,引导记者接受其新闻定调。英国各大报和广播电视的记者都在议会大楼里有自己的办公室,政府借助简报制度每天把记者召集起来,给他们提供当天的新闻事件及评论要点,施加信息和意图引导。对危机事件,英国政府与媒体均能作出快速反应,通常由记者在现场打电话到首相府,首相府在接到重大危机事件信息后 20 分钟内,要向传媒发布第一次新闻。

在美国,让新闻机构进驻政府部门,以至进入国会和最高法院,把记者置于政府的监管之下。白宫新闻团有 200 多名记者,每位记者在听取白宫披露的信息和观点后,由自己决定是否报道,记者只要奉行客观报道,政要们就十分满意。正如克林顿的新闻秘书说,这是成功的做法,在媒体的四次报道中,有一次能找到我们想要的新闻,有两次反映了我们的观点,哪怕还有一次新闻界不听我们的话,也就足够了。

美国国会有七个媒体工作室,主要职责是为记者提供咨询、资料以及日程安排。白宫不仅雇佣了数量众多的工作人员同新闻界联络,而且还有一批富有媒体从业经验的专家担任顾问,从事媒体策划。"这些人谙熟新闻媒体的特性和操作程序,只需将发布的政策提炼、修饰一下,就能引起媒体的极大兴趣。"③

---

① 鲍勃·富兰克林等.新闻学关键概念[M].诸葛蔚东等译.北京:北京大学出版社,2008:223.

② Bennett, W. L. *News: The Politics of Illusion* , New York: Longman, p. 176, 2011.

③ 转引自李希光,周庆安.软力量与全球传播[M].北京:清华大学出版社,2005:112.

美国政府的**新闻发布会**实际是思想渗透会和对记者的引导会。白宫和国务院一天举行一至两次新闻发布会,总是“积极地说话”,充当重大消息的权威来源。在发布新闻时,发言人不仅描述新闻事件的发生、过程和结果,有意透过对新闻事件的评论充当事件的形塑者。白宫在发布信息的同时,将其立场、观点也以“说话”的方式隐蔽地传递给记者,这种柔性措施让记者感受不到被管理,似乎一切顺其自然,实际已被白宫牵着鼻子走。

西方国家的政府如无特殊理由,不对新闻界进行审查或批评,只有在国家安全受到新闻威胁时,政府才以违法来要挟或制裁媒体。“9·11”事件后,美国政府要求记者不能随意发表有关政府的报道,要报道的新闻稿必须事先提交安全部门审查,战争新闻必须严格遵照国防部的要求发稿,凡违反规定的媒体和记者都给予严厉处罚。如著名记者、普利策奖获得者彼得·阿内特因国防部的压力而被CNN开除;美国广播公司(ABC)谈话节目“政治不正确”被停播,白宫新闻发言人弗莱舍曾两次在新闻发布会上谴责这个节目;“美国之音”因不顾政府禁令直播塔利班的首领奥马尔的讲话,受到美国国务院的批评。

美国国会制定的《镇压煽动叛乱法》规定,凡印刷、书写或出版发行任何“针对美国的政体或宪法的不忠诚的、亵渎的、诽谤的或侮辱性的语言……或任何旨在使美国的政体、美国宪法、美国武装部队或美国国旗遭受侮辱、蔑视、谩骂或诋毁的语言”,都是有罪的。《史密斯法》规定,凡鼓动、教唆“以暴力手段推翻美国政府”者,或进行上述目的的文字宣传者,皆属非法,要给以重罚。这类规定一直沿用至今,始终是管束记者的大棒,在关键时刻或对关键问题“柔性不柔”。

二、公共媒介体制的民主管理

20世纪70年代前,新闻事业被多数人视为公共事业,广播电视不论是独家垄断还是双寡头模式,都有服务公众的承诺和设想,并受到政府政策的主导。今天西方新式的“公共服务广播”,不再由议会代表公众管理媒体,而是由社会公共组织掌控、运作媒介。“在其他许多国家,尤其是在西欧,**公共服务广播**是指一种由法律所规定,普遍由公共基金(通常是家庭所必须支付的使用费)管理的系统。它具有广泛的编辑和营运独立权,运作的一般原则就是满足社会与人民的传播需求,来为公共利益服务,这些需要由民主政治体系来决定并且审核。”[1]

新式公共媒体实行民主化管理，倡导者为英国的雷蒙德·威廉姆斯（Raymond Williams）和约翰·凯恩（John Keane）。他们认为，对大众传播手段进行公共控制，在人们普遍拥有传播和接收信息权利的基础上，应推动一场“文化革命”。当人们提升主导自己生活的地位、交流和接收信息时，“个体的反应和选择能力”就会增强，自然会要求媒体的公共服务体制实行“民主化”管理。[2] 其基本原则是：(1)商业广播电视应被公共信托组织（即基金会）控制，拥有制作和传播广播电视节目的设施，按照长期合同，租给独立的节目制作公司。这些公司以民主方式运作，管理人员必须在“投票决策”的框架内工作。(2)新闻工作者自己控制新闻工具，这类工具不能过于昂贵而超出他们的承受力，社会应建立相应的监督组织介入对媒介的管理。媒介受到的公共组织干预，以不妨害新闻工作者和创作人员的自由为限，保护他们免受“官僚和投机分子”的伤害，充分发挥媒体自身的功能。(3)创立真正独立的媒体，即“非市场非国家的媒体公共机构”，公共干预在发挥正面作用后就自我引退。(4)“针对不同观众和不同服务，实行不同管制的媒介大市场”。要达到这个目标，应与私人媒体公司协调播出时间和共同安排转播。对地区性独立电影院、录音工作室和租用广播电视设备给予资金帮助，向政治性报纸提供补贴，促进出版商与发行商的合作经营。

公共媒体的记者选择和报道新闻要听取公众意见，兼顾自由、责任和公众要求。其中包括：(1)系统听取公民们的故事和意见，保护他们选择报道内容的自由；(2)报道重要社会问题，要运用不同的报道方法，让不同群体了解问题的全面情况和实质；(3)选择这样一种报道架构，使报道在最好的时机引起公众的注意和思考，帮助大众理解社会现象；(4)增强报道重大公共问题的主动性，提高公众对解决社会问题的方案的认识，反复比较方案和行动的价值；(5)持续而系统地关注良好而可信的公众交流。[3]

有学者认为，为了坚持公共媒体的服务方向，电视节目必须贯彻两个原则：一是“坚持电视的‘最低公分母原则’（Lowest Common Denominator，LCD），即电视节目内容不能只适应少数精英阶层的口味，而应满足大多数人的需要，简单、明了，尽量少设置障碍；二是坚持‘最低反对原则’（Least Objectionable Programming，LOP），节目应

---

① 丹尼斯·麦奎尔. 麦奎尔大众传播理论[M]. 崔保国，李琨译. 北京：清华大学出版社，2006：131.

② Williams, R. *Communications*, Harmondsworth: Penguin, p. 57, 1976.

③ Gibbs, C., Warhover, T. *Getting the Whole Story: Reporting and Writing the News*, New York: The Guilford Press, p. 250, 2002.

尽量选择那些不会引起争议、不会被任何人反对的内容。”[①]。这就需要通过管理机构和议会的联系,保证公共广播电视从业者具有社会责任感,这样做,不仅出于公共利益的考虑,也由于传输技术的要求。所有类型的公共广播及其体制是民主政治的体现,要采取从业者和受众相互合作的民主管理方式。

三、自由派党报体制及其管理

今天西方许多国家通常有两个以上政党,依据它们的主张,可统称自由派政党,其中一些政党在今天仍然拥有党报。在 20 世纪末至新世纪,外国除社会党以外的 147 个政党中有 22 个政党有机关报,占总数的 14.97%。在 64 个社会党中有 30 个社会党有机关报,占总数的 46.9%。[②] 美国的民主社会主义者组织有机关刊物《民主左翼》,系双月刊;美国共产党有机关报《人民世界周报》;日本自民党有机关报《自由新报》(周报),公明党有《公明新闻》(周报);法国共产党有《人道报》、《马赛曲报》、《自由报》和《中部回声报》;意大利天主教民主党有机关报《人民报》,社会党有《前进报》;德国社会民主党办有月刊《前进报——社会民主党人杂志》;丹麦社会民主党有机关报《时闻报》;芬兰社会民主党有机关报《社会民主人》(每周 5 期)。以上政党机关报刊历史悠久,对本国的社会运动有一定影响。

整个 18、19 世纪是西方政党报刊风靡的时期,自由派党报标榜为政治服务,多刊载长篇政论,夸大其辞,攻击对立党的主张。对立党报的记者编辑在街上相遇,有时拳脚相加,扭打在一起。美国革命年代的《西美卫报》为整个肯塔基地区的民主党喉舌,同联邦党党报辩论不休,武斗不断,主编肯德尔随身带着手枪和一把大折刀,以防武力袭击。

到 20 世纪,大量党报由于被读者厌弃而先后断绝与政党的关系,抛弃党派名称,变成独立的商业报纸,但在重大政治问题上仍持有政党立场,成为有政党倾向的报刊。20 世纪 70 年代后,电视成为政党信息的主要来源,各政党精英主要使用电视与民众沟通,但党报在宣传党的系统主张方面仍发挥重要作用。

进入 21 世纪,西方国家的主要政党与报刊仍然互相依存,政治家想利用报刊获取公众的好感,报刊也愿意充当政党斗争的工具。例如美国倾向于民主党的报刊《纽约

---

① McManus, J. Market Driven Journalism: Let the Citizen Beware? *London*: *Sage*, *pp*. 30－31, 2011.

② 中共中央对外联络部编,各国民族民主政党手册. 北京:人民出版社,1995;中共中央对外联络部编,各国社会党手册. 北京:人民出版社,1992.

时报》《民族报》《新闻周刊》《巴尔的摩太阳报》《洛杉矶时报》等,大都在政治宣传中肯定民主党的主张。支持共和党的报刊《华盛顿邮报》《芝加哥论坛报》《华尔街日报》《纽约先驱论坛报》《标准周刊》《华盛顿时报》等,却积极推销共和党的内外政策。这些报纸虽然不属于政党所有,也不由政党管理,但它们常常同政党立场一致,追随政党观点。正如美国专栏作家克鲁格曼所说,在这个国家,我们确实有一个制度,在这个制度里,主要的媒体公司以取悦执政党的方式去报道新闻。[①]

在组织上隶属政党的报刊,公开标榜政党机关报的身份,效忠政党。像日本自民党机关报《自由新报》、机关刊物《自由民主》,日本社会党机关报《社会新报》、机关刊物《社会党》,直接由所属政党领导和管理,经费大部分来自本党党员捐助,或得到党内经费资助,其他则来自发行与经营收入。政党掌控报刊的人事权,社长和主编的人选要听取党魁的意见,重要的政治宣传内容由政党核心人物确定。党的领导机构设有专人负责同报刊沟通,主动同编辑人员磋商新闻的口径和基调,报刊成为政党的喉舌。英国工党出版的《劳工周刊》《新社会主义者月刊》,反复宣传工党的"国家福利主义""自由市场""机会均"等政策,成为工党的思想中心。

西欧多国共产党每年都举办党报节。比如法共《人道报》节、德国共产党的《我们的时代》报节、意大利共产党的《解放报》节、葡共的《前进报》节等,动员党员和党的同情者参加,举行大型欢庆活动。通过演讲宣传党的理论方针,筹集经费,扩大党报党刊的发行。有的还组织体育比赛、文艺表演、餐饮购物,制造社会声势,提升党组织的公众形象。网络媒体普及后,西方各国政党在掌控报刊、电视、广播媒体的同时,相继建立了本党网站,把新媒体作为宣传喉舌。除重视网络新闻外,各政党还开辟网络论坛,利用博客、微博等手段及时向社会发布信息,发出号召,强化本党的理念和政策在民众中的影响。

西方自由派政党往往自命为社会危机的挽救者,希望社会听到它们的声音,跟随它们从事社会运动。这类政党的媒体一方面重视新闻,但更重视言论,即使报道新闻也常借机突出某种思想,向社会发出号召。历史上政党报刊的政论与论战遗风,仍然部分地保存下来。此类媒体看上去是党内的"超然派",经常刊发自由论坛性的文字,有时也批评本党的领袖与政策,但它们忠实地宣传本党宗旨的基调不会改变。

---

① 转引自梁相斌.外国控制媒体的主要做法[N].红旗文稿,2009—03—25.

第三节 我国党媒的体制、使命与管理

我国的党报体制起源于中国共产党建党初期，是在抗日战争时期形成的 。1949年后，国内所有媒体都置于中国共产党的领导下，成为党的喉舌与党联系人民群众的桥梁，逐渐形成具有中国特色的**党报体制**。这一体制把一切媒体纳入国有、党有，从媒体负责人到主要编辑人员的任命，都由上级党委决定。进入新世纪，党报体制已进入**党媒体制**阶段，党报、通讯社、广播电台、电视台、新闻期刊以党的网媒为核心，构成多功能的传媒平台，每一种媒体都是党媒体制中的重要组成部分。

一、党报体制进入党媒体制阶段

进入21世纪，我国党报体制空前扩展，由报刊、广播电视、通讯社发展到互联网和庞大的移动终端，党报体制已经被党媒体制所代替。习近平在60多篇有关新闻工作的讲话中，仅有21次提到“党报”，而使用“党的媒体”这一概念则有230多次。这个粗略统计可能不准确，但习近平提及党报的概念远远少于“党的媒体”的概念，是不争的事实。这标志，党报体制已经进入党媒体制阶段。

习近平指出：“从实践看，面对互联网技术和应用的飞速发展，现行管理体制存在明显弊端，主要是多头管理、职能交叉、权责不一、效率不高。随着互联网媒体属性越来越强，网上媒体管理和产业管理远远跟不上形势的发展变化。特别是面对传播快、影响大、覆盖广、社会动员能力强的微客、微信等社交网络和即时通信工具用户的快速增长，如何加强网络法制建设和舆论引导，确保网络信息传播秩序和国家安全、社会稳定，已经成为摆在我们面前的现实突出问题。”①“现在，媒体格局、舆论生态、受众对象、传播技术都在发生深刻变化，特别是互联网正在媒体领域催发一场前所未有的变革。读者在哪里，受众在哪里，宣传报道的触角就要伸向哪里，宣传思想工作的着力点和落脚点就要放在哪里。”②党媒不仅有最先进的信息技术支撑，而且有复杂、多元的组织结构和管理方式，同从前的党报与党报体制有明显的差别。

第一，党报和党报体制仅仅掌握平面媒体，依靠高成本的邮发系统传播新闻，时效

---

① 关于《中共中央关于全面深化改革若干重大问题的决定》的说明[N]，2013－11－9，《人民日报》，2013－11－16。

② 习近平视察解放军报社的讲话[N].解放军报，2015－12－27.

慢，技术含量低，媒介品种单一。各级党报的读者多为各级领导干部、公务员和知识分子，受阅面狭窄，难以吸引广大受众。党媒和党媒体制拥有党报、广播电视、网络、微博、微信和庞大的移动客户端，渠道高度技术化、电子化、数字化和正在智能化，传播时效快，多种手段互补，覆盖各类受众。只要传播内容和话语接近生活和群众，党媒能够牢牢吸引广大受众群。

第二，在思想意识形态领域，曾发挥强大指导和引路作用的党报和党报体制，到2008年遇到的挑战越加严重，几乎处于边缘状态。由于大部分中青年读者把目光转向互联网，在网络广泛普及和公款订报被大幅压缩的冲击下，发行量大幅下降，办报资金和影响力已举步维艰。党报体制经过5年的转型，到2014年开始出现崭新的局面，不仅拥有容量巨大的网络，而且开始掌控博客、微博以及数亿微信客户端，党媒和党媒体制摆脱了边缘化危机，占取受众资源处于主动地位。正如2013年8月习近平同志在全国宣传思想工作会议上指出的，很多人特别是年轻人基本不看主流媒体，大部分信息都从网上获取。必须正视这个事实，加大力量投入，尽快掌握这个舆论战场上的主动权，不能被边缘化了。

第三，党媒和党媒体制把各种媒介资源、生产要素有效地整合在一起，媒体形态多样、手段先进、具有竞争力。党媒的管理不断进行理念、内容、手段、体制、机制等全方位创新，信息内容、技术应用、平台终端、人才队伍融通共享。过去的党报和党报体制形态单一，纸媒传送手段落后，管理机构庞大（采编管理、印刷管理、邮发管理、干部管理、工人管理），持续性成本高，新闻容量有限，竞争力差。

第四，党报和党报体制强调宣传纪律，由党委直接实施行政控制。党报的内容完全可控，严格遵循党的意图是能够做到的。但党媒的主要渠道——互联网上的新闻及各种信息的提供者，网民占有很大比重，政治内容有很大的不确定性，党委无法直接控制网民，不可能要求其遵守宣传纪律。

党媒体制是党报体制的新发展、新形态，仍然坚守党报的重大原则和办报方针，这就必须坚持党对新闻工作的领导，各级党委对各自管辖的媒体要自觉承担政治责任和领导责任，强化对宣传思想领域重大问题的分析研判和对重大战略任务的统筹指导，克服“本领恐慌症”，不断提高管理媒体的自觉意识和科学意识，过不了互联网这一关，就过不了长期执政这一关。中共中央新闻管理的总方针是，“无论时代如何发展、媒体格局如何变化,党管媒体的原则和制度不能变”。①

这就需要(1)坚持先进技术为支撑、内容建设为根本的新闻工作方针,推进新闻工作的理念、内容、手段、体制机制等全方位创新;(2)在内容、渠道、平台、经营等方面着力打造一批形态多样、手段先进、具有竞争力的新型主流媒体,让其发挥带头、示范作用;(3)强化互联网思维和一体化发展理念,推动各种媒介资源、生产要素的有效整合,确保融合发展沿着正确方向推进;(4)必须把政治方向摆在第一位,牢牢坚持马克思主义新闻观,站稳政治立场,坚决同党中央保持高度一致,坚决维护中央权威。(5)一方面运用法治手段,依法管理媒体,另一方面重视同民间网站的协调与互动。网络空间不是“法外之地”,要坚持依法治网、依法办网、依法上网,维护公民合法权益。民间网站应负主体责任,政府行政管理部门要加强监管,双方建立密切协作协调关系,走出一条齐抓共管、良性互动的新路。

二、党媒四项使命的实践目标

习近平对党媒重要功能的社会定位,不仅确定了新闻舆论工作者的社会角色,也对党媒的重大使命作出完整、系统的阐述。他说:“新闻舆论工作者做党的政策主张的传播者、时代风云的记录者、社会进步的推动者、公平正义的守望者。”党媒这四种功能的高度统一,体现出它的崇高社会责任,也是对新闻功能的全面概括。

其一,新闻舆论工作者要做党的政策的传播者,而不仅是一般信息的传播者。要对“稳增长、促改革、调结构、惠民生、防风险”,“落实创新、协调、绿色、开放、共享”等各项政策做出有说服力的解释,增强全党全国各族人民的凝聚力和向心力。传播党的方针政策,必须从工作大局出发,思想上高度重视,报道上深刻有力,方法上真诚可信,目标上高瞻远瞩。以真实、生动的事例重树党的执政形象、重建中国的官场、重造中国秩序、重塑中国价值、重构中国的发展方式,把“治国理政、定国安邦”的政治大局作为党媒的中心任务。

其二,新闻舆论工作者要做催人奋进、实现中华民族伟大复兴的记录者,而不是抽象的时代的记录者。记者要“与党和人民同呼吸,与时代共进步”。复兴我们的民族,既不照抄西方,也不走老路,而是面对“发展中国、稳定中国,全面建成小康社会,加快

① 转引自张明杰.牢牢把握网上舆论工作主动权——学习习近平关于做好网上舆论工作的重要论述[J].党的文献,2017(2).

推进社会主义现代化”，全面、忠实地记录这个风云变幻的伟大时代；把“中国人民勤奋劳动、扎实工作、锐意进取、勇于创造，为实现‘两个一百年’奋斗目标不断创造业绩”及时地反映出来，把今天中国人民的创造活动及其伟大成果载入史册。

其三，新闻舆论工作者要成为社会进步的推动者，而不是一般社会的推动者。什么样的社会才是进步的社会？就是“国家富强、民族振兴、人民幸福”的社会。从根本上说，生产力是衡量社会进步的最高标准，但生产力再发达，如果只造福少数人，绝大多数人处于贫穷状态，不仅谈不上进步，恰恰是不人道、不合理的社会。所以党媒要用“两个是否”的标准，即“是否促进经济社会发展、是否给人民群众带来实实在在的获得感”作为报道目标。

弘扬健康、向上的社会价值观，是党媒推动社会进步的重要实践目标。加强社会主义核心价值体系建设，积极培育和践行社会主义核心价值观，全面提高公民道德素质，培育知荣辱、讲正气、作奉献、促和谐的良好风尚。媒体在社会体制改革、制度安排和思想道德建设中要旗帜鲜明地宣传“富强、民主、文明、和谐”的现代社会目标，提倡“自由、平等、公正、法治”的社会正义观，培养公民“爱国、敬业、诚信、友善”的道德规范；坚定揭露、鞭笞践踏人民利益的一切腐败现象，让广大民众分清是非，凝心聚力，激发全党全国各族人民的团结奋斗精神。

其四，新闻舆论工作者要做公平正义的守望者，而不是一般环境的守望者。由“监视环境”①引申到守望公平正义，抓住了当前我国社会和整个国际社会的根本矛盾。党媒要把促进社会公平正义、增进人民福祉作为一面镜子，审视我们各方面体制机制和政策规定，哪里有不符合促进社会公平正义的问题，哪里就需要改革；哪个领域哪个环节问题突出，哪个领域哪个环节就是改革的重点。”②新闻工作者放眼四方，目击耳闻，明察秋毫，把那些不公平、非正义的问题拿出来晒晒阳光，勇于“激浊扬清、针砭时弊”。党媒做到“民有所呼，我有所应；民有所求，我有所为”，始终保持对社会不公的敏锐度、干预力和监督力，切实提高新闻媒介的传播力、引导力、影响力和公信力。这就要转作风改文风，察实情、说实话，努力推出有思想、有温度、有品质的作品。

三、党媒工作的根本方略

对党的新闻舆论工作有两种错误观念：一是，有些官员面对媒体记者的监督，发出

① 见斯坦利·巴兰，丹尼斯·戴维斯. 大众传播理论[M]. 曹书乐译. 北京：清华大学出版社，2004：258.

② 习近平，切实把思想统一到党的十八届三中全会精神上来[J]，2013-01-12，求是，2014(1).

尖刻的质疑:“你是替党说话,还是替老百姓说话”,“你是维护党的威信还是破坏党的威信”,“你是站在党的一边,还是站在群众一边”……把党的基本宗旨忘得一干二净。二是,有些媒体和记者仅仅把自己视为上级的宣传机器,竭力为某些官员的假政绩吹嘘撒谎,不敢反映人民呼声,把实事求是和为人民服务的宗旨丢到脑后。为此,要坚持以人民为中心的工作导向,把维护最广大人民的根本利益作为党媒工作的出发点和落脚点,解决好“为了谁、依靠谁、我是谁”这个根本方略问题。

中国共产党来自人民、植根人民、服务人民,党的根基在人民、血脉在人民、力量在人民。在任何时候任何情况下,与人民同呼吸共命运的立场不能变,全心全意为人民服务的宗旨不应忘,群众是真正英雄的历史唯物主义观点不能丢,始终坚持立党为公、执政为民。把人民放在心中最高位置,把新闻工作扎根于人民的生活之中,党媒工作者才能更好地完成自己的职责。

有些官员和新闻工作者不知道自己是谁,也看不清自己是谁,说话做事往往站在人民的对立面。身为共产党员的干部和新闻人已经不知道自己是谁,是非常危险的。为谁执政,是任何政党必须宣示的根本宗旨,共产党的一切奋斗,归根到底都是为了人民,人民对美好生活的向往,就是共产党的奋斗目标。党媒坚持以人民为中心的工作导向,要遵循以民为本、以人为本,以民心向背为本,善于观察和分析群众的所思所想所盼,敢于反映人民的疾苦、遭遇和不满情绪。党媒替人民说话要有底气,回答百姓思想上、生活上和政策上遇到的问题,要切合实际,满足他们的要求。

贯彻以人民为中心的工作导向,党媒要深入了解人民群众的需要,把百姓的情怀洋溢在字里行间。新闻工作的主要内容要表达群众意愿,积极探索亲民、爱民的实践路径,抛弃居高临下、空洞说教和层层照抄照转的老套路。善于运用网络了解民意、开展工作,是新形势下领导干部做好工作的基本功,也是新闻舆论工作密切联系群众的重要途径。党媒要把服务群众同教育群众结合起来,把满足受众需要同提高受众的素养结合起来。党媒引导群众,既要靠真理的力量,又要深入群众的内心世界,多用群众语言和喜闻乐见的形式,丰富人民的精神世界,增强人民的精神力量。

以人民为中心,还要以群众眼光看待党媒工作的得失,把广大群众的评价作为衡量新闻工作好坏的标准。检验新闻工作的成效要坚持群众标准,即把群众的认可和满意作为最高标准,破除新闻工作的自我设计、自我欣赏、自我评估的圈圈。

四、党媒对外报道的全球共融观

在马克思主义形成初期,马克思、恩格斯就强调党报和共产党人的最终使命是改造旧制度，解放全人类，实现高度发达、自由平等的社会制度。近年来，我国秉持友好合作、建立人类命运共同体和新型大国关系的全球构想，构建以合作共赢为核心的新型国际关系，呼吁各国携手迈向人类命运共同体。

多年来，西方几个大国始终炫耀武力、干涉别国内政，欺负小国弱国，为别国的和平发展制造种种障碍。西方媒体成为霸权主义和干涉主义的工具，鼓吹“颜色革命”，分裂、破坏其他国家的团结和合作，极力破坏以合作共赢为目标的全球化进程。面对西方大国对我国政府的攻击，国内一些新闻宣传人士一直被“警惕西化、拒斥普世价值、防止和平演变”的理念所束缚，不敢大胆走向世界、融入世界、说服世界、感化世界，缺乏理论与制度自信。以这种僵化思维指导对外报道，无法“用海外读者乐于接受的方式、易于理解的语言，讲述好中国故事，传播好中国声音”。①

不管世界逆向势力如何违背历史潮流，恣意挑起摩擦和冲突，超越冷战思维，始终倡导建立人类命运共同体，是我国党媒对外报道的主要目标。“人与人，国与国，需要守望相助，弘义融利，心心相印，风雨同舟，勇担责任。因为，命运休戚与共，梦想相连相通。”②这种全球共融观既符合马克思主义的一般原理，又为21世纪党媒的国际报道奠定了理论基础。

在当今时代，任何国家孤立于国际交往体系，脱离国际大家庭，已经寸步难行。在世界经济一体化的趋势下，全球性问题，比如资源问题、环境问题、气候问题、人口问题、文化冲突问题、国际犯罪问题等，成为各国必须共同面对的严峻问题，任何单独一个国家都无法解决。这些问题向人们警示，由各国构成的人类社会是一个统一的整体，已经形成彼此血脉相连、命运攸关的国际社会。连接这一命运共同体的精神纽带，就是联合国宪章和人类的共同价值。“和平、发展、公平、正义、民主、自由，是全人类的共同价值，也是联合国的崇高目标。”“我们要继承和弘扬联合国宪章的宗旨和原则，构建以合作共赢为核心的新型国际关系，打造人类命运共同体。”党媒的对外报道要在人类这一普世价值的制高点上，以新的观念和感召化的语言推进世界各国的平等相处、友好合作和共同发展。

精心做好对外报道工作，党媒要创新对外宣传方式，着力打造融通中外的新概念、新范畴、新表述，要努力提高国际话语权，精心构建对外话语体系，传播好中国声音。

---

① 习近平就人民日报海外版创刊30周年作出重要批示[J].人民日报，2015—5—22.

② 为世界许诺一个更好的未来——论迈向人类命运共同体，新华网，2015—5—17。引自2015年9月28日习近平在第七十届联合国大会一般性辩论的发言：《携手构建合作共赢新伙伴 同心打造人类命运共同体》。

加强国际传播能力建设,增强对外话语的创造力、感召力、公信力,提升我国的软实力,全力推动国际体系和全球治理改革。

党媒面对错综复杂、风云变幻的国际环境,新闻政策该变的则迅速改变,不该变的则坚决不变。在我们坚持和平发展的道路上,随时会遇到种种挑衅和无端干扰,党媒要坚定不移地宣传中国如下的外交原则:第一,中国发展绝不以牺牲别国利益为代价,“我们绝不做损人利己、以邻为壑的事情”①;第二,“我们主张以和平方式解决国际争端,反对各种形式的霸权主义和强权政治,永远不称霸,永远不搞扩张”;第三,“我们要坚决维护国家主权、安全、发展利益,任何外国不要指望我们拿自己的核心利益做交易,不要指望我们会吞下损害我国主权、安全、发展利益的苦果”。党媒对损害我国权益的任何企图和行为都毫不退让,以雄辩、有力的事实驳斥一切对我国的污蔑和攻击。

第四节　我国党媒工作的理论指南

以马克思主义为指南,努力掌握和贯彻马克思主义新闻观,是我国党媒履行新闻工作职责的关键。**马克思主义新闻观**作为马克思主义著名新闻活动家创立的新闻理论,是马克思主义立场、观点、方法在新闻工作中的体现,包括对党的新闻工作的性质、任务、原则和工作规律等一系列阐述,反映了党的新闻工作的基本规律。传统马克思主义新闻观和当代中国改革和建设实践相结合,形成了一系列新的新闻舆论工作理论,缔造了**马克思主义新闻观的中国化和现代化**。其主要内容有:

一、关于党媒性质和任务的核心观点

党报及党的其他新闻媒体是党的喉舌和宣传工具,又是人民的喉舌和教科书,在不同历史时期发挥不同的作用。在革命战争年代,党报宣传党的革命纲领,组织、动员人民投身革命;在和平建设时期,党媒以经济建设为中心,从报道政治新闻的工具转变为组织群众进行经济和文化建设的工具,把新生活直接提出的问题放在报道与宣传的首位。在新世纪,我国党媒要成为现代化建设和依法治国的宣传工具,正确反映社会规律与中国和世界的发展道路,推动社会和谐和世界的和平发展。

① “平语”近人——习近平关于全球治理的重要论述[J].新华网,2015-11-16.

二、关于新闻性质的核心观点

新闻是新近发生的事实的记录，新闻的本源是客观存在的事实，没有事实，就没有新闻。新闻报道不断追踪事实的发展，逐渐披露全部事实，揭示事物的发展趋势。“只要报刊生气勃勃地采取行动，全部事实就会被揭示出来。”[①]因而报刊运动是有机的，每条新闻只是揭示社会现象的某一方面，全部报道就揭示了社会某个领域以至整个社会的发展方向。为此，新闻应完全立足于事实，但事实并不排斥思想，正如思想并不排斥事实一样。

三、关于新闻真实性的核心观点

新闻必须坚持真实性原则，真实是新闻的生命。事实第一性，新闻第二性，人民相信的只是真正存在的东西，报刊的本质总是真实和纯洁的。要根据事实来描述事实，既准确报道个别事实，又从宏观上把握和反映事件或事物的全貌。我们应当说真话，因为这是我们的力量所在，而人民根据事实来判断是非和究竟谁是有力量的。[②]

四、关于党性和人民性原则的核心观点

党媒要坚持党性，同时又要坚持人民性，这是党媒重要的工作原则。坚持党性最根本的是坚持党对新闻工作的领导，反映党的主张，维护党中央权威。党和政府主办的媒体必须体现党的意志、维护党的团结，同时又要坚持人民性，把实现好、维护好、发展好最广大人民根本利益作为新闻工作的出发点和落脚点。

党性和人民性是一致的、统一的。党的宗旨是全心全意为人民服务，除了人民的利益以外，党没有自己的利益。党的新闻工作以人为本、以民为本，以人民为中心，造福于人民。坚持党性和人民性的统一，就是要把党的理论和路线方针政策变成人民群众的自觉行动，把人民群众创造的经验和面临的实际情况反映出来，把服务群众同教育、引导群众结合起来，把满足群众的需要同提高他们的素养结合起来。从本质上说，没有脱离人民的党性，只有站在全体人民的立场上，才能真正把握好党性和人民性的统一。准确认识和贯彻党性和人民性相统一的原则，是做好新闻舆论工作的根本

---

① 马克思恩格斯全集：第 1 卷[M]. 北京：人民出版社，1995：358.

② 列宁全集：第 9 卷[M]. 北京：人民出版社，1987：283.

保证。

以互联网、自媒体为主体的信息传播格局和社会舆论生态与过去大不相同。“善于运用网络了解民意、开展工作,是新形势下领导干部做好工作的基本功。”[①]媒体利用网络整合人民的要求,反映人民的意志,把党性和人民性的高度统一推进到各级党委的实际工作中,已成为新闻工作者不容忽视的任务。

五、关于舆论监督的核心观点

党报要揭露一切错误、腐朽没落思想及危害人民利益的行为,包括对自己错误的批判。执政党要领导好全国人民,就要不断克服脱离群众、形式主义、官僚主义、享乐主义和奢靡之风,要随时接受媒体的批评,支持媒体的舆论监督,扩大党和国家的民主生活。党的各级领导要对舆论监督给予高度重视,把它列入党的日常工作,这是党和政府保持清正廉洁的重要途径。**舆论监督**在本质上是人民群众通过新闻媒体对社会公共事务进行监察、揭发、批评和督促,始终使党保持同人民群众的密切联系。

要把权力关进制度的笼子里,一个重要手段就是发挥舆论监督包括互联网监督作用。各级党政机关和领导干部对网上那些出于善意的批评,不论是对党和政府工作提的还是对领导干部个人提的,不论是和风细雨的还是忠言逆耳的,不仅要欢迎,而且要认真研究和吸取。[②] 新闻媒体是维护公平正义的重要力量,要站在推动定国安邦、社会进步的立场,切实维护广大人民群众的利益,把一切丑恶现象挖出来,暴露在阳光下,为弱势群体仗义执言。

六、关于新闻自由的核心观点

捍卫新闻自由是马克思主义新闻观的重要内容。从马克思、恩格斯到列宁,都对新闻自由做过深刻的论述,强调新闻自由是不可缺少的。“自由确实是人的本质,因此就连自由的反对者在反对自由的同时也实现着自由”;“没有一个人反对自由,如果有的话,最多也只是反对别人的自由。可见,各种自由向来就是存在的,不过有时表现为特殊的特权,有时表现为普通权利而已”[③]。新闻自由作为人民利用媒体发表意见的

---

① 习近平 2016 年 4 月 19 日在网信工作会议上的讲话。

② 习近平 2016 年 4 月 19 日在网信工作会议上的讲话。

③ 马克思恩格斯全集:第 1 卷[M].北京:人民出版社,1995:167.

普遍权利，也是人民实现知情权的重要手段。

世界上不存在“绝对的自由”和“纯粹的民主”，新闻自由的享有者要承担必要的责任和义务，因而新闻自由是以法律形式存在的。新闻出版法就是对新闻出版自由在法律上的认可。在大多数国家，资金限制和缺少经济实力依然是实现新闻出版自由的最大障碍，因为出版需要钱，而购买出版物的人也得要有钱。[①] 这就容易将新闻自由变为少数人的特权，产生新闻出版自由的不平等。

新闻出版自由同医生一样，不能包治百病，使一个人和一个民族变得完美无缺，它自己也不是十全十美。不应把出版自由看作是“万能武器”，它只能产生所能产生的“一定好处”，起到所能起到的一定作用，不可能代替媒体的“一切其他职能”。[②]

第五节　我国党媒的报道方针

党媒为完成新闻工作使命，要依据新闻规律开展报道，深刻、生动地反映现实生活。让受众正确认识当代社会的变动，推动各项事业平稳健康地发展，党媒必须遵循如下的报道方针。

一、坚持正面宣传为主的方针

坚持正面宣传为主，使新闻报道成为激发全社会团结奋进的强大力量，这就要不断以正面事实教育、引导受众，为社会的健康发展增加**正能量**。在内容方面，要大力宣传中国人民和中华民族的优秀文化和光荣历史，弘扬民族精神，引导群众树立和坚持正确的历史观、民族观、国家观、文化观，增强做中国人的骨气和底气；要积极宣传人民群众在各个领域取得的新成就、新创造、新经验，弘扬科学和创新精神，不断激发群众的积极性、主动性和创造性，把促进社会变革、推动社会发展作为报道目标；大量报道一切积极向上的事件，宣传道德高尚的模范人物和事迹，弘扬社会正气，引导民众追求社会文明和健康的精神生活，提高民众的道德水准、品德修养和良好的社会风尚。

在方法与效果方面，正面宣传要增强吸引力和感染力，抓取能够反映生活本质和主导面的事实，让群众爱听爱看，产生鼓舞人、激励人的效果。面对亿万人民群众的伟

---

① 马克思恩格斯全集：第 2 卷[M]. 北京：人民出版社，1957：648.

② 马克思恩格斯全集：第 1 卷[M]. 北京：人民出版社，1995：152.

大实践，新闻报道着眼于生活主流，同时加大舆论监督和批评报道的分量，在坚持正面宣传的同时让批评报道产生令人惊醒的作用。批评报道能够纠正社会病态和改进工作，同正面宣传一样，都是为了维护社会公共利益。批评报道防止大轰大嗡、制造声势，严禁媒体过度渲染负面和消极现象，集聚社会的**负能量**，引发民众的忧虑和恐慌。

二、坚持正确舆论导向的方针

新闻工作的各个方面、各个环节都要坚持正确的舆论导向。各级党报党刊、电台电视台要讲导向，都市类报刊、新媒体也要讲导向；新闻报道要讲导向，副刊、专题节目、广告宣传也要讲导向；时政新闻要讲导向，娱乐类、社会类新闻也要讲导向；国内新闻报道要讲导向，国际新闻报道也要讲导向。坚持正确的舆论导向，主要是引导人民群众全面客观地认识当代中国、看待外部世界，用真实、重要的事实和正确的观点纠正人们的模糊认识和错误观念。

舆论导向直接关系到群众的思想和行动，关系到国家的整体利益，要把社会舆论引向维护人民的根本利益和社会安定繁荣的方向。这就要围绕经济建设和人民利益这个中心提出问题和解释问题，努力营造“五个有利于”的舆论，即营造有利于进一步改革开放，发展先进生产力的舆论，有利于加强社会精神文明建设和法治建设的舆论，有利于鼓舞人们为国家富强、人民幸福和社会进步而艰苦创业的舆论，有利于人们分清是非、坚持真善美、抵制假丑恶的舆论，有利于国家统一、民族团结、人民心情舒畅、社会政治稳定的舆论。

正确引导舆论要实事求是，客观地分析问题，在整体上把握和认识社会现象，不要把点上的问题说成是面上的问题，更不要把个别现象说成是普遍现象，不要把局部倾向说成是全局倾向。引导群众全面地看问题，多看主流，不任意放大支流；多看光明面，不扩大阴暗面；认清本质，不被表面现象迷惑。对重大事件的报道不能缺位和失语，媒体以拿不准、摸不透为借口“等看靠”，就会丧失引导舆论的最佳时机。

坚持正确的舆论导向还要适应分众化、差异化的信息需求，加快构建舆论引导的新格局，让持有不同认识的人得到不同层次的启迪，增强干部群众的道路自信、理论自信和制度自信。引导人们改变落后的认识，需要媒体通俗地把道理讲深讲透，以理服人。面对传播快、影响大、覆盖广、社会动员能力强的微博、微客、微信等社交网络言论，舆论引导要激发广大网民的真知灼见，让网络空间清朗起来。

三、坚持贴近生活和群众的方针

新闻报道要接地气，传播内容要贴近生活和群众。贯彻这一报道方针，是新闻反映实际、增强可受性的着力点，也是提高新闻报道效果的重要途径。记者要深入群众生活和各项工作第一线，反映活生生的事件和人物，提出现实生活中出现的新问题、新矛盾和新经验。记者要始终把视点对准人民群众的活动，关注他们朴素的生活细节，从生活中挖掘生动的事例，让新闻充满生活色彩，富有生活气息。这需要把报道的主要对象由政府部门和名人、名流转向普通人，特别是转向科学技术工作者、工商企业家和工人农民，转向他们关心的社会问题。新闻报道要从实际出发，提出切合实际的分析，找准解决实际问题的方法和切入点，深刻启发受众的思考。

新闻报道要说群众想说的话，多用群众鲜活的语言，讲群众能够听懂的话，体现群众的意愿，满足群众的要求。新闻内容脱离实际，空谈口号，充斥空洞无物的大话和空话，就谈不上接地气，甚至会导致受众对新闻宣传的冷漠。“新闻舆论工作者要转作风改文风，俯下身、沉下心，察实情、说实话、动真情，努力推出有思想、有温度、有品质的作品。”①

四、坚持时、度、效有机统一的方针

时、度、效作为新闻报道与传播的机制，是相互促进、相互制约的，三者的协调统一，体现出新闻报道的科学性与艺术性。一切新闻报道都要抓住有利时机，把握节奏和分寸，讲究策略，才能产生好的社会效果。无论正面宣传、监督报道还是舆论引导，都要体现时、度、效的有机统一。

在新闻报道中，“时”“度”的要求是手段，“效”的要求是目的，重点是在“效”上。新闻舆论工作中始终有一对矛盾，即动机和效果的矛盾。有了正确的立场和目的，并不能保证新闻报道的恰当性，取得好的传播效果。从动机到效果还有一个过程，完成这个过程就要靠科学的报道方式和传播方式。对新闻工作者来说，绝不能仅仅满足报道动机的正确性，还要追求传播效果的最大化。

“文章的好坏，要看效果，自古以来都是看效果作结论。”“报纸是要有领导的，但是领导要适合客观情况。马克思主义是按客观情况办事的，客观情况就包括客观效果。

---

① 习近平. 在新闻舆论工作座谈会上的讲话[M]. 2016 年 2 月 19 日.

群众爱看,证明领导得好;群众不爱看,领导就不那么高明”[①]。新闻报道既要反映和指导实际,又能经受住传播效果的检验,才是正确把握时、度、效机制的标志。

新闻内容的视觉化、新闻推送的精准化、新闻终端的移动化、新闻平台的社交化和新闻阅读的碎片化,需要记者恰当地选择事实,快速或适时地传播新闻。根据接受对象不同,新闻报道的长短,解释新闻的深浅,要适合各类受众的口味,这是把握新闻报道“度”的主要标准,舍此很难收到理想的社会效果。

练习与思考

1. 简谈新闻制度和媒介体制的区别和联系。
2. 自现代媒体产生以来,有几种新闻制度和媒介体制?其管理方式有何不同?
3. 中国党媒体制的特点、使命和管理方针是什么?
4. 试述马克思主义新闻观的核心观点。
5. 正确引导舆论要注意哪些问题?
6. 论述我国党媒的报道方针。

---

① 毛泽东文集:第7卷[M]. 北京:人民出版社,1999:260—266.

第十三章　新闻生产与媒介经济

新闻媒介进入市场,成为一种产业。实际上,大量新闻是在市场销售中实现传播的。新闻作品作为意识形态产品,将其制成介质形态,是一种名副其实的生产过程,只有在这一范畴内,新闻生产的概念才能成立。[①] 媒体上的新闻及娱乐品是地道的商品,同受众发生供给与消费关系,因此,媒介产品与媒介经济也是新闻理论应当研究的领域。

第一节　新闻媒介的精神生产

新闻业在市场经济条件下具有意识形态和产业形态的双重属性,不论新闻报道,还是发表其他作品,都是对政治、经济、文化、科技、艺术及其他社会生活的反映,属于人类的精神活动。从市场经济的角度审视,它们归根结底是精神生产,在进入交换环节时都显露出商品的属性。

一、新闻商品具有双重属性

新闻的商品性是由记者、编辑的劳动创造的市场价值产生的,体现为满足受众的信息需要,在人们受阅后实现其使用价值。新闻为人们提供的信息,包含受众想要知道的社会动态和生存需求,使受众产生购买欲。绝大多数新闻是在受众买走报纸、付费收看电视节目或网页后发生传播,完成精神产品的市场交换。新闻的商品属性主要不在于它的介质,而在于它的内容。报纸有商品性,是因为新闻是商品,人们买报纸绝不是要买

① 见刘建明.新闻的意义是生产出来的吗?[J].新闻爱好者,2017(6).

纸,而是为了买报纸上刊登的新闻或其他内容。所以,新闻媒介采集、加工和制作新闻的劳动,是一种商品生产,既创造了信息价值,又创造了利用信息的使用价值。

新闻的商品性寓于物质与精神两种形态中。新闻业同其他服务业一样,是非物质生产部门,其产品有两种形式:一是实物形式,例如报刊、录影盘和网络的电介子;另一种是精神形式,即思想、观点和对事实的陈述。新闻内容借助介质形态才能呈现,任何新闻离开一定的实物,人们就无法得到它。介质与新闻相比,仅仅是相对的消费品,而新闻内容则是绝对消费品。这是新闻商品与物质商品的明显区别。

凡是商品都有价值,新闻的价值恰好证明它是商品。新闻生产是媒体选择一个事件拿出来给受众看,把它制作得蕴涵意义,让受众知道客观事物的变化和某些道理。这需要记者用一定的意识把握事实,揭示事件的意蕴,增进受众的思想认识,新闻便产生了价值。因此,受众才会花钱消费新闻,把它视为不可缺少的必需品。一切合乎理性的新闻都在真实的幕布上再现事物,把人们引入客观世界的真相,产生积极的意识导向。

新闻生产能够产生思想利害,物质商品生产不存在这个问题,它们只存在产品合格与不合格、质量高低的工具性利害。大多数政治和经济新闻反映出社会观和价值观,可能腐蚀、扭曲受众的认识,也可能增进受众对客观世界的正确认识。物质产品给人类提供生存的物质能量,没有意识的侵害性和增益性。新闻则以一定的社会观为指导,用真假、是非或美丑诱导和影响受众,存在导向优劣的两种可能。

作为特殊商品,新闻既符合市场导向,又符合价值导向,才是完美的精神产品。面对激烈的市场竞争,为适应市场规律,新闻生产不能不考虑如何满足市场需要,否则新闻难以大量地卖出去,新闻生产就会停止。如果新闻生产仅仅按照市场导向来完成产品,就可能危害人们的精神道德。可见,新闻生产包含意识形态属性和商品属性的矛盾。

媒体一方面依据新闻政策,生产出满足广大受众需要的产品,传播与社会要求相适应的思想观念;另一方面,由于某些受众的思想、道德和知识素养不高,市场存在与精神价值相悖的需要,使新闻生产面临两难处境。如果单凭市场导向,一味满足一部分受众的需要,新闻报道势必违背新闻的社会价值,给社会造成危害。但是,新闻的意识形态属性和商品属性是可以统一的,只要媒体坚持为绝大多数受众服务,依法加强经营管理,二者的矛盾可以谐调和统一。国家的新闻政策促进二者相互靠近,约束媒体坚持正确的意识形态,新闻的商品性不会偏离积极的精神价值。各种媒体定位准确,发挥各自不同的功能,也能促进两个属性的统一。

二、新闻生产的两个效益

物质生产只有一个效益，即生产的经济效益，这是物质产品使用价值的体现。新闻生产则有两个效益，一是影响人的思想和社会政策而产生的**社会效益**；二是在经济上创造利润，即**经济效益**。后一种效益有时包括媒体和受众两个方面，既能给媒体带来利润，经济新闻又可能让相关受众在经济活动中获利。

判断新闻媒介的优劣，不仅要看它实现经济效益的多少，更要看它实现社会效益的大小。社会效益体现出我国新闻业的性质和方向，产生积极向上的精神价值；经济效益为繁荣新闻产业、为媒体发展提供物质基础，二者缺一不可。努力实现两个效益，成为新闻媒介运作和经营的双重目标。

要保证两个效益的顺利实现，必须妥善处理好两个效益的关系。优秀的精神产品不仅直接产生社会效益，而且也会获取经济效益。迎合庸俗甚至低级趣味的需要，新闻虽有一定的受众面，可能获得可观的经济效益，但却没有任何社会效益。如果新闻媒介无视社会效益，不仅阻碍具有文化与思想价值的好作品问世，而且会直接诱导有害的精神产品出笼。所以，新闻生产活动要始终把社会效益放在首位。

有人把两个效益对立起来，提出“不能只考虑经济效益而忽视社会效益”的假命题。之所以这是个“假命题”，因为传媒产品有了更高的社会效益同时也能带来更大的经济效益，两个效益在连带关系中永远是统一的，不可能社会效益巨大而没有经济效益。无论新闻、书籍还是影视剧，如果是真正的优秀作品，销售量、收视率或票房价值必然是可观的，表现出突出的社会效益，经济效益也随之增大。有些被称为优秀的精神产品，受众很少，根本谈不上社会效益，实际不是真正的优秀产品，而是少数人对“优秀”二字的曲解，自然不会有经济效益。

有人误认为，娱乐化是媒体效益的增长点，贬低政治信息的市场价值，把思想教育内容同传媒的经济效益对立起来。这完全是一种错觉。媒体的思想教育内容不是“假、大、空”的口号，更不是脱离实际和人民切身利益的说辞，那些反映现实问题、回答民众疑惑的新闻或评论，引发群众的关切而有很大的受众群，其经济效益随新闻受阅量的扩大自然会显著提高。说真话、及时报道重大事件和反映人民呼声的新闻媒体，满足多层次、宽领域受众的需要，必然同时获得两个效益。认为政治报刊经济效益低的观点是站不住脚的，关键在于报刊谈论的是什么样的政治，报道内容是不是真实可信和贴近实际与群众。

三、新闻生产的主体与生产关系

人们在新闻活动中的相互关系,像任何其他社会关系一样,获得了某种制度形式。在新闻生产领域,新闻制度决定产品的标准,新闻内容符合社会制度的要求,就有充分报道和传播的机会。新闻管理部门或媒介的主持者拟定报道方针和报道计划,接着是记者的采访写作和编辑们的加工,最后由媒介的物化劳动部门制作和传送给新闻载体。在这些生产关系中,媒介的加工和把关发挥着重要作用。

新闻报道反映的客观事件及其人物,是先在的新闻产品的生产者,他们既是新闻生产的客体,又是新闻生产的参与者。他们被记者记录下来,走进新闻内容,作为新闻生产的第一主体,使新闻生产成为真正的社会化生产。社会事件被选定为新闻生产原料,成为记者、编辑加工的对象,新闻成品最终是由新闻机构完成的。

新闻传播后,又有受众和监管部门检验新闻内容及社会效果,对新闻作品作出评价和反馈,进而又可能对新闻产品的标准或内容做出调整,新闻消费者的需要得到进一步满足。在这些意义上,可以把新闻生产关系表述如下:

· 新闻生产管理者与媒介主宰者之间的关系;

· 新闻事件及人物与记者编辑之间的关系;

· 新闻产品的生产者与消费者之间的关系;

· 新闻媒介内部不同部门之间的关系。

以上四种生产关系贯穿整个新闻生产全程,决定新闻生产的结构和结果,但媒介主宰者始终处于支配地位。新闻生产及其媒介总是“被管理”,硬说编辑记者的地位不受某种制度和关系的制约,是独立的,不过是某些新闻学者头脑里的哲学幻想。在当代社会,媒介主宰者总是把自己的利益说成是社会全体成员的利益,把它描绘成唯一合理的、有普遍意义的理性。实际上,它们所掌握的新闻媒介只有真正代表人民利益,才具有社会理性和主流思想的本质,否则它们仅仅是社会上层建筑,在社会结构中只是充当思想管理者的角色。

在以国有经济为主体的民主与法治社会,才能出现代表大众利益的新闻媒介,新闻生产才成为民众精神生产的组织者和实践者。在这种社会,尽管市场因素介入媒体,甚至使之成为纯粹的产业,新闻生产仍能代表人民的要求和愿望,体现出诸种新闻生产关系的平等性。

第二节 新闻市场与媒体盈利的途径

受众需要媒体提供新闻消费，在购买新闻及其介质后，获取精神需要和利益；广告商需要媒体在传播新闻时为其刊载商品信息以扩大商品销售，最终形成**新闻市场**。可见，新闻市场包括新闻及其载体的买卖关系与媒体与广告主的买卖关系，衍生出受众、新闻资源、广告、资本等四个市场。促成四个市场良性循环，是新闻媒体获得高额利润的关键。

一、新闻市场的均衡与盈利

新闻市场包括报刊市场、广播电视市场、网络市场和媒体广告市场。由于新闻媒介最重要的任务是报道新闻，其他内容(节目)实际是搭配新闻销售的产品。从狭义上理解，**新闻市场**就是买卖新闻的市场，包括受众市场和新闻稿源市场，同时带动其他媒介产品市场的运营。

一条新闻、一份报刊或一个节目或网页在到达消费者之前，由一连串的分支市场组成，细分为新闻介质与生产机器的买卖、稿源买卖、人力资源的雇佣、广告交易等多个单一市场。新闻媒介掌控者同被聘者的雇佣关系，按劳动的质与量支付工资，形成新闻的劳动力市场。有了雄厚的人力资源，新闻生产才能有效地进行，保质保量地生产出有影响力的产品。

新闻市场离不开**新闻消费**，即在一定范围发生新闻交易，在一个或多个区域受众购买新闻。新闻的交易行为非常频繁，每天每时都在进行，新闻价格在各区域内大体一致。这个区域包括全国、全省或一个城市的报刊订购和零售、广播电视节目的缴费视听和网络的付费使用。报纸市场大都以单一的城市或地区为中心，有些市场实际是全国性和世界范围的，许多新闻产品已为受众长期认可，无须看货即可放心买走，否则它无法在更大市场上销售。

新闻市场的均衡与波动是循环出现的交易状态，循环间隔的时间一般比较长。当新闻产品与受众需求的数量大体相等时，形成**新闻消费市场的均衡状态**，但微小的不均衡随时都可能发生。均衡状态只有在受到外界事件的干扰时才发生大的变化。如果某份报纸的市场价格是 1 元，按照这个价格供给读者，出卖的数量正好被读者买光，直到买卖的一方有了变化，才会出现不均衡。比如，当某家报纸突然把每份报纸的售价提高到两元,买的受众如果减少30%,就有30%左右的报纸卖不出去,新闻市场的均衡状态被打破。

新闻市场的不均衡状态还取决于媒体内容是否适销对路,报纸或节目内容及其质量突然改变,背离人们的需要和兴趣,也会有大量产品卖不出去(报纸积压、收视率下降)。新闻的买方与卖方的欲望失去平衡,出现卖不出去的报纸和买不到的报纸,都是市场不均衡的表现。认为均衡状态一定好,不过是说受众的需求量正好等于媒体的供给量,买卖双方的意愿都得到满足。这种均衡在媒介市场上,经过很长时间才能逐渐形成。一个竞争的市场,不断由不均衡达到均衡,依靠市场的自我调节,推动新闻质量和媒介数量与受众的需要相适应。

新闻市场的容量同受众消费愿望的差距,是影响总体均衡的主要因素。在一定经济和文化环境中,新闻的市场容量是相对稳定的,但新闻产品的量与质和受众的实际需求可能不均衡。这种不均衡完全可能改变,从不均衡逐渐过渡到均衡,需要媒体创新传播内容,让更多的受众有兴趣消费新闻。

二、媒体的市场定位与盈利

受众有不同需求,任何媒体都很难提供适合不同人群需求的媒介产品。除人民日报社、中央电视台和新华社这类旗舰媒体之外的一般主流媒体,即使有能力满足一般受众群的需求,也会因特色不突出而失去一部分关键受众。媒介经营者发现某一类或几类受众的需求,自身又具有满足这种需求的条件,就可选定为市场目标,安排制作特定的媒体产品,这一过程和结果称作**媒介市场定位**。这种市场定位既要符合不同特征的受众群,又要同该受众群的文化理念和社会生活相适应。

媒介经营者选定的目标市场至少应达到三个要求:(1)共同需求达到一定社会范围,至少分布在50万人以上的城市或密集的乡镇;(2)受众人数和新闻购买力足以达到营销规模,一般有5至10万固定受众,媒介才有盈利的可能;(3)发挥媒介的独特优势,使受众的共同需求得到满足。任何现实的需求都可能变化,引起新闻产品销量的波动,媒体随时观察整个新闻市场的变化,并做出调整。

媒介定位实际是对受众市场的划分,可有多种指标、多种方法,产生不同种类的报刊、网站和广电频道。仅仅将受众市场划分为经济类和非经济类、生活类或消闲类,是简单、粗糙的划分,因为受众群不只以经济差异(收入)或生活方式划分,还以职业、性别、年龄、文化等因素来区分。针对受众群的关注方向,确定媒体的思想和内容定位,才能形成一定的市场潜力。

每类受众群的精神与文化需求有明显的共性，抓住这一共性，把新闻市场划分得对象明确、类别精细，才能达到新闻媒介市场的细分，出现不同受众对象的市场。掌握受众需求的差异从而确定市场面向，是中小媒体获得赢利空间的重要经营策略。对广播、电视台而言，符合特殊观众的需要，让每一类节目都有一部分忠诚受众，是细分频道、深化广播电视新闻产品的关键途径。例如开辟“都市生活”、“农村创业”、“法治关怀”等专题节目，可以满足不同观众解决现实问题的需要。但应该注意的是，达不到盈利规模的受众不是一种“分众”，而是少量个体，他们对传播内容的消费不会产生效益。

三、新闻的价格、成本与盈利

受众要买什么或买多少新闻产品，取决于个人偏好，也取决于新闻质量和新闻价格。新闻产品的价格有一种效用，即价格越低，受众的购买量往往越大。新闻产品的价格会影响需求，但影响新闻需求的主要是新闻内容。媒介的同质化在更大程度上抑制受众的需求，当一种新闻产品可用另一种代替时，受众需求不可能扩大。晨报和晚报的内容大体一致，看了晨报就不必看晚报，哪份报纸价格较低，销售量就会较大，效益也会较好，这就是同质化的后果。但买报纸的人同时每天看电视，因为它们是不同质的，两者对他了解新闻有补充作用。可见，人们对新闻产品的需求既取决于自己的意愿，也取决于媒介产品的差异、质量和价格。

新闻消费者少买价格较高的产品，多买价格较低的产品，成为习惯性的新闻消费行为；在同样价格或价格差别不大的前提下，受众会多消费高质量的新闻。受众的收入和他的偏好不变，新闻产品的价格和质量也不变，受众对该种新闻产品的需求也不会有大的变化。为了适应这种需求的特性而获得更多的利润，媒介不是把价格降下来，就是把新闻产品的质量提上去。

媒体的成本核算对其盈利举足轻重。新闻产品的成本包括耗费的物质资料的支出、采编播及一切工作人员的劳动报酬和列入成本的其他费用。在决定生产多少新闻产品时，必须比较，增加一个产量单位的生产费用（成本），能增加多少收益。生产费用的增加和媒体收益应当成正比，如果增加成本能带来新闻质量的提高，从而销售量和利润也会扩大，就要增加成本来提高利润，反之，只能通过压缩成本来增加利润。

媒介产品的可复制性决定了产品的价格与价值之间存在背离。在一般商品价值形态中，商品的数量始终代表了它们的价值量。然而，媒介产品却正好相反，销售量越多,其成本就越低,盈利也越高,特别是用高科技手段生产的信息产品更是如此。新闻产品的复制成本与开发成本相比是微不足道的,产品数量成倍增长或减少时,产品成本及其价格就会出现相反的情况。例如:1张报纸印40万份,每份成本=4元,印80万份报纸,每份成本则变为2.17元。加上广告收入,每份报纸1元或0.5元出售,媒体仍能赢利。

市场经济条件下的新闻业,是一种出售影响力的产业,以报道新闻、提供信息和娱乐对公众产生的影响,转化为广告主购买版面来实现盈利。如果销售媒介产品本身就能盈利,再加上广告收入,媒介经营就实现了双重盈利。在这种理想的条件下,通过扩大受众量增加经济效益,媒体就实现了**有效经营**。如果受众量增加,广告收入没有增多,反而降低了经济收益,媒体就是**无效经营**。媒体经营者必须权衡成本与效益的关系。把媒体生产始终保持在效益增长或平稳不变的水平,才是媒体经营管理的首要法则。

第三节　媒介竞争与品牌、资本运营

媒体一旦进入市场,便无法避免竞争,有时会达到白热化的程度。**媒介竞争**直接表现为争夺受众和广告额,间接表现为媒介产品质量和媒介资本的竞争,有时甚至出现抛售黄色新闻和轮番降低产品价格(例如降低报价)的恶性竞争。

一、媒介竞争的规则与后果

新闻竞争进入无序状态,就会催化媒体腐化的滋生,新闻的纯洁性遭到玷污。为了吸引受众,有的媒体采取不正当竞争手段,或出卖刊号,或出租版面和频道,或一味讨好、迎合少数受众,导致内容粗俗不堪。

在"利润最大化"的刺激下,一些媒体以"收视率"和"发行量"为追逐的唯一目标,不惜以公共利益为祭品。强势媒体越来越垄断市场,大量中小媒体的生存空间被挤压,公共传播者对抗市场的力量弱不禁风,一上阵就处于崩溃状态。媒介的恶性竞争在某种程度上消灭了新闻自由,击碎了媒体平等竞争的愿望和规则。

现代媒体大都以广告收入为主要财源,广告主往往将广告投放到影响力或覆盖率较大的媒体,使媒体变成追逐广告额的商业组织。这时,可能酿成广告主的口味决定媒体的内容。在这种情况下,媒体最关心的是每年盈利多少,以及如何获取更多的利润以挤垮对手，已无暇顾及它的社会责任。

媒介竞争是新闻市场的必然现象，媒介产品的买卖自由自然要出现竞争，一城、一地存在多报、多台、多网，竞争就会更加激烈。这种竞争合乎正当的市场规则和新闻规律，才是健康的、有益的竞争，这主要表现为以下三个方面。

第一，重视质量竞争，为提高新闻质量而竞争。在贴近生活、贴近受众方面增大信息量，坚持正确的议题，及时、迅速地把世界每天发生的事情告诉广大受众，在提高新闻有用性与可受性等方面达到最佳效果。与之相反，媒体用低俗或黄色内容争夺受众眼球，用低劣的精神产品刺激新闻消费，是对竞争规则的践踏。

第二，以正派的方式，开展发行、收视率竞争。为给受众提供更多的服务而争取更多稳定的用户或观众，是无可指责的；各类媒体充分利用自己的优势，开展灵活多样的促销活动，也是无可非议的。比如，报社提前征订明年的报纸，订阅越早，优惠越多；推出便民措施，如上门征订、送报上楼、馈赠报箱、遗失补送……种种措施成龙配套，让订户感到比购买日用品或其他消费品还方便。有的电视台为提高收视率，免费赠送"广播电视报"，有的为观众提供送奶和其他"便民措施"。这些为受众服务的措施，表现出媒体的公共意识。如果媒体在竞争中相互诋毁，暗中采取贿赂手段挖走别的媒体用户，就违反了正当竞争的规则。

第三，以正当手段进行广告竞争。坚持广告宣传的真实可信，不以广告推销不良产品，广告词或画面高雅朴实，惠及受众的精神健康。为招揽更多的广告客户，许多媒体和广告商定期开展联谊活动，向企业介绍媒体的收受率和社会影响，对广告收费实行打折等优惠政策。正当的广告竞争，拒载有害或虚假的商品信息，严防毒害和欺骗广大受众。

二、媒介品牌的营销及作用

媒介竞争同商战一样，表现为优胜劣汰的自然规律，使优势媒体立稳脚跟，劣势媒体渐渐被市场淘汰或被兼并。竞争提高了媒体的整体质量，得到实惠的首先是受众。随着媒介竞争的加剧，一方面刺激了受众消费，另一方面为媒介自身的发展注入了活力。这一切，取决于媒介品牌的竞争与影响。

传媒争夺受众注意力的竞争，导致传媒市场向受众倾斜，形成受众的买方市场。媒体必须把市场营销集中于扩大受众面这个重要目标。受众的注意力并非是无限的资源，在一定时间接触某一传媒意味着对另一个传媒的放弃，受众这种选择与放弃行为来自媒体品牌的力量。只有品牌才是媒介不可替代的核心资源。传媒的种种营销手段,包括内容、价格、渠道、促销都可以被模仿,唯有它的品牌不易被仿制。因此媒介竞争促进一部分强势媒体努力打造自己的品牌。

创立品牌是媒介竞争的有力手段和制高点。媒介以优秀的产品占据市场,让广大受众清晰地记住它的名称、特点和个性,完全认同、喜欢乃至始终如一地选择它,就成为知名的**媒介品牌**。媒介品牌的市场收益相对稳定,来源于长时间的苦心经营和市场赋予的特定地位,也来源于传媒人对受众的忠诚。满足受众不断变化的要求和口味,赢得受众的长期断守,是媒介品牌发挥作用的主要表现。一些媒介品牌没有紧跟受众的需要而变化,最终被市场抛弃。

竞争是无止境的,媒体提高新闻质量的努力也是无止境的,媒介管理一天也不能懈怠。为了适应竞争,媒体需要及时研究受众需求,突出自身的特色,大幅提升媒体产品的优势。媒介市场给那些敢于竞争、善于竞争者以更大的回报,不仅促进媒介管理水平的提高,而且能带来媒介的整体繁荣与发展。媒介依据规则开展正当竞争,要求新闻管理部门侧重法治管理、总量控制和结构调整,仅需在宏观上指导媒介的运行,无需管理过细而投入更大的精力。

媒介的健康竞争给受众、媒体和社会三方面带来好处,提高三方的市场消费观念,增强了他们维护媒体利益的责任感。竞争是遵循市场规则的主要机制,新闻界只能正视竞争,积极参与竞争,在竞争中增强媒体的生存和营利能力。

三、媒介的资本运营与融合经营

资本是传媒生产的重要基础。凡投向媒体的资金或媒体由于销售产品而积累的财产,都称作**媒介资本**,其中包括固定资产、货币和可能创造资本的因素,诸如人力资本、品牌资本、客户资本等。从世界范围看,媒体已向现代企业转变,资本运营成为媒体经营的支点。社会资源、生产要素及各种经济体所拥有的各种形态的资本,在价值流动中向媒介优化配置,能极大促进媒体规模与质量的提高。媒介越是进入跨越性发展,越需要加大资本投入,在资本流动中重视资源整合。

媒介的资本流动包括投资、兼并、重组、参股、控股、转让等途径,扩大媒体经营的规模。资本雄厚的媒介集团在国内外产生一定的影响,覆盖国内外更多的受众,成为规模巨大的媒体巨头。媒体上规模、上等级,实现资本的最大增值,是传媒资本运营的最终目标。我国部分媒体成为上市公司,但它们的规模并没有扩大,民间资本尽管也有进入媒体的迹象，但政策的开放度还有待拓宽。

在媒介资本中，知识产权、媒介品牌、媒介容量或时段等，又称**媒介的无形资产**。媒介的无形资产大都没有实物形态，却有筹措资金和扩大媒介产品影响的潜力，使媒体保值增值。这类资产关乎媒介的知名度、信誉度和影响力，在市场运作中能产生巨额的经济效益。资本运营使传媒业做大做强有了一定条件，使政策、管理和人力等方面的潜在影响逐渐显露，但它并不是经营成功的保证。媒体经营成功的根本因素取决于传播内容，内容为王。而传播内容的优劣又取决于人才，即人力资本。

在媒体市场发展到一定程度时，不同媒体行业出现大范围融合，若干产业链整合为一体。这种媒体融合经营降低了成本，有可能实现媒体利润的最大化，产生巨大的信息传播效果和经济效益。其中，报刊和网络的整合经营，广播电视、电影和报刊、网络的联合经营，广播电视、电影、网络、报刊和出版社的全媒体经营，标志一切媒体都在急于尝试融合经营的效率。这种全媒体的大联合，尽管增强了抗风险能力，但管理一旦鞭长莫及，难以适应各类媒介产品制作的需要，很可能在未来有瓦解、分离的可能。

媒体融合经营可以整合所有信息资源，拓展信息传播领域，但把新闻媒介和艺术媒介整合在一起，还需要不断探索。强行把不同内容的媒介撮合在一起，仍需要谨慎从事。数字技术和互联网使各类媒体都有广阔的发展天地，即使新闻媒体、影视艺术媒体和书籍出版各自独占一方，仍可能共荣共享，媒介市场及运营或将产生新的规则和竞争观念。

练习与思考

1. 如何理解新闻是商品？
2. 新闻生产有哪些特征？
3. 新闻媒介为什么要把社会效益摆在首位？
4. 新闻市场供求关系有哪些规律？
5. 经营新闻媒体如何实现盈利？

图书在版编目(CIP)数据

新闻学概论 / 刘建明等著.--2版.--北京:中国传媒大学出版社,2017.9（2024.5重印）
(新闻传播专业“十三五”规划教材)
ISBN 978-7-5657-2082-6

Ⅰ.①新… Ⅱ.①刘… Ⅲ.①新闻学-高等学校-教材 Ⅳ.①G210

中国版本图书馆 CIP 数据核字（2017）第 197877 号

新闻学概论(第2版)

XINWENXUE GAILUN(DI-ER BAN)

著　　者	刘建明 等
责任编辑	蔡开松
责任印制	李志鹏
封面制作	泰博瑞国际文化传媒
出版发行	中国传媒大学出版社
社　　址	北京市朝阳区定福庄东街1号　　邮　编　100024
电　　话	86-10-65450528　65450532　　传　真　65779405
网　　址	http://cucp.cuc.edu.cn
经　　销	全国新华书店
印　　刷	唐山玺诚印务有限公司
开　　本	787mm×1092mm　1/16
印　　张	14
字　　数	243千字
版　　次	2017年9月第2版
印　　次	2024年5月第6次印刷
书　　号	ISBN 978-7-5657-2082-6/G·2082　　定　价　38.00元

本社法律顾问：北京嘉润律师事务所　郭建平

新闻传播专业“十三五”规划教材

新闻学概论(第 2 版)	**刘建明等著**
新闻学原理(第 2 版)	彭菊华　著
新闻采访(第 2 版)	熊　高等著
新闻写作(第 2 版)	郭光华　著
新闻采访与写作(第 2 版)	许　颖　著
新闻编辑(第 2 版)	谭云明　著
新闻作品评析教程(第 2 版)	王灿发等著
新闻心理学概论(第 5 版)	刘京林　著
舆论学概论	刘建明等著
舆论学原理、方法与应用(第 2 版)	韩运荣等著
传媒伦理学教程	张　傅主编
传媒学引论	Regis Debray 著
新媒体概论(第 2 版)	黄传武等著

陆续有来……

欢迎投稿:1091104926@qq.com